LES

VRAIS ARABES

ET LEUR PAYS

L'auteur et les éditeurs déclarent réserver leurs droits de traduction et de reproduction à l'étranger.

Ce volume a été déposé au ministère de l'intérieur (section de la librairie) en octobre 1884.

DENIS DE RIVOYRE

LES VRAIS ARABES

ET LEUR PAYS

BAGDAD ET LES VILLES IGNORÉES

DE L'EUPHRATE

ILLUSTRATIONS DE SAINT-ELME GAUTIER ET CARTE SPÉCIALE

PARIS

LIBRAIRIE PLON

E. PLON, NOURRIT et Cie, IMPRIMEURS-ÉDITEURS

RUE GARANCIÈRE, 10

—

1884

Tous droits réservés

ADEN.—(THE CAMP.)

LES

VRAIS ARABES

ET

LEUR PAYS

CHAPITRE PREMIER[1]

La navigation du Tigre. — Le *Bloss Lynch;* son équipage; ses passagers. — Le fleuve et la contrée. — Les Turcs et les riverains. — Amahra. — Les embarcations indigènes.

Bagdad! Ce n'est plus la cité des khalifes, et depuis longtemps le sommeil des tombeaux a passé sur leur gloire; mais c'est toujours la capitale de l'Irak, la métropole d'où émanent toutes les initiatives politiques, militaires et commerciales. A peine à Bassorah, c'est le nom unique qui vous frappe l'oreille, et que vous retrouvez sur toutes les lèvres. Paris éveille moins d'écho chez nous. C'est qu'en effet la seconde n'est guère que le port et l'entrepôt de la première. Si la flotte de guerre, il est vrai, est là, battant de ses pavillons le milieu du fleuve, c'est Bagdad qui lui envoie ses ordres. Si cette foule de coolies se presse sur les berges, si ces barques vont et viennent portant des marchandises à tous les navires mouillés auprès, ou en

---

[1] V. *Obock, Mascate, Bouchire, Bassorah,* par D. DE RIVOYRE, chez Plon.

rapportant celles qu'ils leur jettent, c'est encore Bagdad qui les met en mouvement, qui leur expédie ses denrées, qui en achète les chargements. Le siége de toutes les grandes maisons de commerce indigène est à Bagdad. A Bassorah, en dehors des Persans, ce ne sont guère que des agences, des succursales. Ce qui s'y pratique, s'y exécute, est d'ordinaire conçu, préparé plus haut, et c'est le Tigre qui sert de trait d'union entre les deux places.

Les rapports de l'une à l'autre sont journaliers ; les moyens de communication, fréquents et nombreux. Embarcations locales de tout caractère, de toute vitesse, de toute dimension, mahilés, belems, machkouffs, etc., sillonnent les eaux du fleuve, à côté des petits vapeurs du service ottoman ou de la compagnie anglaise. Ces deux entreprises s'y partagent, en effet, jusqu'à présent, le monopole de la navigation rapide. La première dépend du gouvernement, et son directeur, ses agents, nommés par lui, relèvent du commandant de la marine turque à Bassorah. Le matériel en est assez considérable, les bateaux bien construits ; ils viennent d'Angleterre. Au moment de mon arrivée, elle en comptait cinq, je crois ; mais deux seulement, commandés par des marins français, étaient en état de faire le service. Plus ou moins détraqué, le reste attendait qu'on le réparât.

La Compagnie britannique en possédait deux ; un troisième s'était perdu récemment. Sans cesse en haleine, et toujours pleins à en couler, ces deux-là n'arrivaient guère à Bagdad ou à Bassorah que pour en repartir presque aussitôt avec une ponctualité méthodique. Quant aux Turcs, tantôt plus tôt, tantôt plus tard, suivant le fret, ou mieux encore, suivant les caprices ou les besoins de l'autorité. Mais l'activité commerciale entre ces points y est telle que jamais le dividende des Anglais ne descend au-dessous de 17 à 15 pour 100. Chez leurs concurrents c'est autre chose : depuis le plus haut employé jusqu'au plus humble, tout le monde y trouve son profit; l'administration seule ne fait pas ses affaires. Elle paraît, il est vrai, avoir été réorganisée, et aujourd'hui le fonctionnement en est, dit-on, plus satisfaisant. La direction en a été renouvelée, et, sous une impulsion plus intelligente, sept steamers s'efforcent de donner au service impérial la régularité qui lui a manqué jusqu'alors. Cela durera-t-il? *Chi lo sa?*

Une fois à Bassorah, le voyage de Bagdad s'imposait absolument à mes vues. Je pris passage sur l'un des deux vapeurs anglais, le *Bloss Lynch*. Ce nom lui vient du fondateur même de la compagnie, le commodore Lynch. Rapprochement bizarre, je l'avais beaucoup connu moi-même quelques années auparavant, à Paris, sa résidence habituelle, et je m'étais livré à plus d'un tour de valse dans les bals charmants auxquels il nous conviait avec tant de grâce, à une époque où je ne songeais guère encore à explorer les rives du Tigre et de l'Euphrate.

A bord, installation confortable, capitaine bien élevé et des plus aimables. — Ai-je été particulièrement favorisé, ou est-ce spécial aux marins de la Grande-Bretagne? Je n'en ai jamais trouvé d'autres, chaque fois que j'ai navigué sur un de leurs bâtiments. Il était tard ; je ne m'embarquai que pour me mettre à table. Service anglais et dîner anglais par exemple! Quel que soit le pays où le jette sa destinée, l'Anglais emporte avec lui ses habitudes et sa cuisine. Ce n'est pas ce qu'il fait de mieux. Les fruits indigènes ont beau être exquis, la viande savoureuse, le gibier abondant, rien de tout cela n'a de prix à ses yeux. Il lui faut, avant tout, sa *turtle soup*, ses pommes de terre, son bœuf et tous les accessoires qui accompagnent ce menu réglementaire.

Aux Indes, sa table a accepté un compromis, et les conserves de Londres s'y marient plus ou moins heureusement avec les condiments locaux. Pas de repas sans curry; mouton ou volaille au curry, c'est obligatoire. Quant aux boissons, c'est encore pis. A côté du *pale ale*, du *porter*, etc., vous avez tous les vins, mais quels vins! Du trois-six, teinté de rouge ou de jaune. Le sherry, qui a la prétention de rappeler le xérès, n'est que de l'eau-de-vie déguisée. J'en dirai autant du porto, et l'on sait que, pour tout gentleman qui se respecte, pas de dîner sans un verre ou deux de cette liqueur. Puis le champagne. Ah! vous vous imaginez peut-être que c'est l'honnête champagne que nous connaissons, ce vin aimable qui pétille et qui donne, au fond des coupes, de la gaieté aux plus moroses. Pas du tout, c'est un vin de Champagne qu'on fabrique exprès pour l'Angleterre, avec une addition convenable d'alcool, et qui s'exporte, par montagnes de bouteilles, dans leurs colonies. Là, les plaisirs sont peu nombreux, peu variés; celui de la table est le seul qui ne fasse pas défaut. Et Dieu sait si l'on en use! Tout est prétexte à ces divertissements; sous un ciel en feu, dans une atmosphère toujours embrasée, les voilà qui suivent le même régime qu'au milieu des brouillards de la Tamise ou sur les froids plateaux de l'Écosse, quand il faudrait, au contraire, la sobriété la plus grande, l'hygiène la plus suivie. Étonnez-vous donc si au bout de vingt ans un homme est fini!

Toujours est-il que mon capitaine du *Bloss Lynch* ne l'était pas encore, lui. Il ne naviguait sur le Tigre que depuis deux ou trois ans, et ne cachait guère son regret d'y être contraint. Après dîner, nous allâmes nous asseoir à l'arrière. Quel magnifique spectacle! Le fleuve était d'une largeur considérable. Il eût été impossible de distinguer un homme d'une rive à l'autre. Sur cette immense nappe d'eau, le bâtiment laissait une longue traînée d'écume qu'éclairaient les rayons étincelants de la lune. Nous en occupions le milieu. De chaque côté, la tête obscure des dattiers ressortait comme une frange sombre sur la limpidité du ciel constellé d'étoiles. Seul, le bruit de la machine animait le silence.

A bord, tout le monde dormait déjà, sauf quelques matelots du stationnaire anglais, que nous avions pris à Bassorah, et qui allaient visiter le « Paradis terrestre » sous la conduite d'un de leurs sous-officiers. Ne devant revenir que le lendemain, dans une embarcation que nous traînions à la remorque, ils avaient emporté leurs vivres avec eux, et avant tout, bien entendu, un petit baril de bière, auquel ils étaient en train, déjà, de donner de sérieuses accolades.

Tout à coup, le sous-officier se détache, et venant à nous, son verre à la main, s'adresse au capitaine pour le remercier, en fort bons termes, de l'obligeance avec laquelle il a bien voulu les accueillir à son bord.

— Hurrah pour le capitaine! s'écrie-t-il en se retournant vers ses hommes.

— Hip! Hip! Hurrah! hurlent ceux-ci en chœur.

Et cela par trois fois, mais avec calme, avec méthode et solennité, sans entraînement, sans expansion, comme à l'exercice.

Puis, voici mon tour. Il me dit qu'il ne croit pas se tromper en me prenant pour un officier français; que l'Angleterre et la France sont deux nations amies, et qu'il me demande la permission de porter ma santé. Et de nouveau, par trois fois toujours :

— Hip! Hip! Hurrah!

Et toujours aussi comme un devoir, sur un rhythme déterminé d'avance, les verres sont vidés avec la même ponctualité correcte que sont poussés les cris. On sent que c'est un détail de manœuvre qui rentre dans l'ensemble du règlement, et auquel ils sont façonnés.

Je n'en remercie pas moins avec cordialité ces braves gens. Vers minuit, nous atteignons le confluent du Tigre et de l'Euphrate; nous stoppons devant Gourneh, le « Paradis terrestre », et ils descendent dans leur yole, pour gagner la terre. Leur baril, qu'ils n'ont garde d'oublier, me semble déjà bien léger. De derniers hurrahs nous saluent, et ils s'éloignent au fil de l'eau, pendant que notre machine se remet en mouvement. Moi, je vais me coucher dans une bonne cabine et sur une couchette propre, comme je n'en ai pas eu depuis longtemps.

Le lendemain, de bonne heure, je suis sur pied. Le fleuve s'est rétréci. Ce n'est plus le Chatt el Arab, et les eaux de l'Euphrate lui manquent; ce n'est que le Tigre à présent. A terre, sur les deux bords, quel changement! Plus de dattiers, plus de verdure. Le désert à perte de vue, sans rien qui en limite l'horizon, rien qu'une aridité uniforme et monotone, d'où n'émerge pas un arbre, pas une maison, pas une colline. Le chenal est si étroit que nous longeons la rive à la toucher. Presque pas de fond. Il faut naviguer avec prudence. A l'avant, des matelots armés de longues gaules sondent, en cadence, le lit du fleuve, et en crient au capitaine la profondeur, sur une mesure chantée, comme la psalmodie des versets d'une litanie.

— *Arba moïa! Arba moïa* (quatre pieds d'eau)! répètent-ils tout en enfonçant avec la même régularité leurs bâtons dans le sable, et sans s'émouvoir autrement.

Tant qu'il y a *arba moïa,* ça va bien. Le *Bloss Lynch* et tous les navires du Tigre sont construits en conséquence. Ils sont à fond plat et ne calent pas plus de trois à trois pieds et demi. Au lieu d'être à hélice, ils sont à aubes, ce qui exige moins d'eau. Mais lorsqu'on entend tout à coup :

— *Talatta moïa!* (Trois pieds d'eau!) il n'y a plus à plaisanter cette fois; on va toucher; on touche; on est ensablé. Il est bien peu de voyages où cet accident ne se répète plus ou moins souvent. Le cours du Tigre est tellement capricieux, ses flots se portent si facilement, du jour au lendemain, d'un bord à l'autre, que là où, la veille, on circulait avec aisance, ne se rencontre plus, quelques heures après, qu'une mince couche liquide, à peine assez épaisse pour cacher le sable qu'elle recouvre.

Lorsque l'événement se produit en remontant le fleuve, il n'y a que demi-mal. On s'arrête; pour la forme, des hommes se jettent dans une embarcation, déroulent un cordage, ou pèsent sur une gaffe : on fait machine en arrière, et telle est la rapidité du courant, qu'au bout de peu d'instants, il dégage lui-même le navire embourbé. Mais, au contraire, si c'est en descendant le fleuve, il n'est pas rare de rester des journées entières avant de pouvoir s'en tirer. Plus le navire reste de temps échoué, et plus, sous la pression graduelle des eaux, il s'enfonce profondément. A peine a-t-il touché qu'il faut se hâter de l'amarrer solidement au rivage. Tout l'équipage est sur pied alors. Les uns, à terre, tirent sur un câble puissant; les autres, sur le fleuve, essayent de tracer un sillon ou de chercher une voie; d'autres virent au cabestan; la machine lutte contre le courant. Chacun s'épuise en efforts. Aussi ce métier de marin à bord de ces vapeurs exige-t-il des gaillards d'une solidité exceptionnelle. Sur les bateaux anglais, ce sont tous des chrétiens, des Chaldéens de Mossoul ou de Bagdad. Ils sont choisis en conséquence. Le maître est une espèce d'Hercule. Il n'y a d'anglais que l'état-major et les mécaniciens.

Quant à l'élément musulman, il ne s'y rencontre à aucun titre. Tous ces chrétiens qui y vivent regardent ce bateau comme un terrain à part, où ils se sentent plus grands, plus forts, à l'abri du pavillon d'une grande nation, chrétienne comme eux, et qui étendra sa protection sur leurs têtes. A leurs yeux, ma présence était un événement : un de ces Français dont ils ont appris à respecter le nom, et dont, de Bassorah à Bagdad, le télégraphe annonce l'arrivée, songez donc! Mon domestique Large, en zouave bon vivant, toujours le lazzi ou le sourire aux lèvres, participait à la considération qui m'entourait. Sans dire un mot de leur langue, il s'entendait à merveille avec tout le monde. Un seul point noir faisait ombre à cette cordialité. Je ne le soupçonnai que plus tard.

— Il y a donc des Français musulmans? me demanda timidement un jour un des scribes du bord, ancien élève des Carmes de Bagdad.

— Non! Pourquoi?

— Mais votre domestique n'est-il pas musulman?

— Pas du tout. Qui vous le fait croire?

— C'est que c'est un zouave, et il porte sur la tête un fez comme les Turcs.

Je rassurai mon interlocuteur.

Le personnel de l'administration auquel il appartenait se compose également des mêmes chrétiens indigènes, mais d'une classe plus élevée. Le commissaire est un de ceux-là. Il mange à notre table, parle, avec une égale facilité, l'anglais et le français, sans compter les langues du pays. De plus, c'est un chasseur forcené qui compte maint exploit à son actif. Il en est un qu'il raconte volontiers :

Les lions sont et surtout étaient très-nombreux, il y a peu d'années encore, dans la vallée du Tigre. Ils y trouvent d'amples approvisionnements en bestiaux et en gibier, et le voisinage des montagnes de la Perse leur assure un refuge inviolable. Du pont même des bateaux naviguant sur le fleuve, il n'est pas rare d'en apercevoir qui viennent s'y désaltérer. Un jour, celui sur lequel était embarqué M. X..., notre commissaire, se trouvait engravé, et, qui à terre, qui à bord, qui dans l'eau, chacun était occupé à le tirer d'affaire, lorsque tout à coup, sur la rive un peu élevée en cet endroit, apparaît la tête majestueuse d'un énorme lion. Ces apparitions soudaines ne sont pas, en général, sans produire quelque émoi parmi les spectateurs. Dix brasses à peine séparaient les passagers de ce visiteur inattendu, et les femmes éperdues poussaient déjà des clameurs d'épouvante, tandis que les hommes, guère plus vaillants, cherchaient un abri dans la machine. M. X..., lui, court à sa cabine, en revient armé d'un fusil qui ne le quittait jamais, et d'un coup bien ajusté envoie l'animal, dont tout ce tapage n'avait pas un instant dérangé le dédain solennel, rejoindre, dans le paradis des lions, le souffle de ses pères. C'était une fort belle bête, dans tout le développement de ses formes et de sa force. Je l'ai vue. M. X... l'a fait empailler, et en conserve la dépouille chez lui, à Bagdad. Mais, comme tous les lions de cette région, celui-ci n'a pas de crinière, et, bien qu'un peu plus long que ceux de l'Afrique, est un peu moins gros. Le reste de la robe est semblable, et la tête tout aussi belle.

En raison des sinuosités et des lacets du Tigre, on a souvent le temps de descendre à terre, et pendant que le bateau fait un crochet pour contourner quelque langue de terre, de gagner à pied, en coupant au plus court, plusieurs heures d'avance M. X... me proposa d'en profiter pour faire, à diverses reprises, quelques parties de chasse durant le voyage même. J'acceptai naturellement. Mais ce n'était pas encore dans les parages mêmes où nous nous trouvions. Ici, les eaux du fleuve coulent à peu près droit devant elles, avec une grande rapidité. Cette vitesse atteint pendant la saison des pluies, c'est-à-dire à l'époque où il est le plus gros, jusqu'à six et sept milles à l'heure. Aussi les Arabes appellent-ils le Tigre *Didjley,* ce qui veut dire *Flèche.*

Je me donne le plaisir de parcourir le bateau et d'en examiner la physionomie. Quel pêle-mêle, et quel encombrement! Je suis le seul passager européen. Tout le reste est un mélange d'Arméniens, de Juifs, d'Arabes, de Turcs, de Persans et même d'Indiens. Chacun, sur le pont, s'est fait son petit coin et s'y est cantonné de son mieux. Plus ou moins somptueux, il n'en est guère qui ne possèdent quelques tapis. On les a étendus à la place désignée; par-dessus, des matelas, des coussins, qui, le jour, se transforment en divans;

puis on s'y est accroupi, hommes et femmes fumant le narghilé ou croquant des sucreries à la rose et au miel. C'est un fouillis de gens, de bras et de jambes à ne pas hasarder un pas sans risquer d'écraser quelqu'un. La diversité des origines s'accuse dans la contenance. Le Turc ventripotent s'étale en maître et se drape dans ses cafetans ; le Juif se rapetisse et se faufile où il peut, toujours sale et puant ; l'Arabe dédaigneux contemple les uns avec haine, les autres avec mépris ; le Persan apparaît plus souriant, mais en même temps plus scrupuleux dans l'accomplissement de ses devoirs religieux ; aux heures prescrites, il se prosterne avec ferveur du côté de la Mecque, et jusqu'à ses femmes qui l'imitent, près de lui. Le visage de celles-là est plus hermétiquement voilé que chez toutes les autres. La toile blanche et épaisse qui, des yeux, leur descend jusqu'aux pieds, ne ménage aucune fente au regard curieux. On peut être plus heureux avec leurs voisines, et même, un voile dérangé fortuitement me permet d'entrevoir un jeune visage, qui serait fort joli sans les tatouages dont il est bleui ; mais il est, hélas ! bien vite refermé.

Le clan des Indiens est le plus animé. Point d'immobilité chez ceux-là. C'est une tout autre race. Ils vont, ils viennent, ils s'agitent, ils jasent, ils rient. Les enfants jouent avec leur père. Les femmes sont couvertes de bijoux, pierres précieuses et anneaux d'or, aux mains, aux pieds, au nez et aux oreilles. Elles babillent, elles folâtrent, et ne songent pas à cacher les traits fins et gracieux de leur figure bronzée. Les hommes les plus importants me saluent presque en compatriotes, tout fiers de baragouiner quelques mots d'anglais et de montrer leurs habits semi-européens.

Il en est un gros, entre autres, qui s'obstine à vouloir lier conversation avec moi, et à m'offrir des cigarettes. Je le remercie, mais il m'ennuie. Il me poursuit; je n'ai d'autre ressource que de lui tourner le dos et de redescendre aux premières. Au seuil de ce saint des saints, ses amabilités cessent, et il veut bien s'en aller.

La plus grande partie de ce monde se compose de pèlerins. Ce sont des Chiites qui se rendent à la mosquée d'Imam-Maoussa (Moïse), non loin de Bagdad, et dont je parlerai plus loin.

Tous ces lieux sont remplis de souvenirs bibliques, et les noms des prophètes hébreux se retrouvent sur les lèvres des croyants, confondus avec ceux des saints particuliers de la religion du Coran. Nous venons précisément de passer tout près du tombeau de l'un d'eux, sur la rive droite du fleuve. C'est celui d'Ezrah, prophète juif qui commenta les livres sacrés, et mourut durant la captivité de Babylone, environ quatre cents ans avant Jésus-Christ. Même style dans ce monument que dans tous ceux de ce caractère : une coupole ronde surmontant un carré de maçonnerie. Seulement, celle-là est revêtue de briques émaillées d'un ton vert dont les siècles n'ont pas altéré la couleur.

En ce moment, je m'aperçois que nous sommes précédés, à une centaine de mètres au plus, d'un tout petit vapeur portant pavillon ottoman, et battant la flamme des navires de guerre. C'est, soi-disant, une mesure de sécurité, m'apprend-on, que, depuis un récent attentat, a cru devoir prendre le gouvernement turc pour protéger, sur ce point, la navigation des bâtiments anglais. Il paraît que, quelques semaines auparavant, le second de ces bateaux, le *Khalifat,* y a été victime d'un guet-apens des plus sérieux. Au moment où, porté par le courant, il se rapprochait de la berge, une fusillade bien nourrie éclata tout à coup, et, pendant un quart d'heure, il eut à continuer sa course sous les coups de fusil. L'homme à la barre fut tué, le capitaine grièvement blessé. C'était un chef indigène, auquel est soumis ce territoire, qui, depuis longtemps en hostilité avec l'administration ottomane, n'avait pas trouvé de meilleur moyen de s'en venger. Bien sûr, pour son compte, d'une impunité que lui garantissaient à la fois et la disposition des lieux et l'impuissance de la répression, il se flattait par cette agression de compromettre, vis-à-vis de l'Angleterre, le gouvernement du sultan, suzerain nominal de toutes les terres, et par conséquent seul responsable des méfaits qui pouvaient se commettre. Autant d'embarras nouveaux pour les Turcs, et pour lui, autant de bénéfices. On voit comment les premiers s'en tirèrent, et, à défaut d'une action plus efficace, les Anglais voulurent bien se contenter de l'éclaireur en question, destiné à recevoir, à leur place, les premiers coups, sinon à les prévenir désormais.

Plus haut, nous rencontrons un village arabe : maisons en terre, murailles en terre. C'est Bâlâh-Salah, ou forteresse de Salah. Ce dernier était un chef en guerre avec les Turcs, qui pour mieux les tenir en échec, et rançonner les bateaux du fleuve, s'était installé sur ce point. Autour de ce village, rien que des pâturages et toujours le désert immense, sans un profil de montagne pour en denteler l'horizon. A peine, çà et là, quelques maigres cultures; de temps à autre, des campements d'Arabes, des troupeaux, des tentes disséminées, des enfants qui jouent dans la vase, des hommes drapés dans leurs haillons qui nous regardent passer en silence... Que peuvent-ils se dire à la vue de ce navire, dont les roues battent le flot et qui en remonte le courant? L'eau devient de moins en moins profonde; nous échouons fréquemment; mais c'est peu de chose, et nous nous dégageons aisément.

Dans l'après-midi, nous distinguons des toits et des maisons au-dessus de l'uniformité monotone de la rive. C'est Amahra. Il y a une quinzaine d'années, cette ville n'existait pas. Aujourd'hui, elle compte plus de dix mille âmes, et est le centre d'un trafic important. De populeuses tribus, qui vivent dans le voisinage et loin de tout autre marché, viennent s'y approvisionner. C'est là le secret de sa prospérité. Le gouvernement turc y a mis une garnison, qui tient, tant bien que mal, en respect les pillards des environs. Il arrive plus souvent qu'elle se voit bloquée par eux, et en est réduite à attendre, par la voie du fleuve, les ravitaillements nécessaires. Le gouverneur ne se hasarde pas volontiers hors des murs. Mais, en revanche, nous l'apercevons, au milieu d'une forte escorte, se promener de long en large sur la berge. Il est fier de se montrer, pendant que nous sommes là.

Nous devons rester plus de deux heures à Amahra; j'en profite pour descendre à terre et pour parcourir la ville. De petites cabanes en briques à simple rez-de-chaussée, des rues larges, où la poussière vous monte jusqu'à la cheville, et des bazars abondamment fournis. On voit que le client n'est pas rare. Le mouvement y est actif. L'arrivée du *Bloss Lynch* a mis tout le monde en l'air, et sucres de Marseille, cristaux et faïences d'Allemagne, étoffes de Manchester, se débarquent et s'empilent sur le rivage, sous les yeux des douaniers impassibles.

Pour regagner le bateau, je monte dans une embarcation indigène de la structure la plus extraordinaire : la moitié d'une énorme calebasse coupée en deux. Elle avance en tournant sur elle-même, poussée par l'aviron de son conducteur. Je n'en vois point d'autre modèle autour de moi. Elles peuvent contenir une dizaine de personnes debout, et sont formées de cerceaux reliés par des rameaux flexibles tressés entre eux, exactement comme ceux d'un panier. Aussi est-ce le nom qu'on leur donne, et cet esquif s'appelle en arabe *kouffa*, ce qui veut dire panier. Recouvert d'un enduit bitumineux qui le rend imperméable, il peut impunément affronter l'eau; elle n'y pénètre point. L'usage en remonte à la plus haute antiquité. Hérodote le mentionne, et il se retrouve reproduit sur les bas-reliefs de Ninive. Mais j'avoue que je préfère un autre système. Serrés les uns contre les autres, et tout droits comme des asperges dont les têtes émergent de la hotte, on n'avance qu'avec lenteur, et ce tournoiement prolongé n'est pas sans donner mal au cœur.

Au-dessus d'Amahra, le Tigre est encore moins profond. Aussi le *Bloss Lynch* transborde-t-il ses marchandises à destination de Bagdad sur un long chaland en tôle excessivement léger, qu'il traînera amarré parallèlement à son flanc. Les courbes du fleuve ne permettent pas un autre système. Un pont de bateaux grossièrement établi le traverse en cet endroit, pour relier la ville avec un petit faubourg sur la rive droite. Il s'ouvre devant nous, et nous reprenons notre course, au bout de deux heures d'arrêt. Quelques passagers nous ont quittés; nous en avons embarqué d'autres.

Voici maintenant le territoire des Beni-Lahâm. C'est une puissante tribu qui, à l'inverse de la plupart de celles dont nous avons jusqu'alors côtoyé les domaines, occupe les deux rives du Tigre, et pousse jusqu'aux Monteficks, du côté de l'Euphrate. Nous découvrons des champs d'orge qui s'étendent au loin. C'est la principale de leurs récoltes, et ils en exportent des quantités considérables. Intrépides guerriers, ils exerçaient jadis, dans ces contrées, une influence prépondérante, et pouvaient mettre jusqu'à dix mille cavaliers en ligne. Bien que diminués aujourd'hui, ils n'en sont pas moins encore redoutables, et les Turcs sont obligés de compter d'autant plus avec eux que leur chef Morbam n'est rien moins que d'humeur accommodante, et a donné, à diverses reprises, plus d'une sérieuse inquiétude au gouvernement ottoman. La nuit nous surprend pendant que nous longeons leur territoire; mais, ici, le lit du Tigre est encore assez large, et le ciel assez lumineux pour que nous puissions continuer notre marche. Une odeur âcre et persistante arrive jusqu'à nous : c'est celle des chameaux qu'ils possèdent par troupeaux immenses; leurs beuglements retentissent tout autour de nous, et nous apercevons leurs silhouettes sombres. Durant des heures, nous naviguons au milieu d'eux; ils sont là de trente à quarante mille.

CHAPITRE II

Les ruines de la Mésopotamie. — Le tueur de lions. — Les représailles ottomanes. — Une chasse dans la forêt de Ctésiphon. — L'arc de César. — Anciens et modernes.

Le soleil du lendemain se lève sur un spectacle qui ne varie pas : à droite et à gauche, toujours la même uniformité stérile des plaines sans limites. Et dire que là, jadis, ont vécu des peuples industrieux et prospères; que cette terre aride était couverte de riches plantations, de vergers, de bois, de villes, et qu'il n'en reste rien, pas même l'histoire! Si! je me trompe; il en reste ce fleuve sur lequel nous voguons, dont les eaux, habilement répandues autrefois par des milliers de canaux, ou contenues par des digues puissantes, fécondaient ce sol plantureux, condamné désormais à la dévastation. Le lit séculaire qu'elles se sont creusé est bordé de berges élevées qui découvrent les couches épaisses de l'humus où dorment les cendres des générations disparues. Çà et là, quelques échancrures à demi obstruées indiquent les bouches par lesquelles elles se divisaient alors, pour aller porter la vie jusqu'au fond des lointaines solitudes. Aujourd'hui, de cet admirable système d'irrigation si bien compris par les anciens, il ne subsiste d'autres vestiges que des traces informes, dont les Turcs sont incapables de dégager les sillons ensablés. Ils n'entretiennent même pas ceux qui, par leurs dimensions plus vastes, ouverts périodiquement à la masse des pluies, ont pu mieux résister aux envahissements progressifs, et se maintenir assez puissants pour emporter avec eux tout ce qui leur fait obstacle.

Une ombre légère comme une brume indécise estompe, à notre droite, l'horizon. Ce sont les montagnes de la Perse; ces tons plus accusés, au-dessus de la réverbération implacable de cette atmosphère embrasée, font du bien et reposent le regard. Mais, du navire, je crois être le seul à y prendre garde. Rien n'y a changé; mêmes petits arrangements de famille, mêmes occupations de ménage, mêmes soins de toilette, même indifférence, même attitude, même somnolence. On dirait que cette existence en l'air de ce troupeau humain campé au hasard, par petites fractions, sur ce pont étroit, rentre dans le sang, dans la nature de toutes ces races qui le composent. Quand nous croisons quelque bélem indigène, quand nous rencontrons quelque hameau d'où nous saluent des cris sauvages, ou que le navire échoué va nous jeter à la côte, c'est à peine si les uns et les autres daignent lever les yeux ou tourner la tête... Seuls, les Indiens s'exclament, courent et s'agitent.

Sur la rive gauche, nous remarquons quelques monticules de sable. A coup sûr, il y a des ruines là-dessous. Tout exhaussement du terrain, dans cette région, si minime qu'il soit, cache un débris, — pierre, édifice ou cité. N'en cherchez point d'autres. Lorsqu'il est tombé là, six mille ans peut-être auparavant, des grains de sable balayés par le vent s'y sont arrêtés; d'autres s'y sont joints; puis d'autres encore, et encore d'autres. L'obstacle, grossi peu à peu, est devenu monceau, est devenu colline; aucun *tell* (colline) de la Mésopotamie n'a une autre origine. Ceux que nous observons marquent le point d'où partait un vaste canal, disparu tout à fait maintenant, qui l'arrosait de l'est à l'ouest, et allait rejoindre l'Euphrate non loin de son embouchure. Un peu au-dessus, presque en face, aboutissait également ce second canal, œuvre gigantesque de la monarchie persane, appelé le Nàrhban. Sur un parcours considérable, il traversait et transformait en champs fertiles cette immense contrée, aujourd'hui aride, qui s'étend à l'ouest du Tigre jusqu'aux montagnes du Khurdistan. Ce furent ses bords qui virent la défaite et la mort de Julien l'Apostat. Xénophon eut à le franchir avec ses dix mille Grecs, et la tradition place non loin de là une des résidences d'Abraham.

Jusqu'à l'époque d'Haroun al-Raschid, il fut entretenu dans un état convenable, et le pays demeurait habité par une race laborieuse, dont le travail y faisait surgir de merveilleuses cultures. Mais, sous le règne troublé des successeurs de ce prince, il se combla peu à peu, et avec la présence sagement aménagée de ses eaux, s'évanouit aussi la fécondité proverbiale du sol, en même temps qu'en disparaissait la population décimée.

Tout près, s'élève actuellement un petit village. C'est Kuth el Amahra, siége de l'administration locale, et séjour d'un pauvre diable de sous-gouverneur turc qui y végète avec quelques soldats. Nous ne nous y arrêtons que peu de temps.

Une heure ou deux après, la nuit tombe. Cette fois, impossible de continuer; le Tigre est de moins en moins profond, et les échouages de plus en plus fréquents. Nous jetons l'ancre au milieu de son lit. Nous allons rester là jusqu'au matin. Le froid commence à se faire sentir. Dans ces mêmes parages où, l'été, la chaleur est si intense que le niveau du fleuve, par le simple effet de l'évaporation, baisse parfois de plusieurs centimètres en deux ou trois jours, nous grelottons actuellement dès que le soleil est couché. C'est à ces extrêmes variations de la température qu'il faut attribuer, en partie, l'insalubrité de tous ces climats. Aussitôt que le soleil reparaît, la chaleur reprend son empire, une chaleur qui vous foudroie, si vous commettez l'imprudence de la braver.

Ce danger ne m'empêche cependant pas, le jour même, de profiter d'un des lacets du fleuve pour quitter l'abri du *Bloss Lynch* et me faire mettre à terre, en compagnie du commissaire. Pendant qu'il le contournera, nous aurons le temps de parcourir le large promontoire qui lui impose ce détour. C'est un pays, paraît-il, exceptionnellement giboyeux. Le lion s'y rencontre assez souvent. Mais ce n'est pas, pour le moment, à ce gibier royal que nous songeons. Nos convoitises et nos espérances se bornent au francolin, espèce de grosse perdrix grise qui, par le plumage et le volume, rappelle la poule faisane. Hélas! est-ce la chaleur ou toute autre cause? Durant trois heures, nous battons vainement les broussailles : rien! En revanche, nous allons rendre visite à un vieux chasseur arabe dont les exploits sont célèbres. Il a tué plus de cent lions. Ce chiffre est authentique, et certainement au-dessous de la vérité.

Sa maison est en pisé, comme celles de tous ses compatriotes, située au fond d'un enclos de murs analogues, dont des fagots d'épines ferment hermétiquement l'entrée, dès que le soir arrive. Lorsque nous y pénétrons, il est sorti. C'est sa bru qui nous reçoit, une jeune femme aux traits déjà flétris, mais encore beaux. Deux enfants gambadent à ses côtés ; elle en nourrit un troisième. Point de voile sur la figure, malgré leur religion ; nulle femme n'en porte parmi ces tribus aux allures fières et indépendantes. Mon compagnon est un grand ami de la famille ; aussitôt qu'il paraît, ce sont des cris de joie, des empressements à n'en plus finir. On voit qu'il ne passe pas toujours là les mains vides. Plus d'une fois, il y a séjourné pour suivre le grand-père dans ses expéditions périlleuses. Le fils, qui n'est pas loin, accourt, et un des enfants est expédié à la recherche du vieillard.

En l'attendant, nous nous asseyons, nous causons. On parle des récoltes, de l'état de la terre, de la mauvaise chasse que nous venons de faire. Il paraît que l'absence du gibier est due à la sécheresse qui désole cette région depuis deux ans. Ne trouvant plus rien à manger, il s'est expatrié ; il s'est rapproché des montagnes plus fraîches et verdoyantes du Khurdistan. Cette conversation, cet intérieur, ce type, et l'extérieur même de cet homme et de cette femme, tout cela rappelle ceux de nos propres paysans. On se croirait dans une chaumière de quelque coin du midi de la France.

Voilà le vieux bonhomme. On est parvenu à le retrouver. Il allait chasser comme nous. Au nom de son ami, il s'est hâté de revenir sur ses pas. Il tient à la main le fusil presque aussi ancien que lui, instrument de ses hauts faits : une arme primitive, à mèche et à un seul canon, bien entendu. La crosse en est si exiguë qu'elle doit à peine lui permettre d'épauler. Et pourtant, il est attaché à ce vieux camarade. Vingt fois on lui a offert de le lui changer contre un autre plus moderne. Il est convaincu qu'aucun ne vaut le sien. Il le connait, il sait le manier; nul ne pourrait le remplacer. Peut-être a-t-il raison.

Je voudrais bien entendre le récit de quelques-unes de ses aventures; mais le temps nous presse. Du reste, pour chacune, l'histoire est presque toujours la même. Il a relevé les traces de la bête, il s'est assuré de son repaire. Avec la persistance de sa race, il l'a suivie, épiée, jusqu'au moment où il a pu se trouver en face d'elle, à quelques pas à peine, pour lui envoyer sa balle en plein front ou en plein cœur.

— Rien de plus facile, nous dit-il.

Oui! rien de plus facile quand l'œil est bon et la main ferme. Deux ou trois fois, il y a eu lutte, l'animal, seulement blessé, a bondi sur lui. Chaque fois il l'a achevé, non sans blessures, avec la lame recourbée du poignard qu'il porte à la ceinture. L'empreinte formidable d'un coup de griffe lui est restée gravée sur le cou, et de profondes cicatrices, en plus d'un endroit, lui labourent le crâne.

Après avoir dégusté le café de l'hospitalité, nous lui serrons la main, et nous nous dirigeons vers le cap où doit bientôt reparaître le *Bloss Lynch*. Nous en apercevons la fumée encore loin. Le commissaire cherche à me consoler de notre déconvenue et me promet, pour le lendemain, d'amples dédommagements à Ctésiphon, — dans la forêt, dit-il. Récemment il y a fait, lui, des chasses prodigieuses, et la sécheresse n'y a pas, comme ailleurs, tout ravagé. Sur cette perspective alléchante, nous sautons dans la barque qui vient nous prendre, et regagnons le bateau.

Les eaux sont de plus en plus basses. C'est que les pluies n'ont pas encore commencé dans le haut du fleuve, m'explique mon ami le commissaire; et cette idée assombrit son front. Car, sans pluies, pas de récolte, pas d'herbe, pas de bestiaux; c'est la famine, la continuation pire encore de cette famine dont on souffre depuis deux années déjà, et qui éprouve presque aussi cruellement les modestes familles chrétiennes des villes que la population indigène des champs, dont c'est la mort. Mais lorsqu'elles se mettent à tomber, c'est avec une telle abondance, que les eaux du Tigre enflent à vue d'œil, et qu'il s'y produit une différence habituelle de plus de sept mètres entre les deux niveaux extrêmes. Nous sommes à peine à la fin d'octobre, et il est permis encore d'espérer.

Nous saluons, sur la rive droite, la forteresse d'Azizié, que les Turcs ont bâtie, il y a une dizaine d'années, pour grouper autour les populations avoisinantes. Ce fut une fraction de la grande tribu des Chammars, au nord de la Mésopotamie, qui passa le fleuve et vint s'y installer d'abord. Vaine tentative. Aujourd'hui tout le monde a disparu, et il n'y reste plus qu'un pauvre gouverneur avec une dizaine de *zaptiès* (gendarmes) résignés. Autant de captifs sans en avoir l'air. Ils n'ont garde de se risquer loin de leur caserne.

La physionomie de la contrée ne change pas. Une seule chose nous frappe, c'est la quantité d'indigènes que, du pont, nous voyons en mouvement sur les deux rives. Hommes, femmes, enfants, animaux, défilent pêle-mêle, et par troupes, sous nos yeux. On dirait des migrations partielles des peuples de la Bible. Cependant, ils semblent fuir plutôt. Certainement, un danger les talonne. Quel est-il? Vainement les hèle-t-on du bord; ou ils ne comprennent pas, ou nous leur inspirons autant de frayeur que le péril mystérieux. A la fin, un de nos matelots qui reconnait des amis parmi eux, prend un canot et va s'enquérir de l'énigme. Nous suivons la scène du bout de nos lorgnettes. On se groupe autour de lui. Tous parlent à la fois ; les gestes d'effroi se succèdent et montrent le côté du nord. C'est celui où nous allons. Bientôt le messager revient et, à son tour, nous met au courant.

Il paraît que Mansour-Pacha, un des princes de la maison Sâhdoun des Montcficks, actuellement dépossédé et réfugié à Bagdad, a voulu, pour obtenir l'appui précieux du sultan, lui envoyer en présent une vingtaine de ces merveilleux chevaux que la tribu élève avec tant de soin. Il les a fait venir sous l'escorte de quelques-uns des siens. Mais, à une ou deux journées de marche de la ville, le convoi a été arrêté et pillé par les Arabes de la faction rivale. Tous les chevaux ont été volés. Des chevaux destinés à Sa Hautesse! Quelle profanation! Vite, le muchir de Bagdad a expédié des troupes pour châtier les bandits... Seulement, — il y a un seulement, — le tout est de les atteindre.

C'est précisément l'apparition de ces soldats qui provoque, à si haut degré, la terreur de tout ce monde. Car se mettre en quête des coupables, ils n'y songent même pas. Et que leur importe? pourvu qu'ils frappent sur quelqu'un, là est l'essentiel; et ils frappent sur tous indistinctement. Leur passage est un fléau autrement redoutable que celui des brigands. Car si ces derniers ont enlevé des chevaux, les autres prennent, brûlent, pillent tout ce qu'ils peuvent, et malheur à qui se présente devant eux! Toute victime est bonne pour assouvir leur vengeance; hommes, femmes ou enfants, pour tous le danger est le même.

On comprend avec quelle hâte ces malheureux s'efforcent de s'y soustraire. Tout ce qu'ils possèdent, ils l'emportent. Ils courent se réfugier sur les terres de quelque tribu assez puissante pour que les Turcs n'osent pas les y suivre. Puis, lorsqu'on sera bien sûr que ceux-ci sont repartis, que, rassasiés de déprédations et de violences, ils sont enfin rentrés dans Bagdad avec leur butin, traînant à leur suite quelque pauvre diable qui n'aura pas eu le temps de s'échapper, et sur lequel pourra retomber le courroux du gouverneur, alors eux aussi regagneront timidement leurs foyers, s'ils les retrouvent encore... Et c'est là ce qui s'appelle l'administration de la Sublime Porte dans les vallées du Tigre et de l'Euphrate!

Ce défilé dure près d'une heure, à intervalles inégaux. Dans le tas, des petits corps de guerriers, armés et vêtus de toutes les façons. Je ne sais quelle résistance ils opposeraient à une attaque, mais ils courent bon train. Un de ces hommes nous met en joue. Ses voisins relèvent vivement son fusil et nous adressent, au contraire, des signes d'amitié. Ils voient bien que nous ne sommes pas des Turcs. Dès lors, nous ne pouvons être que des amis.

Dans l'après-midi, nouveau coude prononcé du fleuve. Nous allons encore débarquer, le commissaire et moi. C'est la Terre promise qu'il me vantait la veille; c'est la forêt de Ctésiphon. Espérons que nous serons plus heureux.

Nous sautons sur le sable. Une plage unie nous mène, en montant, à un vaste plateau couvert de mauvaises broussailles et d'ajoncs dont le plus haut ne va guère au delà du genou.

Nous entrons en chasse.

— Eh bien! et la forêt? demandé-je à mon compagnon.

— Mais vous y êtes, me répond-il étonné.

Pour lui, pour tous les habitants de ces régions qui n'en sont jamais sortis, ce mot de « forêt » n'éveille que des idées d'un vague déplorable; et cette végétation rabougrie sous laquelle, du moins, le pied se dérobe, en regard de ces immenses surfaces sans un brin d'herbe, sans un buisson, où chaque pas trace une empreinte qui s'y verra encore demain, comme dans un mois, c'est la « forêt » dont, ailleurs, parlent les livres, ou que célèbrent les récits du passé.

Forêt, soit! Je m'y enfonce avec lui... jusqu'à mi-jambes. Pour le reste, il ne m'a pas trompé. Un francolin part, il en part deux, trois... Toute une compagnie est là, picorant dans les massifs. Nous en tuons plusieurs. C'est bien le même oiseau que j'ai rencontré sur la côte orientale d'Afrique.

Tout en chassant, nous faisons du chemin, et bientôt je vois se dresser en avant quelque chose qui me paraît être un colossal monument. Ce sont les ruines de Ctésiphon.

La « forêt » cesse brusquement. Des monticules de terre dessinent une vaste enceinte; d'autres sont disséminés çà et là; puis, au delà, un large espace nu où ne croît rien. Assurément, une ville, une grande ville, a existé ici; et dans le fond, tel qu'un géant, ce qu'on appelle de nos jours « l'arc de César ».

C'est bien un arc, en effet, ou plutôt un arceau grandiose. De loin, l'œil ne distingue guère autre chose. De près, l'ensemble se complète. A droite et à gauche de la nef, se développent en façade deux immenses murailles où se comptent encore quatre étages, séparés entre eux par autant de frises, de niches parfaitement conservées et de hautes dimensions. Il est probable que chacune d'elles contenait jadis une statue. Pour le moment, c'est le domicile d'une multitude de pigeons sauvages dont la nuée tourbillonne sur nos têtes à mesure que nous approchons. Fondé quatre cents ans avant J. C. par un roi perse, adorateur du soleil, le monument est orienté vers l'est. A la fois temple fastueux où le prince donnait carrière à la pompe de ses adorations, et palais splendide où il recevait lui-même l'hommage de ses tributaires, il fut construit par un architecte, venu d'Athènes, nommé Ctésiphon, — d'où le nom donné à la ville par le souverain émerveillé.

La salle principale, celle où nous nous introduisons, avait cent quatre-vingts pas de long sur quatre-vingt-cinq de large. La hauteur en est de cent quarante-trois pieds. Elle est à peu près intacte. Lorsque l'armée d'Ali s'empara de Ctésiphon, au septième siècle, et le livra au carnage, le khalife s'y arrêta et fit sa prière, le front tourné vers la cité sainte de la Mecque. Le palais lui-même s'ouvrait dans cette direction. Cette particularité le sauva de la destruction, en le rendant sacré, désormais, aux yeux des fanatiques Chiites. Du reste de la ville, il ne resta pas pierre sur pierre.

Toute la construction est en briques; les traverses encastrées dans la maçonnerie sont en bois de cèdre venu des Indes ou du Liban. Dans les deux pans de mur extérieurs, comme autant d'arcades régulières, sont ménagées des ouvertures cintrées de trente pieds de haut. La même disposition se retrouve des deux côtés, à l'intérieur de la salle, et permet de constater l'épaisseur des murailles, qui est également d'une trentaine de pieds. Au-dessus de ces formidables assises, s'élance la voûte élégante et audacieuse, dont la plus grande partie a résisté au temps. La pensée demeure confondue sous le poids de ces grandeurs évanouies; et en remontant un passé de vingt siècles, en repeuplant ce monument de la foule dorée des princes, des guerriers et des prêtres, qui s'y pressaient aux pieds du roi, elle se demande si cadre plus gigantesque fut jamais réservé à plus de magnificences !

En quittant cette salle par l'autre extrémité, celle qui fait face à l'ouest, et par où l'on regagne le fleuve, on se trouve en présence des détails postérieurs du monument. Mais ce qui en subsiste ne permet qu'avec peine de s'en représenter très-nettement le plan. Il y a bien encore, et en grand nombre, d'autres voûtes debout, mais plus basses, d'autres salles dessinées, mais plus petites, et tout cela mêlé de ruines, de débris, de broussailles, de telle sorte que l'œil en définit difficilement le caractère. Ce devait être là, selon moi, la partie réservée aux exigences secrètes du culte, à l'habitation des prêtres ou des personnages de la cour, à ce que nous pourrions appeler, à notre époque, les communs, et où le regard ni l'esprit ne gagnent à descendre. Ailleurs, cependant, l'aspect toujours imposant de ces vestiges frapperait certainement l'attention. Ici, écrasés par le colosse aux flancs duquel ils ont l'air de s'attacher, ce n'est plus rien.

Il en est de même d'une mosquée dont le minaret se dresse à quelques centaines de mètres plus près du Tigre. La tête mélancolique d'un bouquet de dattiers s'incline au-dessus, et domine les fourrés de la « forêt »

L'ARC DE CÉSAR, A CTÉSIPHON.

environnante. Ce sanctuaire recouvre, paraît-il, le tombeau du barbier du Prophète. Que le rasoir, dans l'autre monde, lui soit léger, ainsi qu'à son client!

Nous autres, nous reprenons notre chasse. Le sol, sous nos pas, est boursouflé et raviné : autant de décombres de la cité détruite ensevelis sous la poussière du désert, et au travers desquels toute une végétation parasite a jeté ses racines. Des débris de poteries, des morceaux de briques, roulent à chaque instant sous les talons de nos bottes. Au bord du fleuve, le nombre en est plus considérable, ou plutôt, le regard les distingue mieux. Chaque année les eaux emportent un lambeau de cette terre, et c'est alors qu'elles mettent à nu les ruines qu'elle recouvre; murailles effondrées, maisons écroulées, urnes brisées, tout cela gît pêle-mêle depuis des siècles, sans qu'une main curieuse ait, jusqu'alors, cherché plus avant à en dégager les secrets. Mon pied heurte le col effilé d'un vase où sont inscrits des caractères bizarres. Je crois avoir fait une trouvaille précieuse, et j'écarte avec précaution le sable humide d'où il émerge. Peine inutile, ce n'est qu'un tesson sans valeur.

Pendant que je me livre à ces investigations archéologiques, et que je subis l'influence des souvenirs qu'elles éveillent, mon compagnon est plus pratique. Cent fois déjà il est venu par là, et toutes ces ruines ne lui disent plus rien, si ce n'est qu'elles recèlent un gibier que, bien sûr, le lendemain, il ne trouvera plus aux portes de Bagdad.

— Le bateau va nous rejoindre, et la « forêt » finit là, me crie-t-il, profitons-en.

Au même instant, un lièvre part. Il est tué, — pas par moi. — Je ne m'en déclare pas moins satisfait, et en attendant le *Bloss Lynch,* je m'assieds sur un petit tertre au-dessus du fil de l'eau, les poches et les mains pleines d'objets informes où je crois retrouver quelque chose du passé disparu.

Quand nous sommes rembarqués, sur l'autre rive, presque en face exactement de l'Arc de César, on me montre encore toute une série d'ondulations dont la première baigne dans le flot même. Ce sont également des ruines, plus anciennes même que celles dont nous nous éloignons, celles de Séleucie, la rivale antique de Ctésiphon. Elle fut fondée, celle-là, par Séleucus, l'un des lieutenants d'Alexandre, qui, après la mort de son maître, y transporta, de Babylone, tous les matériaux nécessaires à sa construction, et y installa le siège de son récent empire. Des eaux basses sortent d'épaisses murailles de briques, qu'elles rongent, on le voit, peu à peu. Plus loin, trois urnes presque intactes apparaissent à moitié immergées, côte à côte... Qui sait ce qu'elles renferment? Elles sont toutes les trois renversées, le ventre à l'air et l'orifice dans la vase. C'est à peine si l'une d'elles semble endommagée. Quel ennui de ne pouvoir s'arrêter là!... De cet endroit se dessine, perpendiculairement au Tigre, une ligne moutonneuse dont la disposition régulière rappelle celle des remparts d'une forteresse. Et au delà, en effet, plus rien que la nudité du terrain redevenu uniforme C'étaient, sans doute, ceux de Séleucie.

Un peu plus haut, un édifice d'apparence plus moderne. C'est une usine créée par les Turcs pour l'extraction du salpêtre dont ce vieux sol est partout imprégné. Voilà tout ce qu'ils savent tirer aujourd'hui de ces territoires autrefois les plus riches, les plus fertiles du monde, et qui le seraient encore en d'autres mains!

Enfin, nous approchons de Bagdad, avec le cortége de tous les souvenirs que ce nom éveille. Bagdad, c'est, pour moi, Haroun al-Raschid et les *Mille et une Nuits,* c'est le merveilleux et la féerie; c'est la lampe d'Aladin et la sultane Schéhérazade. Que va répondre la physionomie de la ville actuelle aux rêves évoqués de mon enfance? Je le saurai demain.

Dans la soirée, nous passons devant l'embouchure de la Dyalha, le Djiridès des anciens. Xénophon sut habilement le franchir. Plus tard, Cyrus y fut moins heureux : il faillit s'y noyer, et sous lui, sa jument favorite y resta. Pour punir la rivière téméraire qui n'avait pas craint de lui ravir un animal aussi précieux, il résolut de la tarir. Trois cent soixante-cinq canaux furent creusés par ses ordres, et en jetèrent les eaux au travers de la contrée. Mais la Dyalha, pour cela, ne tarit pas. L'architecte tout-puissant dont la main en avait creusé le lit sut bien le rétablir, en dépit des colères de Cyrus; et, le conquérant disparu, la rivière reprit son cours. Seulement, à mesure qu'on remonte vers le Khurdistan, on découvre encore quelques-uns de ces canaux; et ce qui fut jadis ordonné dans un but de destruction est au contraire demeuré pour le pays, qui lui doit une bienfaisante humidité, un agent de fécondation et une source de richesse. Quel malheur que les effets ne s'en étendent pas davantage! Dès qu'on redescend vers la plaine, la désolation et la stérilité reprennent leur empire. Plus de traces des canaux de Cyrus; et la Dyalha, comme le Tigre, traversent inutilement des déserts qui, aujourd'hui, ne leur demandent plus rien.

Jusqu'aux portes même de Bagdad, il en est ainsi, et Niebuhr chercherait en vain ces jardins enchantés, qu'il y a cent cinquante ans, il célébrait avec tant d'enthousiasme. C'était précisément cette heureuse Dyalha dont il chantait les bords fleuris et verdoyants. Maintenant, rien, rien, toujours rien!... Le désert, et encore le désert. Il faut toucher à la ville même pour retrouver de nouveau quelques bouquets de dattiers. Le cours sinueux du fleuve commence à en montrer çà et là d'isolés, sous lesquels se cachent de modestes toits. Ils deviennent plus nombreux. Bientôt c'est, des deux côtés, une ligne verte continue, une ligne, il est vrai, dont le regard perce bien vite l'épaisseur pour apercevoir, à travers les troncs, la nudité lamentable des terres, à quelques pas au delà.

Mais, au moins, ce sont des indices de vie qui s'accusent; des hommes qui ne sont plus des nomades effarouchés ou des paysans en fuite circulent à portée de la voix, et nous contemplent comme un spectacle auquel ils sont habitués. Un je ne sais quoi de plus civilisé pénètre l'atmosphère. Le fleuve lui-même prend un autre aspect. Son lit s'élargit; ses flots coulent avec plus de majesté. Puis, la végétation s'accentue. Des vergers et des jardins encadrent de jolies maisons de campagne. Une route fréquentée longe le bord. Des cavaliers, des piétons la parcourent. Tous suivent la même direction et remontent comme nous. Tous vont à Bagdad... Bagdad! Bagdad! Le voilà!

CHAPITRE III

Arrivée à Bagdad. — Les Européens au service du Sultan. — Le Consulat et le consul de France. — La température locale. — Les diverses nationalités et les quartiers de la ville. — L'établissement français des RR. PP. Carmes, et leurs élèves. — Les religieuses en Orient.

Le premier coup d'œil, du bateau, est vraiment charmant. Là encore, comme tout le long du parcours, et malgré sa largeur, le Tigre coule encaissé entre deux hautes berges qui l'étreignent. Des maisons de vastes dimensions, de tout style et de tout caractère, j'allais dire de toute couleur, car les choses revêtent réellement de la couleur sous les rayons de ce chaud soleil de l'Orient, s'étagent aux flancs de la rive, et les premières mouillent leur pied dans le fleuve. De quai, bien entendu, il n'est pas question. Quel port de l'Orient en possède? Pas même Constantinople. Pour cette capitale, depuis quelques années, il est vrai, on en parle, mais c'est tout. Et il en sera longtemps ainsi.

A gauche, elles sont plus petites, plus entassées. On devine tout de suite un quartier populaire, un faubourg d'une physionomie toute différente de celui qui lui fait face. Ici, les palais, au contraire, se succèdent, magnifiques demeures dont les terrasses de marbre et les jardins ombreux amènent les hôtes jusqu'au bord de ces eaux, où la fraîcheur les aide à supporter la chaleur torride de l'été. Les bâtiments mêmes sont en arrière. C'est par-dessus les grenadiers et les orangers en fleur, au travers des palmiers et des buissons de jasmin ou de roses, que le regard doit se porter pour les découvrir. Aux uns, les fenêtres grandes ouvertes indiquent la résidence du maître. A côté, des jalousies hermétiquement closes, des stores toujours baissés. Le harem est là avec ses mystères attrayants, son luxe indolent, ses odalisques demi-vêtues, son peuple d'eunuques et d'esclaves.

Au moment où le *Bloss Lynch* va atterrir, c'est le matin, c'est-à-dire l'heure du réveil, du mouvement et de la vie. Le soleil n'a pas encore embrasé l'atmosphère; dans l'air, il flotte comme un souvenir de la nuit plus fraîche, tout prêt à s'envoler, et chacun se hâte d'en profiter, avant que la chaleur du jour le condamne à l'immobilité et au silence. Des embarcations grandes et petites sillonnent le fleuve; les premières emportent vers Bassorah les denrées de tout genre que lui expédie Bagdad. Dans les autres, des pêcheurs, des allants et venants, un peu de tout. De l'une de celles-ci s'échappent des cris et des lamentations. Elle passe tout près de nous. Sur la natte du fond est un homme étendu. Tout autour de lui, du sang. Deux ou trois personnes lui soutiennent la tête et s'efforcent de le calmer, pendant que le batelier fait force de rames vers le rivage.

— Qu'y a-t-il? interrogeons-nous.

C'est un imprudent qui se baignait paisiblement, il y a quelques minutes. Il a voulu s'avancer trop loin, et au passage, un requin l'a saisi et lui a broyé la cuisse. Sans cette barque qui a pu l'atteindre avant qu'il fût tout à fait entraîné, il était perdu. Ces horribles bêtes sont, en effet, nombreuses dans le Tigre et surtout à Bagdad. Bien qu'à 800 kilomètres de la mer, elles n'en remontent pas moins le fleuve jusque-là et, y trouvant une nourriture abondante, s'y montrent en plus grande quantité qu'ailleurs. Aussi, fréquemment, comme ce malheureux, des croyants qui, sans y songer, s'éloignent trop du bord, voient-ils interrompre leurs ablutions d'une manière fâcheuse, et l'on cite des femmes qui, à peine les pieds dans l'eau, lavant leur linge, ont eu le bras emporté d'un coup de leurs redoutables mâchoires.

La masse de la ville nous apparaît confuse. Les minarets élancés, les coupoles massives des mosquées la dominent. Devant nous, un long pont de bateaux coupe le lit du Tigre. La vapeur siffle ; nous marchons doucement. Enfin, après cinq jours de navigation, nous nous arrêtons devant un grand et lourd édifice qui couronne l'escarpement de la rive droite. C'est la Douane.

Dans tous les ports de l'Orient, c'est toujours là, en effet, le premier monument qui se distingue. Point de vue invariable. C'est que c'est la vache à lait; cette bonne douane, et il est bien juste qu'on s'occupe un tantinet de la loger. Le plus clair des ressources administratives, militaires et autres, sort de là. De toute la Turquie ce sont, à peu près, les seules qu'il soit facile de contrôler, et qu'on est tant soit peu certain de ne pas voir diminuer. Les impôts directs, les droits plus ou moins fantaisistes, tout cela est à la merci d'une disette, d'une guerre ou d'un caprice ; et trop souvent le budget impérial, toujours mal en équilibre, au lieu d'une recette attendue, s'est vu, pour l'une de ces causes multiples, en face d'un trou imprévu à combler. Mais la douane, elle, la voilà, ouvrant sans cesse ses magasins et sa caisse au commerce extérieur, dont les éléments font vivre la population de l'empire, et dont les taxes soutiennent son crédit.

Chaque fois qu'à la Porte il s'est agi de contracter quelque emprunt, ce sont ces rentrées qui en ont garanti le remboursement. Aussi, pour en surveiller le mouvement, dans chaque ville a-t-il été créé un contrôle européen qui, suivant des proportions déterminées, en encaisse le produit, en dehors de toute ingérence gouvernementale. Sans cette précaution, qui n'a rien que de très-sage, étant données les habitudes ottomanes, le gage, on peut le dire, courrait plus d'un risque.

Durant mon séjour dans l'Irak, un beau jour arriva à Bagdad une lettre de change de plusieurs millions, tirée par le sultan même sur les revenus de cette province, et signée de sa main auguste. Dieu sait ce que dévorent les besoins de Sa Majesté ou de son entourage ! Plus d'un tiers de l'actif de toute la Turquie y passe. Comment reculer devant cette exigence souveraine ? Impossible. Pour le vali, en dépit de sa haute situation, c'eût été la disgrâce, l'exil. Il n'y songea même pas. Mais il fallait de l'argent. En d'autres temps, la douane eût été là. Elle y était bien encore, et le gouverneur, dit-on, essaya même, sur sa propre garantie, d'en soutirer la contribution nécessaire. Vaine tentative. Les sommes qu'elle contenait avaient une attribution définie... Force fut de se rabattre ailleurs.

A quel expédient eut recours l'infortuné pacha ? Je ne sais pas au juste. Ses coffres étaient vides et ne renfermaient même pas la solde des troupes que, depuis plus de trois ans, on oubliait de payer. Le versement des impôts était déjà en avance d'un an ou deux. Ce fut pourtant de ce côté-là qu'il fallut se tourner encore, et le malheureux paysan dut plier un peu plus l'échine sous les coups auxquels il n'a d'autre moyen de se soustraire qu'en finançant ou en se révoltant. L'un n'est pas toujours plus facile que l'autre.

Auprès de la douane se pressait, comme partout ailleurs, une foule pittoresque et grouillante de portefaix, de marchands, de soldats, d'enfants, etc., qui attendaient notre arrivée tout en se bousculant. Bientôt une barque se dirige vers nous. C'est la *Santé* qui vient s'assurer si nous n'apportons pas la peste dans nos poches. Le médecin sanitaire est un Autrichien, de très-bonnes façons, et qui s'exprime dans le plus pur français.

On ne s'imagine pas la quantité d'étrangers qui, à un titre ou à un autre, sont au service de la Porte. Tout poste, surtout ceux dont les fonctions réclament des connaissances techniques, est occupé par l'un d'eux. Médecin, ingénieur, financier, autant d'emplois qu'un Turc ne saurait remplir. Il n'y a guère que ceux de pachas, de gouverneurs, dont les plantureuses sinécures restent encore à leur portée, sinon leur domaine exclusif. Et encore, le dernier vali du Liban, R... Pacha, l'ennemi acharné, par parenthèse, de la France, dont je l'avais vu naguère, en 1870, avant nos malheurs, se montrer, à Constantinople, le docile et empressé serviteur, alors qu'il s'honorait d'être fréquemment le commensal de notre ambassadeur, n'est-il pas autre chose qu'un noble vénitien devenu, tout en restant chrétien, le fonctionnaire de Sa Hautesse ? J'en pourrais également citer d'autres moins élevés en grade. Toujours est-il, du moins, que ces positions sont accessibles à toutes les capacités, et qu'il n'est pas besoin de grands efforts d'instruction ou de mérite pour s'y maintenir avec avantage.

Je me rappelle, à ce sujet, une amusante anecdote

qui me fut racontée par un de mes camarades. Tout jeune officier, il avait été, pendant la guerre de Crimée, détaché en qualité d'officier d'ordonnance auprès d'un pacha turc, un simple *liva,* il est vrai, c'est-à-dire un général de brigade. Ce brave militaire qui, peu de temps auparavant, était, je crois, porte-pipe d'un des grands de l'Empire, fut chargé de conduire sa troupe, des frontières de la Thessalie aux bords du Danube. Accroupi au milieu de son état-major sur les coussins de son divan, il s'efforçait de découvrir, sur une carte que lui avait procurée mon camarade, la route qu'il avait à peu près à suivre. Mais vainement celui-ci lui indiquait-il du doigt la direction voulue, son chef s'obstinait à la chercher quand même en sens contraire, et à rebrousser chemin du côté de la Grèce.

— Ce n'est pas par là, lui répétait l'officier. Le Danube coule au nord...

Le pacha ne répondait, ou ne comprenait pas, et continuait son manége.

A la fin, il lève la tête et regarde le jeune homme :

— Quel grade avez-vous ? lui demande-t-il.

— Lieutenant !

— Ah ! vous êtes lieutenant, et vous prétendez en savoir davantage qu'un liva !

Et sur cette magnifique apostrophe, en même temps qu'il le toisait d'un regard de dédain courroucé, il repoussait la carte du pied. La démonstration géographique dut s'en tenir là.

En invoquant cet exemple, je ne généralise pas, je raconte. Si, depuis la guerre de Crimée, le niveau intellectuel des dignitaires ottomans, dans l'armée surtout, s'est sensiblement relevé, il n'en est pas moins constant que tout ce qui requiert des aptitudes spéciales demeure l'apanage des Européens. Tout le haut état-major de l'artillerie, du génie, de la marine, est encombré d'Allemands ou d'Anglais. Jusqu'au chef de musique du Sultan qui est un Italien ; jusqu'à son cocher qui est un Français, et qui porte fièrement à son cou les insignes du Medjidié, dont son maître l'a décoré sur son siège. C'est par là que brille, à l'heure qu'il est, l'influence française à Constantinople.

Dans cet ordre d'idées, à Bagdad, notre nationalité était représentée, à ce que m'apprit l'aimable docteur autrichien, par deux ingénieurs ou soi-disant tels. Ces brevets-là se distribuent ou s'improvisent avec une rare facilité en Orient. J'ai connu, au Caire, un « ingénieur civil » qui ne négligeait aucune occasion de se parer de ce titre, et dont toute la carrière s'était bornée à surveiller, en Algérie, dans les humbles fonctions de piqueur, les déportés qui cassaient des cailloux sur les chaussées de Lambessa. Les compatriotes dont il m'était parlé valaient mieux que cela, et c'était beaucoup d'avoir à rencontrer, dans la vallée du Tigre, deux Français qui ne fussent ni missionnaires, ni agents consulaires.

Au milieu de notre entretien, je vis dégringoler, du haut du talus, un personnage qui me parut être un officier turc, la tunique en drap bleu, le sabre au côté, et qui, adressant un signe impérieux à un batelier, se fit conduire à bord. Je me trompais : c'était un cavas que notre consul envoyait à ma rencontre, pour me mener chez lui.

Sans cette courtoise hospitalité, j'aurais été cruellement embarrassé. A part les villes demi-européennes, où nos habitudes ont pénétré, et que fréquentent les visiteurs de l'Occident, l'Orient ne connaît point d'hôtels, tel que nous l'entendons par ce mot. Le taudis qui, de loin en loin, inscrit, sur une enseigne boiteuse, cette pompeuse dénomination, n'est jamais qu'un bouge infect tenu par un Grec ou par un Juif, où ses coreligionnaires partagent accidentellement, avec tous les insectes de la création, un abri dont les senteurs, dès le seuil, soulèvent le cœur, et chasseraient, chez nous, le maquignon le plus endurci.

L'indigène en voyage, lorsque ne s'ouvre pas pour lui, ce qui est d'usage, la porte d'un parent ou d'un ami, va se réfugier dans ce qu'on appelle des *khans*. Ce sont d'immenses bâtiments, avec cours intérieures pour les animaux et les marchandises, hautes galeries et longs corridors pour les gens, où, moyennant une modique rétribution, tout étranger peut bivouaquer dans un coin, et s'installer avec tout ce qui lui est nécessaire. Ainsi que nous l'avons vu sur le pont du *Bloss Lynch,* chaque famille y apporte avec elle ses lits, ses tapis, ses ustensiles de cuisine, et se cantonne à part, ne comptant que sur elle-même et ses propres ressources pour faire face, là comme ailleurs, à toutes les exigences de la vie journalière... A défaut d'autre confort, il m'eût bien fallu faire de même, mais j'avoue que l'hospitalité consulaire m'était infiniment préférable.

Je saute à terre, et me voilà, précédé de mon guide officiel, à travers un dédale de ruelles, bordées de hautes maisons sombres et silencieuses. Les cerbères de la douane se sont inclinés devant les priviléges de l'estampille consulaire, et mes bagages, sans avoir été ouverts, nous accompagnent sur les épaules de quatre ou cinq *hamals* (porte-faix), demi-nus. Ma dignité ne me permet pas d'en employer un moins grand nombre. Mon domestique les surveille et cause avec eux dans je ne sais quel jargon indescriptible. Je me demande ce qu'ils se disent, et eux aussi, je crois. Mais ils paraissent enchantés les uns des autres.

Au bout d'un quart d'heure de tours et détours, mon guide s'arrête tout à coup. Je regarde; la ruelle est aussi étroite là qu'ailleurs, deux personnes n'y passent de front qu'avec peine; les édifices sont aussi nus, aussi discrets que tout ce que j'ai déjà aperçu. Pourtant nous sommes arrivés, et c'est bien le consulat de France. Une porte basse y donne accès. Attention! Et baissez la tête; il fait obscur, et vous avez une marche à descendre. Au delà, un vestibule sombre, des bancs de pierre de chaque côté; un chien, presque aussi gros et aussi couvert de poils que son frère des Pyrénées, s'y prélasse et saute à terre aussitôt. Il vient me flairer et me lécher les mains en remuant la queue. Cet accueil est d'autant plus flatteur pour moi que le lendemain je vais apprendre son histoire. C'est *Khurdi*, un chien khurde abandonné et recueilli, un an auparavant, par M. et madame de Sarzec. Il est devenu leur fidèle et sévère gardien, trop sévère, car, doux avec eux comme un mouton, c'est, pour tout ce qui n'a pas eu l'honneur de lui être présenté, une vraie bête féroce. Plus sûrement que tous les cavas et toutes les consignes, il tient à l'écart les quémandeurs et les importuns. Il doit devenir, plus tard, un de mes compagnons de voyage, et j'aurai à constater alors la terreur qu'il répand. Plus d'un a payé d'un pan d'étoffe, et même mieux, laissé entre ses dents, l'audace d'avoir voulu approcher de trop près.

Je suis certainement le premier étranger pour lequel il ait ainsi, dès le début, manifesté un penchant aussi spontané. Sans me douter de mon bonheur, je traverse une première cour, petite, sans apparence, où les chevaux sont au piquet, et d'autres cavas accroupis à ne rien faire. Ceux-ci se lèvent à ma vue et m'adressent le salut oriental, en s'inclinant, la main étendue vers la terre, comme pour ramasser la poussière de mes pieds et, de là, la porter à leur cœur, à leurs lèvres et à leur front.

La cour principale où je pénètre ensuite n'a pas plus de caractère, mais est assez spacieuse. C'est un carré long avec les bâtiments d'habitation tout autour, l'éternelle disposition des demeures orientales. Sur la gauche, s'ouvrent les portes des caves. A Bagdad, ces demi-souterrains jouissent d'une importance spéciale, et sont aménagés en conséquence. Car c'est là, pendant les trois ou quatre mois du gros de l'été, où une chaleur folle rend l'extérieur inabordable, dangereux même, que, durant la journée, se concentre la vie de chaque famille. A cette époque, la température s'élève et se maintient à une moyenne de 48 à 50 degrés. Pas un souffle d'air pour apporter quelque fraîcheur. Par moments, l'aile du sirocco balaye l'espace, et c'est alors, quelquefois pendant huit ou quinze jours de suite, cinq à six degrés de plus, qu'en passant, il a ramassés sur les sables embrasés du désert. Tant qu'il dure, dans toutes les maisons c'est une prostration universelle ; exténué, haletant, sans forces, sans énergie, chacun est là, couvert de sueur bien qu'immobile, gisant jusqu'à ce que la nuit, à défaut d'un soulagement plus efficace, jette enfin le voile de ses ombres au-devant des rayons de feu qui tombent, implacables, d'en haut.

Si elle ne guérit pas, cette heure-là, tout au moins,

ramène le mouvement. De la cave, on grimpe sur les terrasses. La chaleur n'a pas diminué, il est vrai; l'atmosphère est toujours aussi pesante; seulement, plus de langues de flammes qui dardent sur la tête. Les lits y sont dressés, et quand les moustiques le permettent, quand les cris du muezzin voisin ne sont pas trop aigus, quand les chiens de la rue ou les chacals qui viennent jusque-là leur disputer leur proie, ont cessé de hurler, on peut essayer de goûter quelque repos. Mais il n'y a guère que les habitations du bord du Tigre où ce bien-être se fasse réellement sentir, à cause du léger courant d'air qu'y entretient le fil de l'eau. Partout ailleurs même suffocation, même abattement que dans le jour. Il fait nuit, et c'est tout.

Le mois d'octobre où nous nous trouvions, heureusement pour moi, ramène plus d'équilibre dans la température. Les caves étaient abandonnées pour les appartements ordinaires; les terrasses ne servaient plus qu'à venir respirer le frais, au coucher du soleil. Le salon où je fus introduit ressemblait à la plupart de ceux que j'ai vus dans les demeures consulaires en Orient; un mélange de l'ameublement français et des élégances locales. Rien de remarquable. Le consul ne tarda pas à m'y rejoindre. Avant d'occuper ce poste à Bagdad, où il n'était revenu que depuis peu, il y avait résidé auparavant, plusieurs années, en qualité de chancelier. C'est toujours une mauvaise chose, en Orient surtout, que de renvoyer un fonctionnaire consul aux mêmes lieux où, précédemment, on l'a connu chancelier. La situation de celui-ci s'en ressentait, et malheureusement aussi celle de la France, dont il était le représentant.

Au moment où j'arrivai, l'infortuné souffrait cruel-

-lement d'un mal de tête, qui ne laissait pas, il faut l'avouer, que d'influer sur son abord, si gracieux pourtant qu'il s'efforçât de le rendre. Plus tard, j'appris que ce mal de tête était chronique et ne le quittait guère. Fils lui même d'un agent consulaire fort estimé, il était né dans le Levant, y avait grandi et vécu, et ne dissimulait pas sa prédilection pour les mœurs de la société arabe, à laquelle il se rattachait par plus d'un lien. Il la connaissait à fond, et je lui dois sur ce chapitre des récits intéressants.

Dans l'existence monotone qu'il menait, ma visite était un événement, ainsi que pour l'aristocratie de la colonie chrétienne de la ville. Quelques heures après, tout ce qu'elle renfermait de notabilités saillantes avait déjà défilé sous mes yeux. Mieux que moi-même, en vérité, les uns et les autres paraissaient au courant de ce que je venais chercher à Bagdad, et me prodiguaient les expressions de leur plus chaude sympathie pour l'œuvre que je poursuivais. Ouvrir de nouvelles relations entre leur pays et la France, fortifier les anciennes, rapprocher par là sa main puissante de tous ces chrétiens qui se disent ses fils, il y avait presque de l'enthousiasme dans la foi avec laquelle chacun évoquait la réalisation de ce programme que je leur apportais, de ce rêve qu'ils caressaient eux-mêmes depuis si longtemps.

L'évêque chaldéen est le chef suprême de la communauté chrétienne dans les vallées du Tigre et de l'Euphrate. Il relève de l'archevêque de Mossoul. Son vicaire général fut un des premiers avec qui j'eus l'honneur de m'entretenir. Le costume des ecclésiastiques de ce rite diffère peu de celui des prêtres grecs : couleurs sombres et coupe orientale. Il ne parlait que l'arabe, mais, même en cette langue, il sut trouver des expressions d'expansif dévouement à la France et de reconnaisante effusion pour la protection dont elle couvrait les siens. Comme le cœur se fond lorsque, si loin soi-même de la patrie, on recueille l'écho du prestige qu'y éveillent encore ses glorieuses traditions !

Puis, dans le clergé, les missionnaires français, le plus solide, presque l'unique soutien, dirai-je, de notre influence en Orient. D'abord, le P. Henri, des Dominicains de Mossoul, qui se trouvait de passage à Bagdad. Attaché en même temps, à un titre spécial, auprès du préfet apostolique, Mgr Lion[1], il y avait été envoyé par son supérieur pour le règlement de je ne sais plus quelles affaires. Quel esprit distingué et quel vrai Français ! Au moins, avec celui-là, je pouvais causer à l'aise. On ne se doute pas, chez nous, de ce que renferme d'abnégation, de patriotisme, l'âme de ces hommes qui renoncent à jamais au foyer et à la famille, pour vouer toute leur existence au service lointain de la France, sous la bannière du Christ.

Ensuite les PP. Carmes, dont l'établissement est à Bagdad même. Avant de parcourir la ville, dans la journée, je m'empressai d'aller les voir à mon tour. La population de Bagdad compte cent mille âmes environ, dont soixante mille musulmans, trente-cinq mille israélites et le reste chrétien. Il n'existe pas, qu'on le sache, dans l'empire ottoman, de nationalité proprement dite, telle que nous sommes habitués, en France, à interpréter la signification de ce mot. Que de fois,

---

[1] Mort depuis.

chez nous, n'ai-je pas entendu dire, en parlant d'un chrétien né et élevé en Turquie : « C'est un Turc », comme nous disons : « C'est un Anglais, c'est un Espagnol », suivant que l'homme en question est né en Angleterre ou en Espagne. Eh bien! appliquée à l'Orient dans son acception générale, cette expression n'a aucun sens. Bien que né sur le sol de l'empire turc et soumis à ses lois, l'Arménien, l'Arabe, le Grec, le Juif, etc., ne sont point des Turcs pour cela; ils sont et restent quand même des Arméniens, des Arabes, des Grecs, des Juifs, etc.

Les États du sultan embrassent une quantité de races distinctes, d'origines diverses, conquises et soumises, à différentes époques, par les Osmanlis, il est vrai, mais qui n'en sont pas moins demeurées des nationalités à part, avec leurs mœurs, leur croyance, en certains cas même leur juridiction spéciale. Elles repoussent toute confusion avec l'élément turc qui, pour elles, continue souvent à représenter l'ennemi, et dont aucune affinité ne les rapproche, si ce n'est celle issue de la défaite et de la sujétion. En sorte qu'il n'y a, sur tout le sol de l'empire, d'autre Turc que le Turc d'origine et de race propre, le conquérant, le maître, qui n'a rien fait, jusqu'à présent, pour s'assimiler les populations vaincues, et qui s'en voit exécré comme à la première heure.

La communauté même du culte ne suffit pas à éteindre cette haine, et l'hostilité farouche de l'Arabe, musulman, cependant, comme lui, n'est pas la menace la moins durable qu'ait à redouter la domination ottomane. Mais, sauf cet exemple, c'est le rite particulier de la religion de chacun qui est devenu le symbole de sa nationalité, et sa nationalité elle-même, avec tout un système d'organisation à la fois théocratique et administrative, sous le contrôle impérieux de la Porte.

Des édits somptuaires, des mesures vexatoires élargirent encore le fossé creusé entre les vainqueurs et les vaincus. Jusqu'au costume de ces derniers, tout fut frappé d'un stigmate indélébile. Il n'y a pas longtemps que les Juifs ne pouvaient, sous peine de mort, s'affranchir, par exemple, du turban jaune auquel ils étaient condamnés. Plus d'un le porte toujours. Dans l'église de Bassorah, je vois encore un beau vieillard, enveloppé d'un long cafetan sombre lui tombant jusqu'aux pieds, une barbe blanche, un air vénérable ; lorsqu'il priait, debout, les regards levés au ciel, les deux mains ouvertes et à demi étendues, il me rappelait ces patriarches que la Bible nous montre conversant avec Dieu. Un large turban noir s'enroulait autour de sa tête. C'était la couleur imposée aux chrétiens.

Dans les villes, des quartiers déterminés leur étaient assignés. Qui ne connaît le Phanar, le célèbre faubourg de Stamboul, où les Grecs se virent relégués ? Et qui n'a entendu parler de ces Phanariotes qui en sortirent çà et là, pour jouer un rôle si considérable dans les destinées mêmes de leurs nouveaux maîtres ? Aucune cité un peu importante n'échappa à ces cantonnements ; et ce fut ainsi qu'à l'abri de ces barrières maladroites, toutes les confessions immobilisèrent leur existence sociale, dans un isolement qui leur a permis de se transmettre intact jusqu'à nous l'héritage de leurs coutumes, de leurs rancunes et de leurs espérances. Bagdad comptait trois quartiers : le quartier musulman, le plus considérable naturellement, celui des bazars, des palais et des ruines; le quartier juif, fort étendu, lui aussi, mais certainement le plus sale; et enfin le quartier chrétien, le mieux tenu, le mieux bâti et le plus moral.

Ce fut au fond de celui-là que j'allai chercher l'établissement des Pères Carmes. Depuis près de deux cents ans environ qu'il est fondé, l'emplacement n'en a pas varié, mais l'importance s'en est singulièrement accrue. Des bâtiments propres et clairs, de larges cours, et une église qu'envierait plus d'une paroisse de nos grandes villes, y ont aujourd'hui remplacé les masures étroites, la chapelle mesquine, dont il se composait, il y a une trentaine d'années encore. Ces améliorations sont, en partie, l'œuvre du supérieur actuel, le R. P. Marie-Joseph. Ils sont là quatre Pères, dont le zèle ne se fatigue pas plus des devoirs du sacerdoce que de l'enseignement de la jeunesse. C'était avec une joie bien excusable que ces bons religieux me faisaient les honneurs de leur domaine. La visite d'un Français est chose si rare pour eux, d'un Français surtout qui s'intéresse à leurs efforts, qui en comprenne le caractère, qui en apprécie la portée patriotique, et qui, à son retour au foyer de la grande patrie commune, puisse bientôt redire ce qu'il a vu, ce qu'il a appris de leurs travaux, de leurs succès!

Depuis leur demeure particulière, bien modeste et silencieuse, je parcourus tout, salles de récréation, d'études, de musique, chapelle et cimetière, hélas! A l'église, l'un d'eux était au confessionnal, et des pénitentes agenouillées sur des nattes, la cape rose, bleue ou noire, ramenée sur le front, attendaient leur tour. L'autel, convenablement orné, se dresse au milieu d'un chœur spacieux, et de hautes fenêtres jettent à flots une lumière que tamisent des vitraux de couleur. Les murs sont élevés et propres. La nef est d'un style élégant, mais sobre. Point de colonnades, ce qui est rare en Orient.

Dans une cour, la première division, celle des *grands,* comme nous disions au collége, rangée sur deux rangs, nous attendait. Le Père préfet adressa la parole à quelques-uns en français; tous répondaient avec facilité dans la même langue. Puis ils se mirent en mouvement; même ordre, mêmes allures que chez nous. Sauf les costumes d'une bigarrure pittoresque, c'était à se croire dans une institution de Paris ou de la banlieue. Nous nous rendîmes dans les classes. Quelques questions furent posées sur l'histoire, sur la géographie de la France. J'en adressai moi-même au hasard. Point d'hésitation dans les réponses. C'était, on le voyait, un thème familier à tous. Après, l'arithmétique, le dessin, la musique. Le plus jeune des Pères, artiste lui-même, avait organisé une fanfare. C'était une initiative à lui. Il tint à m'en faire apprécier les progrès. Sur un signe, tous les gamins coururent à leurs instruments pour revenir, qui avec un trombone, qui avec une ophicléide, un cornet à pistons, une clarinette, etc. Ensuite ils se mirent à attaquer des airs, français comme le reste, mais, je dois l'avouer, avec plus de bonne volonté que d'ensemble. Ils étaient là, ces pauvres enfants, à s'époumonner, à souffler dans des instruments quelquefois plus gros qu'eux, avec une conviction qu'il eût été cruel de détruire. Je me déclarai ravi... Et pourtant, quel tapage! Seulement, au cœur qu'ils y apportaient et à l'enthousiasme de leur professeur, on se sentait tout ému.

Et ce ne sont pas exclusivement les familles chrétiennes qui envoient ainsi leurs fils à l'école des Pères. Dans le nombre, il me fut montré des israélites, des musulmans, qui venaient, eux aussi, demander à leurs leçons une instruction qu'ils auraient vainement cherchée ailleurs. Plus tard, lorsque, devenus grands, ils quittent les bancs de l'école, ce ne sont pas ceux qui leur demeurent le moins attachés. Fréquemment, lorsqu'ils sortent, on voit çà et là un indigène s'approcher de nos religieux avec autant d'empressement que de respect et leur baiser publiquement la main.

— Où donc avez-vous si bien appris le français ? demandais-je, un jour, à un jeune négociant juif qui s'exprimait dans notre langue avec une facilité surprenante.

— Chez les bons Pères, me répondit-il.

Et là-dessus il se mit à me parler de la France, lui qui ne la connaissait que par ouï-dire, avec une chaleur, un intérêt qu'on ne trouve pas toujours, hélas! chez ses propres enfants. Les enseignements des maîtres avaient porté leurs fruits... Les bons Pères ! Pour les populations au milieu desquelles ils vivent, ce mot dépeint tout, et résume admirablement l'esprit de charité et de sacrifice auquel ils obéissent. Aux yeux de l'indigène, ils personnifient en même temps la France, le pays généreux dont ils sortent; et celui-ci reporte sur son nom le mérite des vertus qu'il salue en eux... Non! on ne saurait trop le redire chez nous, trop proclamer ces luttes obscures d'un patriotisme qui ne se lasse jamais, et auquel la France doit le meilleur de son prestige, de son influence, dans ces régions de l'Orient, elle qui persécute ces humbles apôtres sur son sol même, et les repousse de son sein.

— Sans doute, disais-je au Père préfet, en le quittant et en m'extasiant, une dernière fois, sur ce bel établissement qu'il avait créé, sans doute le gouvernement français est venu à votre aide, et vous a accordé des subsides ?

— En vingt-cinq ans, il m'a fait parvenir, en trois fois, 2,500 francs.

— Et comment avez-vous fait, alors ?

— J'ai reçu bien des dons, bien des secours individuels. Ici, de riches israélites, des musulmans opulents ont joint leurs offrandes, et des offrandes importantes, à celles de nos grandes maisons chrétiennes. En France, je suis allé prêcher un peu partout. J'ai raconté notre œuvre, exposé nos besoins, et de tous côtés, les quêtes ont été fructueuses. Vous en voyez les résultats.

Et ils sont magnifiques, en vérité, ces résultats. La France chrétienne peut s'en glorifier. Son obole a été bien employée. Quant au gouvernement lui-même, s'il n'y a pas contribué dans de plus larges proportions, hâtons-nous de rendre justice à qui de droit : le ministère des affaires étrangères vient, cette année, de faire parvenir une allocation de 2,000 francs à l'église et aux écoles de Bassorah, qui sont en train de s'installer sur le modèle de celles de Bagdad.

Il est heureux que l'envoi de ce secours n'ait pas été remis à l'année prochaine, car on n'ignore pas que la Chambre des députés, sous le coup d'une de ces inspirations patriotiques et intelligentes qui n'y sont pas rares, hélas! a supprimé, désormais, le chapitre des subventions affectées à nos établissements religieux en Orient, coupables sans doute de trop bien servir, au loin, les plus chers intérêts de la patrie française...

Par bonheur, il est des hommes dont le dévouement

ne se décourage pas plus que la foi, et que leur zèle persévérant place au-dessus des atteintes de la sottise humaine. Les missionnaires français sont de ceux-là, et notre influence nationale n'aura pas à souffrir trop encore de cette résolution funeste.

Derrière eux, il est une seconde institution chrétienne et française qui, sans bruit et sans éclat, se voue, avec non moins de succès, à la cause du bien et au service de notre pays : je veux dire celle des Sœurs de charité. Ai-je à rappeler les bienfaits qui marquent chacun de leurs pas? Leur cornette blanche et leur robe bleue sont populaires dans tout l'Orient. Le souvenir de leur conduite à Constantinople, à Smyrne, à Alexandrie, au Caire, durant les épidémies du choléra, vit dans toutes les mémoires; et le sultan Abdul-Medjid ne dédaigna pas, jadis, de se déranger pour venir, en personne, y rendre un public et solennel hommage, à leur hôpital de Péra. Bagdad fut, plus d'une fois aussi, la victime du fléau, et nos religieux auraient vivement désiré avoir, à leurs côtés, ces précieux auxiliaires. Malheureusement, les ressources et le personnel des Filles de Saint-Vincent de Paul ne sont pas sans limites. Le monde est grand, et de toutes parts on les appelle.

Il fallut donc provisoirement y renoncer, et pour remédier à cette lacune, on eut la pensée de créer une congrégation de Religieuses indigènes. Mais l'éducation de la femme, même parmi les familles chrétiennes, n'est pas encore assez mûrie en Orient, et ne repose pas sur des bases assez raisonnées, pour la bien préparer à un rôle d'une portée aussi élevée et d'un caractère aussi abstrait. Après un essai de quelques années, les professes qu'avaient entraînées l'exaltation de la première heure, ou des conseils plus intéressés que réfléchis, s'éloignant peu à peu du but proposé, ne tardèrent pas, une à une, à se fatiguer des devoirs de la vie monastique, et disparurent à la fin. Il faudra encore du temps à ces natures courbées, durant de si longues générations, sous le despotisme des préjugés et de l'absolutisme masculins, pour trouver les ailes qui les portent jusqu'aux régions immaculées où la femme est rendue à sa forme primitive, et redevient l'ange consolateur de ceux qui souffrent ou qui pleurent.

CHAPITRE IV

Les maisons de Bagdad. — Son origine et sa splendeur. — Les chrétiennes chez elles. — L'époque des khalifes. — Ce qu'il en reste. — Leur chute. — Le sultan Mourad IV. — Le quartier juif.

« Quel puissant levier d'influence et d'action, pour la politique d'un grand pays civilisateur et chrétien tel que le nôtre, pensais-je en me retirant, dans ces missions françaises, auxquelles tout ce qu'il y a de riche et d'intelligent parmi l'élément indigène vient demander l'inspiration et les lumières d'où sortiront plus tard des hommes! Par malheur, si l'on s'en doute quelque peu chez nous, s'en occupe-t-on? Celui que les hasards de son existence conduisent sur les lieux, et qui emporte avec lui le souci de la grandeur de la France, s'attriste de voir ces efforts généreux si peu connus, si mal jugés, surtout si mal encouragés chez nous. On les apprécie mieux en Angleterre.

« — Ah! si nous avions vos missionnaires! ai-je plus d'une fois, au cours de mes voyages, entendu répéter à des Anglais de bonne foi.

« Le fait est qu'aucune des missions protestantes, dont leurs diverses sociétés évangéliques cherchent au loin à multiplier la présence, ne saurait être comparée aux nôtres. Il leur manque cette foi, ce détachement terrestre, cette abnégation qui poussent le prêtre catholique à se sacrifier à une idée, à une espérance supérieure. L'esprit du rôle qu'ils essayent vainement de s'attribuer se transforme rapidement, aux mains des premiers, pour descendre au niveau des soucis personnels, dont, alors, s'éloigne d'elle-même la conscience des peuples. Avec eux, il arrive toujours un moment où il faut chasser les marchands du temple ; et pour me borner à celles que je connais le mieux, où trouver des missions protestantes qui, comme les Dominicains de Mossoul et les Carmes de Bagdad, remontent à plus de deux siècles d'existence?

Quel contraste, en quittant l'établissement vaste et dégagé de ces derniers, avec ce fouillis de ruelles tortueuses, où le passant se voit tout à coup rejeté ! A droite et à gauche, dans les quartiers les plus riches, rien que des habitations muettes et closes. Point de fenêtres à l'extérieur, tout y est sévère et triste; des murs d'une teinte morose et uniforme. Comme partout dans cette région, pas une pierre, seulement de la brique, mais non de cette brique aux tons réjouissants, dont s'égayent les façades des châteaux Louis XIII, chez nous; une brique terreuse, couleur de boue séchée au soleil. Les prisons sont d'aspect plus riant en Europe.

L'intérieur dédommage un peu, et la physionomie du dehors s'adoucit. C'est là que se réfugie toute l'animation de l'existence. Peu de variété dans le modèle. Comme au consulat de France, au delà du petit vestibule traditionnel, voici une première cour, puis quelquefois une seconde, suivant l'importance de la maison et des gens qui y vivent. Autour, les galeries, les terrasses, où s'ouvrent les appartements de la famille, et circulent ceux qui la composent.

Dans quelques-unes, au milieu, une fontaine, un jet d'eau, même un peu de verdure dans un coin, un grenadier ou un laurier-rose. Je ne parle pas des palais plus voisins du fleuve, dont les jardins verdoyants et fleuris gardent toujours à leurs hôtes une fraîcheur relative. C'est le séjour d'un petit nombre de privilégiés, auxquels leur rang ou leur fortune réserve cette jouissance enviée.

La disposition, suffisamment confortable pour le pays, de toutes ces demeures, grandes et petites, n'a qu'un but : conjurer autant que possible la brutalité des chaleurs de l'été. L'épaisseur des murailles, l'orientation des ouvertures, ces caves à demi souterraines où vous cloîtrent les mois de juillet et d'août, tout y est calculé en vue de ce résultat. L'exiguïté des rues n'a pas d'autre motif. Derrière ces hauts paravents de briques, jamais, pour le piéton et le cavalier, de caresse trop ardente du soleil à redouter. S'ils ne peuvent, il est vrai, pas toujours marcher de front, ni se croiser quand ils se rencontrent, eh bien! ils se suivent ou s'attendent aux carrefours. On n'est jamais très-pressé en Orient. Quant aux voitures, on se demande, à Bagdad, ce que ça peut bien être, et dans quelle contrée excentrique servent ces instruments-là.

L'étymologie attribuée au nom de Bagdad mérite de fixer l'attention. *Bag,* en persan, signifie *jardin.* La tradition rapporte qu'au deuxième siècle de l'hégire, vers le milieu du huitième de notre ère, un vieil ermite vivait là, au bord du Tigre, absorbé par la prière et la culture de ses fleurs ou de ses arbres à fruit. Un jour que Mansour, deuxième khalife des Abbassides et l'arrière-petit-fils d'Abbas, l'oncle du Prophète, d'où ils tirèrent leur nom, en quête d'une capitale pour sa

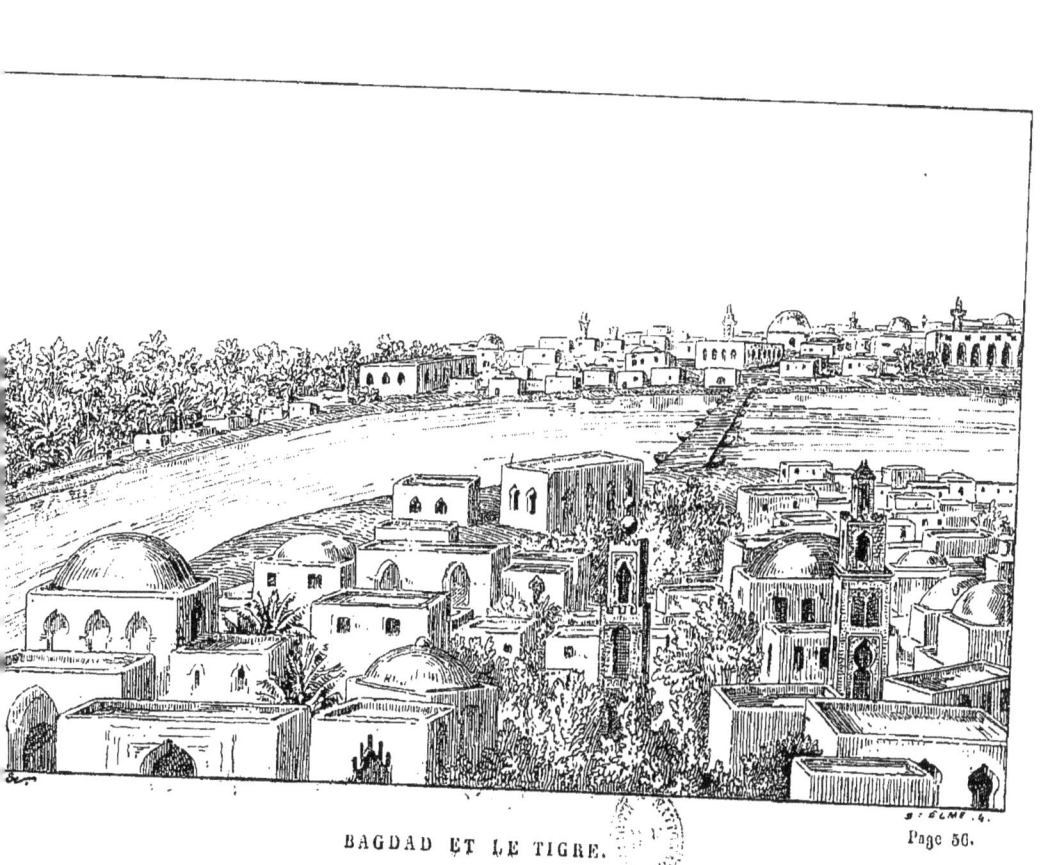

BAGDAD ET LE TIGRE.

dynastie errante, passait aux environs de cet humble domaine, séduit par la beauté des ombrages et le charme du lieu, il s'arrêta. Puis, il ne voulut plus en sortir, et au bout de quelques années, à la place de la cellule isolée du vieillard, s'élevait une ville populeuse, résidence d'un prince magnifique et d'une cour somptueuse.

Pourquoi Mansour n'avait-il pas porté ses regards un peu plus bas, au confluent de la Dyalha, par exemple, et du Tigre, où le point de jonction de ces deux rivières eût semblé mieux désigné aux vues d'un conquérant et fondateur d'empire? Il n'y a que la légende citée plus haut qui puisse répondre; car rien, dans la situation de Bagdad, ne justifie une préférence stratégique ni politique, bien qu'une seconde version, cependant sans plus d'autorité, prétende reconnaître, dans cet emplacement, celui d'une ville babylonienne que personne encore n'a su nommer.

Toujours est-il que la cité nouvelle acquit bien vite un degré de splendeur inouïe, et ne tarda pas à devenir le rendez-vous de toutes les grandeurs de l'Orient, empressées de se prosterner aux pieds des tout-puissants khalifes. Écoutez le langage d'Abulfeda, un historien arabe contemporain du khalife Al Moktadar, qui monta sur le trône en 932. Il nous décrit la réception d'un ambassadeur de l'empereur de Byzance à la cour de son maître, moins de deux siècles après la fondation de Bagdad :

« Les troupes étaient sous les armes, au nombre de cent soixante mille hommes. Le khalife en personne, entouré de ses principaux ministres et de ses esclaves favoris, ruisselant d'or et de pierreries, ressemblait à une planète parmi toute une constellation d'étoiles.

Des eunuques blancs et noirs, plus de huit mille officiers d'ordre inférieur, servaient de fond à ce tableau étincelant. Trente-huit mille pièces de tapisserie brodées d'or et de soie couvraient les murs du palais; et sur un arbre merveilleux fait d'or et d'argent, étaient perchés des oiseaux de toute sorte, dont un mécanisme ingénieux réglait les mouvements et le chant. Vingt-deux mille tapis cachaient le sol; et une quantité d'embarcations splendidement décorées sillonnaient le Tigre dans toute sa largeur, sous les fenêtres du palais, tandis que les rugissements de cent lions, retenus par leurs gardiens, jetaient la note d'un contraste formidable sur les éblouissements de cette scène. »

Où sont ces merveilles aujourd'hui, et qu'est devenu le Badgad des khalifes?

N'interrogez pas la foule. Ne questionnez pas davantage ces gros Turcs bouffis, qui promènent leur importance et leur nullité officielles. Pour ces gens, point d'histoire. De khalife, il n'en existe qu'un, il n'en a jamais existé d'autre que le représentant du Prophète, le potentat presque divin qui règne à Stamboul, et dont les ancêtres furent, de tout temps, et sont encore, les maitres exclusifs du monde. Seuls, les poëtes arabes et quelques rares savants gardent encore, avec l'amour de leur nationalité opprimée, le souvenir de ceux qui la firent grande. Ce fut un de ceux-là qui voulut bien me servir de guide et me conduire au bazar, où j'allais retrouver les derniers vestiges de la glorieuse époque.

Comme tous ces marchés de l'Orient, c'est un quartier à part où se concentrent le trafic de détail, et dans la journée, le mouvement public. Ce que nous avons vu à Bassorah[1], nous le rencontrons ici, en proportions plus considérables, voilà l'unique différence : mêmes divisions, mêmes répartitions, suivant les catégories de commerce ou de métier; mêmes puanteurs, même poussière, mêmes cris, mêmes rues ou passages se croisant et s'entre-croisant. C'est dans l'une de ces artères que me mène tout d'abord mon cicerone. Au premier moment, rien de curieux ; ce n'est ni beau, ni propre, ni large, et les échoppes envahissent le chemin d'une façon gênante. Nous sommes chez les épiciers, marchands de dattes, de pâtisseries, de combustibles, etc. Vous distinguez leur front rasé derrière les étalages plus ou moins alléchants. La cohue y est grande, les enfants et les chiens se jettent dans vos jambes, les portefaix vous bousculent, les mouches vous aveuglent, et votre odorat subit des épreuves innomées. Vous avez hâte d'en sortir. Mais auparavant, levez les yeux jusqu'à ces nattes qui, tendues au-dessus des têtes, arrêtent les rayons du soleil ; vous vous apercevez alors que, par-dessus les boutiques, elles vont rejoindre des murs solides et s'appuyer, de distance en distance, sur des nervures de pierre mutilées. C'était là, en effet, une des voies principales de ce même bazar où, jadis, Haroun-Al-Raschid, suivi de son vizir Giaffar, aimait à se glisser inconnu parmi son peuple, pour y surprendre ses plaisirs ou ses griefs, et à s'asseoir au coin de quelque café pour y écouter les récits du conteur célébrant les pompes de son règne.

A la place de ces bouges sordides, de ces cahutes basses et misérables, des voûtes superbes abritaient, alors, de vastes galeries où s'empilaient toutes les

[1] *Obock, Mascate, Bouchire, Bassorah*, 1 vol. in-18, chez Plon, Nourrit et Cie, éditeurs.

richesses de l'Orient!. Les extrémités de ces arêtes se terminent en fines sculptures, comme des chapiteaux fouillés d'épaisses colonnes scellées dans la muraille, d'où elles s'élançaient pour se rejoindre plus haut en ogives élégantes.

Dans un pays où, de toute antiquité, les temples, les palais, les édifices les plus massifs, tout est bâti en briques, les matériaux seuls de ces arceaux suffiraient déjà à attester la magnificence des princes qui les élevèrent. Il fallut en faire venir la pierre, à grands frais, de bien loin, comme les bois que nous montre également l'Arc de César à Ctésiphon, et dont on chercherait vainement la trace dans des constructions plus modernes.

Tout à côté, un monument intact, le seul qui ait intégralement échappé aux ravages des conquêtes ou des siècles, nous donne une idée plus complète de l'architecture d'alors. C'est un *khan* aujourd'hui; ce fut, paraît-il, une école autrefois. Bagdad, on ne l'ignore pas, était, dans ce temps, un centre de lumières et d'études où les sciences et les lettres jouissaient, auprès des souverains éclairés qui gouvernaient l'empire, d'une faveur spéciale. La liste des savants, des poëtes et des historiens arabes qui en sortirent, et dont les noms ont marqué, serait longue à fournir. Les écoles y étaient nombreuses; de toutes parts, la jeunesse studieuse s'y rendait pour recueillir les enseignements de quelque fameux professeur, à la façon dont les étudiants de notre université couraient aux leçons d'Abélard.

Après deux ou trois détours à droite et à gauche, au fond d'une ruelle sombre, je me trouvai à la porte de l'édifice, une porte étroite, assez basse, défendue par de lourds battants en bois bardés de fer. Cinq ou six marches disloquées m'introduisirent dans l'unique salle qu'il renfermait, une salle longue, à voûte ogivale. Au premier coup d'œil, je me serais cru dans une église. Tout autour, à une dizaine de mètres d'élévation, un rebord en pierre sur lequel courait une galerie, quelque chose comme un balcon pour des spectateurs absents. C'était là sans doute une réserve pour ceux des assistants qui ne pouvaient trouver place dans l'enceinte. Je connais en France une église gothique où cette disposition architecturale est absolument reproduite. Le sol était encombré de marchandises, de ballots, au travers desquels il était difficile de se mouvoir. Qui sait! La voix d'un puissant philosophe ou d'un poëte renommé, aux temps glorieux de la monarchie arabe, avait peut-être retenti sous ces voûtes. Mais nous n'avions plus devant nous que des murs dont le silence n'avait rien gardé des scènes évanouies. Nous nous éloignâmes.

Je ne reviendrai plus sur les circuits insensés auxquels il fallait se livrer dans ce labyrinthe de ruelles poudreuses et mornes. En chemin, nous nous arrêtâmes chez M. Asfar, le père de celui de Bassorah. Ce n'était pas tout à fait sa demeure, il est vrai; c'était seulement son « khan », son comptoir. Comme celui de tous les riches négociants indigènes, son domicile privé est à quelque distance de la ville, sur le bord du Tigre, au milieu des bosquets et des jardins de grenadiers ou d'orangers dont la verdure, je l'ai dit, égaye les abords de Bagdad. C'est là que, le soir, une fois les affaires terminées et la porte du comptoir close, chacun vient oublier les soucis et les tracas du jour, au sein des joies paisibles du foyer. Je n'ai pas à parler de ce qu'y est la vie d'intérieur, pour les maisons musulmanes. Ici, comme ailleurs, aussi bien au pied des montagnes de la Perse qu'aux déserts de l'Afrique ou aux rives du Bosphore, elle s'y montre ce qu'on la sait partout, en général : la femme nulle et soumise, reléguée dans le harem, l'homme maître et seigneur, trônant à part dans l'orgueil de sa supériorité.

Tout autre est l'existence des chrétiens. L'Européen s'y retrouve en quelque sorte chez lui, et les mœurs patriarcales de ceux qui le reçoivent, leur ton affectueux, l'empressement de leur accueil, tout le reporte aux souvenirs toujours chers du berceau délaissé. Là, la maîtresse de maison règne en souveraine. Ce n'est plus une esclave courbée sous une volonté indiscutable; c'est une compagne qui partage l'autorité, et parfois les soucis du chef de la famille.

Combien j'ai connu, dans ce milieu, de charmantes jeunes femmes, de matrones respectables! Si celles-ci sont toutes aux devoirs du ménage, sans regarder autour d'elles, sans se demander s'il existe encore un monde au delà des portes de leur maison, élevant leurs enfants avec une sagesse et un dévouement à citer partout, les premières se préoccupent davantage de ce qui se passe au loin, et prêtent volontiers l'oreille aux bruits extérieurs qui leur apportent un écho fugitif des merveilles et des élégances de la vie. Paris! Que de fois, avec ce mot, ai-je tout à coup provoqué et captivé leur attention! C'est que, pour elles, comme pour tant d'autres, ce n'est pas seulement la capitale de la France; mais c'est, avant tout, la grande patrie de ce luxe, de ces plaisirs, de ces riches parures dont on leur a parlé, auxquels, tout bas, elles rêvent, et qu'elles ne connaîtront jamais.

Je vois encore, à ce nom, leurs grandes prunelles

noires se fixer sur moi, et les questions se presser sur leurs lèvres. Et à mon tour, quel succès, pensais-je, obtiendraient dans nos salons ces beautés étranges, au regard de velours ou de feu, à l'indolence pleine d'un troublant abandon, avec leur diadème de tresses sans fin, l'ovale si pur de leur visage, ce charme voluptueux de leur démarche paresseuse!... Le costume seyant qu'elles portent ajoute, aux yeux de l'étranger, à la grâce naturelle de leur personne. Mi-partie oriental, mi-partie européen, il semble imprégner la femme même du magnétisme inhérent à ces deux origines. D'ordinaire, leur cou flexible s'échappe d'un corsage en mousseline aussi légère que de la gaze, tout pailleté d'or, sur lequel est passée une veste de velours ou de soie garnie de riches broderies. Les manches en sont larges, et le bras nu, toujours rond, la main blanche, toujours fine, s'y meuvent comme une branche fleurie que le vent dégage soudain des obscurités du feuillage. La jupe, sans être traînante, recouvre deux pieds mignons que la babouche cesse d'emprisonner dès qu'elles sont au repos. A moitié accroupies sur les coussins d'un large divan, elles y semblent toujours prêtes à se pelotonner, tel qu'un angora dont le ronron n'attend que le signal d'une caresse.

Entre elles, quel joli caquetage! Je ne sais si la langue arabe se prête mieux que la nôtre aux épanouissements des confidences ou des conversations féminines; mais quel ramage et quels rires! On dirait l'eau murmurante de quelque ruisseau limpide s'égrenant en cascatelles joyeuses sur des cailloux sonores! Et pas plus que lui, ça ne s'arrête; ça coule, ça coule!... Pourquoi n'étais-je pas plus familier avec les finesses de l'idiome qui, dans ces bouches gracieuses, prenait un si délicieux accent! Il en est dans le nombre qui, au goût des idées françaises, joignent également des notions timides de notre langue. Par malheur, elles ne s'en tiennent pas toujours là, et nos modes menacent, peu à peu, de détrôner chez elles ce qui leur reste de la toilette si pittoresque de leurs mères. Plus d'un fichu ou d'un nœud de ruban parisien s'est substitué déjà à la guimpe nationale; et j'ai pu voir, à ma grande douleur, l'étreinte odieuse d'un corset déformer aussi plus d'une taille dont la souplesse ne perdait rien, naguère, à se livrer sans mystère aux indiscrétions étudiées d'une simple tunique. C'est là ce qu'on nomme le progrès.

Ce mot, leurs maris et leurs frères le répètent sans cesse. Il faut bien qu'elles l'interprètent, elles aussi, à leur façon; et c'est par l'habit qu'elles commencent. Ces messieurs leur en ont donné l'exemple. Aux anciens aujourd'hui, aux grands parents, sont abandonnés, à peu près exclusivement, l'ample robe et ses couleurs voyantes, la ceinture brodée, et le burnous tissé d'or d'autrefois. Le dandysme local a adopté, désormais, les pantalons étriqués, la redingote et le veston sombres de l'Europe. C'est Bombay, il est vrai, qui, jusqu'à présent, jouit du monopole de ces fournitures peu exigeantes. Le dernier mot du *chic* n'y est peut-être donc pas encore dit, et la *Belle Jardinière* s'y ouvrirait, à coup sûr, des débouchés avantageux.

Le personnel des bureaux de M. Asfar nous offre tout de suite ce contraste. Tandis que lui et ses associés se présentent à nous sous les vêtements traditionnels qui, depuis des siècles, ont été ceux de leur race, autour d'eux les jeunes gens qui leur servent de commis, leurs fils ou leurs neveux, s'épanouissent en gilets à châle, en cravates vert-pomme et le mouchoir au côté de la jaquette. Ce « khan » ne comprend guère qu'une ou deux pièces basses et encombrées. Deux scribes inférieurs écrivent sur leurs genoux la correspondance et les factures indigènes, à la bonne vieille mode de jadis. Sur les épaules de ceux-là continuent à s'étaler les cafetans et les burnous classiques. Nos jeunes gommeux sont assis, eux, à des tables confortables. Les relations avec l'Europe leur sont dévolues, et l'anglais comme le français tombent de leur plume avec une égale facilité. Ils vous appellent bien, je l'avoue, « mon cher ami » avec une expansion un peu fréquente; mais la bonne grâce n'y perd rien, et il ne faut y voir que la manifestation expressive d'une sympathie qui n'est peut-être pas assez subordonnée aux règles du manuel de la civilité puérile et honnête.

Cette installation n'a guère d'intéressant que la variété des marchandises entassées dans la cour et dans les magasins : ballots de laine, sacs de grains, noix de galle, peaux, étoffes, dattes, etc., etc. Tout gît dans une confusion apparente que renouvellent sans cesse les départs et les arrivages successifs. Ils comptent bien que la réalisation de mes plans augmentera encore pour eux ce mouvement, auquel ils seraient surtout heureux d'imprimer le caractère essentiellement français. M. Asfar et les siens, en effet, jouissent du titre officiel de Protégés de la France. Chaque nation européenne a, ou peut avoir, les siens. De par les capitulations, il suffit d'exhiber aux yeux du gouvernement turc une qualité qui en justifie la prétention. D'ordinaire, c'est un emploi, une charge côtoyant, de près ou de loin, des intérêts européens. Tous les attachés aux diverses chancelleries, drogmans, seconds drogmans, vingt-cinquièmes drogmans, en jouissent de droit. C'est un privilége des plus enviés, parce qu'il soustrait celui qui en est revêtu à la juridiction ottomane, pour le rendre exclusivement justiciable des lois du pays qui le couvre. Aussi n'est-il point de subtilités dont on n'use pour s'efforcer de l'obtenir, soit des uns, soit des autres. M. Asfar, lui, est, depuis longtemps, chargé de la gestion de certaines affaires des Pères Carmes. Sa situation est donc indiscutable.

En le quittant, nous nous dirigeons décidément, à la fin, vers ce qui reste de l'antique mosquée des khalifes, contemporaine de la fondation de Bagdad : un minaret et une porte. C'est loin, presque à l'extrémité nord de la ville actuelle. Le minaret, isolé sur un terrain nu, se dresse encore à peu près intact, sauf que le revêtement primitif, en briques émaillées toutes festonnées d'arabesques, en a disparu pour la moitié. Il ne sert plus à la prière, ni à rien, et, complétement abandonné, se dégrade journellement de plus en plus. Ce ne sont pas les Turcs dont les soins ni l'initiative songeront jamais à sauver d'une destruction totale ce monument auquel ses mérites d'architecture, non moins que les souvenirs qui s'y rattachent, devraient cependant bien réserver un autre sort. Comme à Ctésiphon, des bandes de pigeons y nichent dans chaque trou. Grâce aux gamins dont, en bas, la place sert aux ébats quotidiens, ils y sont moins farouches, et le nombre en est tel que le bruit de leurs ailes et de leurs cris devient assourdissant. Dans le voisinage, répond le croassement des corneilles et des corbeaux en quête de leur pâture à travers les tas d'immondices qui remplacent les dalles de marbre où se prosternèrent les khalifes

La porte ogivale, perdue actuellement entre les masures dont j'ai parlé, est du même style : mêmes arabesques, mêmes émaux. C'était la principale entrée. A en juger d'après la distance qui sépare les deux débris, l'ensemble de l'édifice devait être vaste et imposant. Malheureusement, plus un seul pan de muraille encore debout pour donner aujourd'hui une idée de l'enceinte. Cette poussière que nous foulons du pied, voilà ce qu'en sont devenus les matériaux. Dans un coin de la place irrégulière, dont la nudité a remplacé les merveilles d'antan, une mosquée moderne s'est bâtie; les murs en sont bas, le minaret en est mesquin. Toute l'histoire des deux époques est là : la misère après la magnificence.

Quelques pas de plus, et l'image de cette déchéance se manifeste encore plus saisissante; car nous voici à la limite des dernières maisons, des cabanes pour être plus vrai, où se termine la ville. Après, sans transition, c'est le désert, un désert de monticules de sable, d'entassements informes, tout raviné d'ordures et de ruines sans nom. Puis, au delà, devant moi, je distingue une ligne continue dont les arêtes plus sombres tranchent sur la teinte jaunâtre du sol; que se cache-t-il derrière? Rien! Comme devant, comme autour, comme auprès, c'est encore le désert, un autre désert d'un aspect plus vaste, sans autre limite, celui-là, que l'horizon. La zone dévastée que j'ai immédiatement sous les yeux était, à une époque reculée, couverte d'édifices, sillonnée de rues, de bazars; une foule vivante et animée y circulait; c'était, en un mot, encore Bagdad, le Bagdad d'autrefois avec ses richesses, sa grandeur, son opulence, ses huit cent mille habitants; et la ligne aux tons noirs que j'observe, ce sont les anciens remparts qui l'entouraient. Aujourd'hui, pour aller jusque-là, pour les voir de plus près, par cette chaleur, l'espace désolé qu'il me faut franchir me paraît si large que j'hésite.

Cette dévastation, il faut le dire, n'est pas l'œuvre exclusive de l'incurie administrative des Turcs, et les calamités sous le coup desquelles s'est évanouie peu à peu la prospérité de Bagdad tiennent à plus d'une cause. L'éclat jeté par la puissance des khalifes ne fut pas de longue durée. Moins de deux siècles après la fondation de leur dynastie, en 935, un des successeurs dégénérés d'Haroun-Al-Raschid, le khalife Al-Rhadi, pour se soustraire aux devoirs et aux soucis du pouvoir, remettait aux mains de l'*émir al omrah* (le prince des princes) le soin de veiller au salut de son trône. Les fonctions de ce nouveau dignitaire rappelaient celles des maires du palais, sous les Mérovingiens. A partir de ce jour, enfermés au fond de leur harem, les descendants d'Abbas ne furent plus souverains que de nom, et, livré à toute la rapacité des chefs rivaux qui s'en disputaient les lambeaux, l'empire s'achemina vers une chute rapide.

En 1258, Houlagou, petit-fils de Gengis-Khan, s'emparait de leur capitale, et les refoulait jusqu'en Égypte. C'est à cette époque que remonte la destruction des principaux monuments, des bazars entre autres, et de la grande mosquée. Les hordes mongoles du conquérant se livrèrent à des excès sauvages. Puis, en 1534, les Turcs en devenaient maîtres à leur tour. Mais, durant les trois siècles environ que Bagdad leur avait appartenu, les princes persans s'étaient montrés soucieux de leurs nouveaux domaines, et sous leur gouvernement éclairé la cité avait retrouvé une partie de son antique splendeur. Le joug ottoman la replongea dans toutes les horreurs des ruines et de la misère. Les Persans, rappelés par le peuple, revinrent et chassèrent les envahisseurs en 1623.

Il y avait sept ans déjà que Bagdad leur était rendu, et qu'ils y dominaient en paix, sans qu'on se doutât à Constantinople de la révolution accomplie. Personne n'avait osé en informer le sultan. Indigné de subir la loi des Chiites détestés, un imam du rite sunnite l'entreprit. Il quitta Bagdad, et arriva à Stamboul. Mourad IV (Amurat) y régnait alors. Là, il se fit remarquer par sa science et ses vertus, et obtint d'être attaché à l'une des mosquées où le souverain avait l'habitude de se rendre, le vendredi, pour faire sa prière. Ce jour-là, un des prêtres du lieu lit à Sa Hautesse les versets du Coran, et expose ensuite le commentaire qui s'y rattache. Le tour de notre imam se présente à la fin, et, le livre à peine fermé, le voilà qui s'écrie, les bras levés au ciel :

« Mais à quoi bon faire entendre ici la parole de Dieu et de son prophète ! Y a-t-il encore aujourd'hui de vrais croyants? Et où sont-ils, ceux dont le bras s'arme pour la défense de la foi? Voilà sept ans que Bagdad, la ville sainte, est la proie des infâmes Chiites, voilà sept ans que leur présence souille les temples où prièrent nos glorieux khalifes, et nul ne se lève pour leur arracher leur conquête; nul ne bouge pour les chasser du sanctuaire vénéré où ils profanent nos plus sacrés souvenirs. »

Il n'en fallut pas davantage. Saisi par cette apostrophe, Mourad se précipite hors de la mosquée. En quelques mots il s'assure de la vérité du fait, et, sans vouloir rien entendre de plus, sans consentir même à rentrer dans son palais, il se fait amener son cheval. Il s'élance alors dans les rues de sa capitale, proclamant la guerre sainte, appelant tous les musulmans aux armes. Puis il s'embarque, traverse le Bosphore, et sur la côte d'Asie fait dresser sa tente. Il ne la quittera pas jusqu'à ce que son armée soit réunie. En quelques jours tout est prêt, et bientôt cent mille hommes s'ébranlent avec lui sur le chemin de Bagdad.

Le siége fut long et difficile. De part et d'autre on attaquait et l'on se défendait avec acharnement. Enfin, au bout de huit ans, en 1638, la ville succomba, et le sultan entra en vainqueur dans ses murs. La plus grande partie de la population fut passée au fil de l'épée; l'incendie s'alluma sur tous les points. Ce qui restait des anciens édifices fut anéanti. De ce jour date la ruine irrévocable de Bagdad. Ce n'est pas aux Turcs, qui, depuis, en sont restés les maîtres incontestés, que pouvait venir la pensée d'y porter remède.

La porte par où pénétra Mourad IV est encore debout. C'était précisément celle que j'apercevais en ce moment devant moi, la porte de Telessine. Derrière lui, une fois l'armée victorieuse entrée, afin que désormais personne ne pût y passer après le prince, on la mura. Elle est toujours en cet état. Élevée par Abou el Abbas, un des derniers khalifes abbassides, on y lit, en arabe, l'inscription suivante. Les premiers mots sont une invocation tirée d'un verset du Coran :

« Alors les fondements de la maison furent construits par Abraham et Ismaël. Seigneur, exauce nos prières, toi qui entends et qui sais tout !

« Cette construction fut ordonnée par notre seigneur et maître le khalife à qui le monde entier doit obéissance, Abou el Abbas Ahmed el Nassir Ledin Allah, émir des croyants, l'ornement de Dieu, la preuve, la vérité, que le monde entier doit suivre et aider. Que le salut soit sur lui et sur ses aïeux purs et vertueux ! Que ses invocations, qui guident au chemin du salut, soient toujours lumineuses, et ne s'écartent jamais du terrain de la justice, sur lequel tous les vrais croyants doivent le suivre !... Elle a été terminée l'an 628 de l'hégire.

« Que le salut de Dieu soit sur notre seigneur et prophète Mohammed, et sur sa sainte et pure famille. L'an 628. »

Celui qui me procura cette traduction était un brave et excellent homme, drogman au consulat de France, et sur le point de prendre sa retraite. Je visitai la petite maison qu'il habitait depuis quarante ans. Il était tout heureux et tout fier de m'en faire les honneurs. C'était un chrétien indigène, façonné et rompu depuis longtemps à nos usages, comme à notre langue, mais qui adorait son Bagdad, et aimait à en évoquer tous les souvenirs lointains. Il s'appelait Achille Murat. Je n'ai pu parvenir à savoir s'il n'y avait dans l'assemblage de ces deux noms qu'une coïncidence fortuite, ou s'il s'y rattachait, au contraire, quelque circonstance précise.

Lorsqu'Abou el Abbas édifia ce portique, les maisons de la ville venaient jusqu'au pied. L'emplacement qu'elle occupait était à peu près le double de ce qu'il est aujourd'hui. On n'avait pas, pour en retrouver les rues, à franchir la plaine brûlée que j'ai décrite. En revenant, nous allâmes, non loin de là, visiter le tombeau d'un saint célèbre, le cheick Omar. C'était encore en dedans des remparts, bien qu'on eût pu se croire en pleine campagne, tant l'espace est vaste et nu tout autour. Ce qui ajoute à l'illusion, c'est que, là, les vieilles fortifications sont abattues. Ce fut Midhat-

Pacha, alors vali de Bagdad, qui, en 1870, en ordonna la destruction, les jugeant sans doute inutiles, à cause des brèches larges et nombreuses que, çà et là, un peu partout, le temps et l'incurie y avaient pratiquées. Réparer eût été difficile, sinon impraticable. Il était plus simple de tout raser. La porte de Telessine avec les murs adjacents est à peu près uniquement ce qu'il en reste aujourd'hui.

Le tombeau du saint consiste en une pyramide de briques sur une assise quadrangulaire massive, sous laquelle repose le corps, — d'après la légende. Il remonte aux premiers siècles de l'empire des khalifes, et jouit, auprès des croyants, d'une haute vénération. Heureux ceux qui peuvent être enterrés à son ombre sacrée. Des tombes, en effet, sont éparpillées autour. Plus d'une est éventrée par la griffe des chacals.

Les repaires habituels de ces animaux ne sont pas loin. Quelques-uns, à une centaine de pas, se promènent paisiblement et nous regardent. On voit qu'ils se sentent chez eux. La proximité du quartier juif a déterminé leur domicile. Une nourriture substantielle et abondante leur y est, en effet, assurée à tout moment. C'est par là que nous rentrons dans la ville. Quels poëmes de puanteurs s'en exhalent! Quels tas d'ordures, de matières fétides et putréfiées sous nos pas! Où passer sans y mettre le pied? Les chacals ont raison de ne pas s'éloigner : des femmes, des vieillards couverts de haillons sordides se glissent au travers; c'est le domaine de la misère dans toute son horreur.

Des enfants, des jeunes garçons, des jeunes filles même, entièrement nus, s'enfuient à notre approche. Ils se réfugient dans les tanières qui leur servent de demeures. Par la porte qu'ils laissent entr'ouverte, et d'où ils nous lancent des regards farouches, je distingue les intérieurs affreux où tout ce monde grouille. Comment des êtres humains peuvent-ils vivre là?

Ce faubourg, un des plus populeux, confine au quartier chrétien. A mesure qu'on en quitte la limite extrême, l'aspect s'en améliore, les rues sont plus larges, les maisons un peu moins hideuses, les cloaques moins profonds. Si la malpropreté générale persiste, elle s'étale cependant avec moins de sans gêne. Les gens, également, sont vêtus d'une façon moins sommaire; mais le type d'Israël conserve partout son cachet indélébile. Chez la femme jeune que le doigt de la misère n'a pas déjà courbée, sous la visière noire dont l'ombre se projette en avant sur son visage, il apparaît gracieux et pur; les flammes de l'Orient se devinent au fond de sa prunelle ardente. Mais, pour elle, l'âge arrive vite, hélas! où les traits se flétrissent et la taille se déforme. Et, vieilles avant le temps, elles sont nombreuses, celles que vous rencontrez, la face ravagée ou boursouflée, le corps épais ou décharné, suivant le degré de bien-être où chacune a vécu, toutes à peine au seuil de l'âge mur. Au delà de quarante ans, ce ne sont plus des femmes.

Chez l'homme, la transition s'accuse moins. Jeunes ou vieux, le modèle en est assez uniformément laid. Durant mon séjour en Orient, je ne me rappelle pas avoir rencontré un seul Juif vraiment beau. Petits en général, la figure à la fois astucieuse et soumise, le regard mobile, le front étroit, la démarche inclinée, on dirait qu'ils sentent encore sur leur tête le bâton sous lequel, pendant tant de siècles, s'est avilie leur race.

Du haut en bas, tous sont plus ou moins marchands.

Au fond d'une échoppe ou au milieu de la rue, chacun, dans ce coin de Bagdad, vend quelque chose, victuailles, monnaies ou vieux habits. Plus rien de cette nonchalance dédaigneuse du négociant musulman, qu'il faut provoquer pour en obtenir un signe d'attention. Ici, tout est confusion de cris, de mouvements. Son outre sur le dos, le vendeur d'eau circule, en frappant l'une contre l'autre les deux petites sébilles de cuivre où il la débite, et vous repousse sur l'éventaire du pâtissier, d'où suinte une graisse nauséabonde. Accroupi contre un mur, le changeur vous offre des piastres, des krans, des thalari ou des roupies; pendant que le revendeur, un burnous fripé sur le bras, vous montre mystérieusement, sous ses plis, quelque « antique » merveilleux, que lui-même a fabriqué la veille.

Bien peu sont assis, à ne rien faire, à la porte des cafés. S'il s'en trouve quelques-uns, c'est que ceux-là ont fini leur journée, et qu'elle a été fructueuse. Enveloppés dans leur longue robe étriquée, le manteau ramené sur leurs épaules maigres, ceux qui passent silencieusement à vos côtés sans s'arrêter sont, en général, des trafiquants plus huppés, que leurs affaires journalières entraînent hors du quartier, dans un milieu où se débattent des intérêts plus larges, mais qui, la tâche terminée, ont hâte de rentrer chez eux, pour y préparer plus à l'aise les calculs et les chances de gain du lendemain.

Il en est, parmi ces derniers, dont la fortune est énorme. En tête, figure l'opulente famille des S... Les fils ont émigré, il y a déjà longtemps. Ils se fixèrent l'un à Londres, l'autre à Bombay. Là, d'accord avec Bagdad, ils organisèrent et inaugurèrent l'exploitation régulière et raisonnée des ressources commerciales des vallées de l'Euphrate et du Tigre. Le fonctionnement ne tarda pas à s'en développer rapidement dans des proportions considérables, et aujourd'hui les richesses de cette maison sont colossales.

Si leur éducation se ressent encore accidentellement des conditions de leur origine, ils n'en ont pas moins gravi, d'un pied sûr, les degrés de l'échelle sociale, et marchent de pair aujourd'hui avec les sommités du Royaume-Uni. Le frère de Londres est baronnet. Lors de son voyage aux Indes, le prince de Galles devint momentanément l'hôte de celui de Bombay.

En Orient, leur nom retentit aux oreilles de leurs coreligionnaires avec le même son que celui des Rothschild pour les Israélites d'Europe; et, comme eux, ils jouent, à leur égard, un rôle de patronage et de bienveillance qui ne se dément presque jamais. Aussi, Dieu sait le nombre de tous ceux qui, de Bagdad, de Bassorah, s'échappent vers Bombay. Les hommes, à leur arrivée, n'ont qu'à frapper à la porte de leur puissant allié : ils y sont assurés d'un emploi obtenu grâce à son influence, ou, tout au moins, d'y recevoir des secours qui leur adoucissent les premières épreuves. Quant aux femmes, leurs yeux noirs, leur teint mat, exercent sur les célibataires européens, fatigués des charmes plus primitifs et de la couleur sombre des Hindoues, une fascination irrésistible. Elles tiennent à Bombay le haut du pavé de la galanterie. Et, comme l'instinct traditionnel perd difficilement ses droits, l'esprit d'ordre et d'économie qu'elles apportent, suivant leur sphère, dans la pratique intelligente de ce métier, finit par leur ménager toujours une aisance honnête pour les unes, quelquefois une large fortune pour les autres. Après quoi, — les premières surtout,

— elles manquent rarement de retourner au foyer de famille qu'elles n'ont jamais perdu de vue, et où elles retrouvent un Jacob ou un Isaac quelconque qui devient leur époux selon leur cœur et la foi d'Israël.

Il n'est guère d'exemple qu'un des paquebots de la *British India* quitte Bassorah sans emporter de ces voyageurs, et surtout de ces voyageuses, vers la ville de leurs rêves. Quelles que soient les ressources des uns ou des autres, ils se parquent sur le pont, riches et pauvres, hommes et femmes, s'entassant pêle-mêle, pour faire la traversée à aussi bon compte que possible. L'eau leur est délivrée gratuitement à bord; ils se munissent, au départ, du peu de vivres indispensables. C'est, tout au plus, quelques roupies dont ils auront à se saigner. Néanmoins, il en est qui ne dédaignent pas de chercher encore à simplifier la dépense.

Lorsque je me rendis aux Indes, j'avais pris passage sur un de ces navires, le *Coconada*. Nous avions descendu paisiblement le Chatt-el-Arab, et nous stoppions à l'embouchure de la station de Faô, quand tout à coup j'entends, sur le pont, des cris perçants, puis des lamentations, des hurlements, à croire qu'on égorgeait tout un troupeau de porcs. Je sors de ma cabine, et j'aperçois un de ces Juifs qu'entraînaient deux des matelots. Il se cramponnait en résistant, en geignant, en suppliant, aux bastingages, aux filins, à tout ce qui se trouvait à portée de sa main. Trois ou quatre femmes de tout âge s'efforçaient de le retenir, en couvrant ses ravisseurs de larmes et d'imprécations. Des hommes, ses camarades, les uns essayaient d'intervenir, de parlementer; d'autres, à regret, tiraient de leur escarcelle quelques pièces de monnaie qu'ils tendaient au capitaine. Celui-ci, impassible, repoussait tous ces dégüenillés, et répétait l'ordre de jeter le pleurard dans l'embarcation qui attendait au bas de l'échelle :

— Qu'y a-t-il donc? demandai-je en m'approchant de lui.

— Oh! pas grand'chose, me répondit-il. C'est ce Juif qui s'est faufilé dans l'entre-pont, et qui espérait faire gratis la traversée de Bombay. Je le débarque. A chaque voyage c'est la même chose.

— Comment cela?

— Oui, toutes les fois, à Bassorah, il y en a un ou deux qui tentent le même coup. Le soir, sous prétexte de dire adieu à quelque parent ou quelque ami, ils grimpent à bord. Ceux-là les cachent au milieu d'eux. Puis, le lendemain matin, comme on lève l'ancre avant le jour, ils s'imaginent qu'on ne s'apercevra de rien, ou qu'une fois au large, il sera impossible de les renvoyer. Mais nous connaissons la ruse, et, avant de passer Faô, nous faisons toujours le contrôle. Vous voyez le résultat de celui d'aujourd'hui. Ah! tranquillisez-vous! Je réponds que le coquin a de quoi payer sa place. Lui et les siens usent, jusqu'à la dernière ficelle, de tous les artifices pour arriver à m'attendrir ou à me tromper... Si je cédais une seule fois, je serais perdu pour le reste de ma vie. Il va se laisser emmener, en glapissant, jusqu'à terre. Toute sa bande ne cessera de lui répondre d'ici par ses gémissements. Et tout à l'heure, lorsqu'il se sera bien convaincu que c'est sérieux, qu'il n'y a rien à faire, que nous allons partir en l'abandonnant, il tirera de sa vieille ceinture quelque bourse aussi crasseuse que lui, et versera entre les mains de l'officier qui est allé faire signer nos papiers à l'agence sanitaire, le prix intégral de son passage. Vous allez voir!

Pendant cette conversation, notre homme avait été descendu dans la baleinière comme une victime désespérée ; il s'y était laissé choir, et sa masse inerte gisait au fond, entre les jambes de matelots. Quelques coups vigoureux d'aviron eurent bientôt emporté les uns et les autres. Au bout d'un quart d'heure, les formalités de la sortie du fleuve accomplies, l'embarcation revint. La première tête que nous distinguâmes fut, en effet, celle du Juif. Ainsi que l'avait prévu le capitaine, au dernier moment, il s'était exécuté. Le lieutenant tenait les roupies qu'il lui avait comptées avec plus de simagrées douloureuses que si c'eût été des gouttes de son sang. Sans autre manifestation, comme si rien d'extraordinaire ne s'était passé, il rejoignit les siens. On l'y accueillit en martyr ; puis chacun regagna sa place et se résigna. Les chrétiens s'étaient montrés les plus forts.

CHAPITRE V

Le bazar. — La rive droite du Tigre. — Les exilés. — Le tramway de Khasmè. — La mosquée de l'Imam Maoussa. — Le campement des Chammars. — La tour d'Aguergouf.

En dehors des évocations de l'histoire, c'est, dans les villes de l'Orient, presque uniquement au bazar que réside le véritable attrait. Là seulement la vie musulmane rejette un moment ses voiles pour découvrir à l'étranger quelques-uns de ses côtés pittoresques, et lui permettre de saisir la physionomie des mœurs dont ailleurs il lui demeure interdit de pénétrer le mystère. C'est, nous le savons, un quartier à part réservé au commerce, où personne ne demeure, mais où chaque marchand possède une boutique. Bien que déchu aujourd'hui, celui de Bagdad, renommé autrefois presque à l'égal de celui de Stamboul, n'en est pas moins encore, grâce à sa situation, un centre d'activité et de mouvement où la Perse surtout envoie ses produits en grande quantité. Mais si, pour le négociant préoccupé de son labeur journalier, le chiffre et la nature des transactions y offrent, sur tous les points, un intérêt constamment en éveil, pour l'observateur en quête d'études, c'est dans l'artère principale qu'il se concentre presque exclusivement, et que l'aspect oriental se révèle sous les plus vives couleurs.

Ici, de dix heures du matin à quatre heures de

l'après-midi, la foule se renouvelle sans cesse, foule bigarrée où les éléments les plus variés se coudoient. C'est que tout y sollicite aussi les goûts et les besoins les plus divers. En comparaison, Bassorah n'est plus qu'une foire de troisième ordre, et Bagdad se révèle vraiment, au contraire, comme le chef-lieu commercial, non moins que politique, de la province. Ce ne sont plus seulement les Bédouins du désert qui viennent y puiser les humbles éléments de leur bien-être ou de leur luxe. Tous les pays voisins y envoient leurs trafiquants, et les domestiques des grands seigneurs de la plaine ou de la montagne accourent s'y approvisionner, pour le compte de leurs maîtres. Naguère, même, des représentants de nos grandes maisons d'Europe y traitaient fréquemment d'achats considérables; et derrière eux, tapis précieux, armes anciennes, bijoux curieux, médailles ou fragments antiques, en sortaient pour prendre le chemin de Paris ou de Londres. A présent, leur apparition n'y est guère qu'accidentelle, et c'est plus loin encore, dans des contrées moins exploitées, que se poursuivent aujourd'hui leurs investigations fructueuses. Ce qui subsiste à Bagdad de leur passage, c'est une élévation sensible dans les prix, et une diminution sérieuse dans le choix des articles. Cependant, tout comme chez nous, il se présente parfois des aubaines inespérées, surtout pour l'acheteur qui sait intervenir dans les ventes aux enchères.

C'est le vendredi, une fois par semaine, qu'elles ont lieu. Le commissaire-priseur, debout sur le devant d'une des boutiques, montre la marchandise et en annonce le prix. Très-peu de monde autour de lui; on n'aime guère se déranger, en Orient; chacun reste à sa place dans les environs, qui chez un ami, qui chez lui, qui au café. Deux ou trois crieurs seuls l'assistent. L'un d'eux, aussitôt le prix énoncé, s'empare de l'objet, s'il est transportable, et se met à courir, en le criant, jusqu'à l'extrémité du bazar, s'approchant des groupes ou des individus, pour leur montrer la marchandise. Lorsqu'il est de retour à son poste, elle reste acquise au plus offrant. Je n'ai pas à insinuer que maint accord tacite s'est conclu, parfois, entre le crieur et la pratique. Est-ce un cas spécial aux enchères de Bagdad?

Plus d'une heure agréable s'est ainsi écoulée pour moi, assis à la porte d'un magasin dont le propriétaire s'était fait mon ami d'occasion, à voir défiler sous mes yeux des armes, des étoffes, des vases ou des plateaux de toute origine et de tout caractère. Bien rarement le vendeur manquait de s'arrêter devant ma chaise; car on me faisait les honneurs d'un siége européen. J'étais une clientèle tout indiquée. Je me rappelle, en particulier, un vieux bahut tout lamé d'argent, à coins énormes et à clous du même métal. Un instant de distraction de ma part l'a laissé aux mains d'un compétiteur. Je le regrette encore.

C'était le chemin du fleuve, et déjà plus d'un de mes projets d'excursion sur la rive droite s'était inopinément borné là. Un beau matin, cependant, je pris une détermination irrévocable, et pour être plus sûr de moi, avant l'heure où s'ouvraient les boutiques, je franchis, tout d'une traite, la berge qui mène au pont de bateaux. Depuis mon arrivée à Bagdad, je n'étais pas revenu de ce côté. A la tête du pont, tout près de la douane, est le quartier d'artillerie, belle construction, solide et imposante. Nous sommes ici dans le quartier militaire et aristocratique. Au delà des casernès, en remontant vers le nord, est le palais du gouverneur général, avec ses magnifiques jardins que baignent les eaux du Tigre. En redescendant, voici, du même côté toujours, les vastes et élégantes demeures des grands et des riches. En face, sur l'autre bord, on m'en montre encore quelques-unes, mais en moins grand nombre. En quittant ces rues étroites et poussiéreuses de la ville proprement dite, devant ce fleuve majestueux, cette verdure, ce ciel bleu, le regard et les poumons se dilatent, on respire.

La scène est animée; sur ce point, c'est une cohue de piétons et de cavaliers qui se croisent, et me rappellent le pont de Galata à Constantinople. Même mouvement, même physionomie. Les uniformes y dominent; car, à part celle de l'artillerie, la plupart des casernes sont sur la rive gauche, et, de là au quartier général, c'est un échange incessant d'estafettes, de détachements, de corvées, d'isolés, etc., qui profitent des heures matinales. Pour ceux-là, pour tout ce qui porte une tenue militaire, le droit de péage est aboli. Le reste paye un para, un centime et demi. Aussi le pont ne nuit-il guère à l'industrie des bateliers dont les embarcations sillonnent le Tigre. Elles sont bondées de monde. Ce sont des ouvriers, des maraîchers, des femmes, des enfants, qui se rendent à leurs occupations journalières, et auxquels cette voie de transport ne coûte qu'un demi-para. La quantité des clients assure encore au passeur des bénéfices raisonnables. J'y retrouve, tournoyant à côté des barques effilées, les kouffas d'Amahra; mais, en amont du pont, j'aperçois une flottille d'esquifs absolument nouveaux pour moi.

Ce sont des *kéleks*, espèces de radeaux formés par

l'assemblage d'outres gonflées d'air et de fagots de branches sèches superposés, qui descendent jusquelà depuis le Diarbekir. Ils en apportent, au fil de l'eau, du blé, des laines, des peaux, du bois, etc. Les nautoniers qui les conduisent sont d'une étonnante habileté. Jamais de malheur avec eux. Les coudes du fleuve, ses tournants, ses rapides, tout cela n'est qu'un jeu. Peu pressés, il est vrai, chaque soir ils accostent et bivouaquent à terre. Ce n'est qu'à partir de Mossoul que le Tigre s'élargit assez pour permettre, par les clairs de lune, une navigation sans interruption. Tel qu'il est, malgré les lenteurs de l'allure, ce trajet n'est pas sans charmes pour celui dont la hâte d'arriver n'est point excessive, et les plaisirs de la chasse l'accidentent agréablement. Des myriades d'oiseaux aquatiques passent à portée de fusil ; et bien souvent des compagnies de francolins, ou les têtes d'un gibier plus noble, se montrent au travers des herbes que frôle la gaffe du pilote. A l'arrière, une petite cabine, suffisamment confortable, dresse son abri contre la chaleur ; à l'avant, des pierres plates constituent un foyer et une cuisine. Les jours, ainsi, s'envolent doucement, et l'on est tout surpris, lorsque même on ne le regrette pas, de toucher au terme de son voyage.

Comme les kouffas, ces keleks datent du temps de Ninive et de Babylone. Ceux-là sont amarrés au pied d'une superbe villa dont les terrasses et les jardins dominent le Tigre. C'est la résidence de Soliman-Pacha, le vaincu de Chepka, qui expie sa défaite dans un fastueux exil. Bagdad est peuplé de personnages malheureux ou disgraciés. Sans compter ceux de ses pachas qu'y envoie le ressentiment du sultan, il y vit une assez grande quantité de princes indiens que la politique de la Grande-Bretagne tient éloignés de leur pays, tout en leur payant, il est vrai, de magnifiques pensions. Le plus notable de ceux-là est l'héritier du roi d'Oude, qui y mange somptueusement la rente de six millions de francs, je crois, qu'elle lui a allouée en le dépouillant de ses États.

Je vais rendre visite à l'un de ces exilés. Il se nomme Achmed-Ali-Khan. S'il n'a pas trempé directement dans la dernière insurrection, ou du moins si sa complicité effective n'a pas été prouvée, il est tenu en forte suspicion par le gouvernement de Calcutta, qui aime mieux lui servir des revenus dispendieux sur les bords du Tigre, que d'avoir à surveiller ses agissements sur ceux du Gange.

Il me reçoit avec l'affabilité la plus extrême. Ma qualité de Français est un titre à sa bienveillance. Il s'est créé une retraite des plus confortables; son jardin est des plus riants. Les fontaines de marbre y marient heureusement la fraîcheur de leurs eaux au parfum des fleurs. Des fenêtres de son palais, l'œil embrasse, sur l'autre rive, tout le panorama de Bagdad, et au delà, dans la brume dorée, l'immensité du désert. Les coupoles et les minarets des mosquées y tranchent en ombres pittoresques sur l'uniformité un peu terne des toits plats et des maisons en briques. En face même, s'élève le palais du vali, que j'ai déjà entrevu du pont de bateaux. Je le distingue bien mieux à présent. A l'extrémité des jardins, cinq ou six moulins à vapeur jettent leur fumée au vent. C'est une création de Midhat-Pacha.

Le Tigre est fortement encaissé sur ce point, et l'on grimpe ferme pour arriver aux maisons de ce faubourg. Je ne parle pas des masures qui, du bord même, s'étagent jusqu'en haut de la berge. Une fois là, la monotonie de la plaine reprend tous ses droits. A quelques centaines de pas de l'habitation d'Achmed-Ali-Khan, plus au nord, un pan de muraille tout droit, sans relief, dresse sa masse noircie et lézardée. Autour, à demi recouverts de sable, des amoncellements de briques écroulées : ce sont les ruines du palais des khalifes. Voilà tout ce qui reste des ombrages enchantés où la sultane Zobéide promenait ses tristesses, et des salles de marbre, des lambris dorés, qui abritèrent tant de merveilles. L'idée d'y pratiquer des fouilles et de remuer tous ces débris, dont l'entassement cache sans doute plus d'un précieux vestige, n'est encore venue à l'esprit de personne. Qui se soucie aujourd'hui des khalifes et de leur histoire?

Je me rendais à la petite ville de Khasmé, à peu de distance de là. On l'appelle également Imam-Maoussa (Moïse), du nom d'un saint fameux qui y fut enterré. C'était le petit-fils du Prophète, le propre fils de sa fille Fatma et d'Ali le patron de la secte chiite. Ce rite compte douze imams, tous descendants de Fatma, qu'il honore au même titre. Leurs tombeaux se trouvent disséminés çà et là, dans différentes villes. Chacune est l'objet d'une vénération profonde, et au moins une fois dans sa vie, tout fervent Chiite doit visiter l'une d'elles. Ces pèlerinages locaux sont souvent plus méritoires, aux yeux des sectaires rigides, que celui même de la Mecque. Les pèlerins qui viennent d'accomplir ce dernier, et que ne détourne pas trop de leur chemin une pointe poussée jusqu'à l'un de ces sanctuaires, le complètent fréquemment ainsi, avant de rentrer définitivement chez eux. Les commodités de sa position, aux portes de la Perse, à proximité de

Bagdad, et à cheval sur les deux vallées de l'Euphrate et du Tigre, ont doté celui de Khasmé d'une vogue exceptionnelle.

L'autorité locale s'est même préoccupée d'en faciliter l'accès, et un tramway construit par Midhat-Pacha relie Bagdad au lieu respecté... Un tramway sur la terre d'Haroun-al-Raschid!... Après avoir parcouru des rues poudreuses, côtoyé des casernes silencieuses, je m'arrête tout prosaïquement devant un bureau d'omnibus; la trompette d'un conducteur se fait entendre; et me voilà, juché sur l'impériale d'une voiture venue en ligne directe de Paris ou de Vienne, à rouler en pleine Mésopotamie, comme je pourrais le faire au boulevard Haussmann. Un peu moins confortables, il est vrai, les véhicules, ou du moins sensiblement plus détériorés que chez nous; car, en Orient, si les objets y arrivent bien, au début, tout aussi neufs et en aussi bon état que partout ailleurs, plus tard, rien ne s'y répare; et la loi du fatalisme ne suffit pas pour en éterniser l'usage.

Je me rappelle, entre autres, au Caire, le jardin de l'Esbekieh, où tous les soirs maintenant la musique militaire joue régulièrement, pour le plus grand plaisir des bébés anglais et la satisfaction de leurs gouvernantes. L'installation en a été copiée sur celle de nos promenades publiques. Les musiciens forment le cercle, et autour, des bancs pour le populaire, des chaises pour l'aristocratie. Ces instruments sortaient des ateliers, à l'origine, d'une usine française, et avaient été fabriqués exactement sur le modèle des nôtres, avec des lames d'acier dessinant le fond pour donner plus d'élasticité au siége. Lorsqu'on débarqua ce matériel en Égypte, tout était flambant neuf, et, les valses ou les polkas aidant, on pouvait, en s'asseyant les yeux fermés, se croire aux Tuileries ou au Palais-Royal. Mais peu à peu, sous la double action dissolvante du climat et de l'insouciance orientale, une détérioration journalière ne tarda pas à y faire de rapides progrès. Les lames étaient fragiles; il en est qui furent brisées à moitié, d'autres enlevées tout à fait. Telle chaise n'eut bientôt plus que la moitié de son siége; d'autres, des trous à y passer... la tête; d'autres, plus rien du tout... Croyez-vous qu'on ait essayé de refaire quoi que ce soit, et de remplacer les pièces disparues? Allons donc! Ces soucis-là sont bons en Europe. Là-bas, chaises et bancs sont restés à la même place, à celle qui leur fut assignée dès l'origine. On ne peut plus s'en servir, c'est vrai, mais qu'importe? Les gens trop fatigués ont, à l'exemple des indigènes, la ressource de s'étendre à terre et, au besoin, de s'appuyer la tête et le coude sur les membrures de fer qui ne sont pas encore brisées. La silhouette rigide continue à en meurtrir, impassible, les tibias des promeneurs, et bien délicat qui songerait à se plaindre.

Les choses n'en étaient pas là, cependant, pour nos omnibus; et si la propreté en laissait à désirer, les essieux, du moins, paraissaient assez solides pour qu'on ne courût pas trop de risques à y grimper. Une fois les dernières maisons dépassées, c'est en plein désert que serpentent les rails. A peine deux ou trois bouquets de dattiers que nous laissons au bord du fleuve. Nous sommes en une saison où la foule des pèlerins est grande. Notre voiture en croise d'autres qui reviennent remplies; et en même temps, à droite et à gauche de la voie, c'est un mouvement de piétons, de cavaliers, qui ne se ralentit pas. Nous distançons notamment trois caravanes successives de Turcomans et de Khurdes de la Perse. Ils caracolent par centaines, montés sur de petits bidets d'apparence aussi farouche que leurs maîtres. Sur la tête, un bonnet pointu en peau de mouton, de grands cheveux tombant dans le cou ; une barbe inculte descendant sur un cafetan grossier ; la taille serrée par une ceinture, d'où s'échappent des manches de poignard et des crosses de pistolet ; pour quelques-uns, un fusil posé sur l'arçon en travers de la selle : voilà, en général, l'aspect. Ils lancent des regards de haine sauvage et de surprise indignée à cette machine roulante qu'on ne soupçonne pas dans leurs montagnes. Ah ! Turcs infâmes qui pactisez avec les inventions diaboliques des giaours, pour en souiller le sol sacré ! Ces gens-là sont, en effet, des Chiites fanatiques. C'est par groupes d'une même contrée, par villages entiers, qu'ils émigrent, ne laissant rien derrière eux que des troupeaux errants à l'aventure. Leurs femmes et leurs enfants les accompagnent avec les ustensiles de ménage qui constituent leur fortune. Tout cela défile sous nos yeux, enfoui dans des cacolets d'où émerge à peine le visage curieux de quelque gamin. Les dames, au contraire, à notre approche, ramènent plus hermétiquement que jamais, en baissant le front, les bouts du chiffon sale qui nous dérobe leurs traits.

Durant le trajet, rien autre d'extraordinaire. Coiffé d'un fez rouge au lieu d'une casquette brodée, le conducteur circule, tout comme chez nous, entre les jambes du public, dont il écrase également les pieds, pour récolter les vingt paras qui représentent la contribution de chacun ; le cocher ne malmène pas trop ses chevaux qui vont assez bon train, et ne jure pas après eux toujours, comme chez nous. Mes voisins appartiennent un peu à toutes les catégories de la société orientale, aux plus aisées et aux plus civilisées, car les autres vont à pied. Peu de réflexions, peu de conversations, bien que le voyage dure près d'une heure. Ce n'est pas, il est vrai, la variété du paysage qui y prête. Nous le connaissons déjà : toujours le sable des environs de Bagdad. Il n'y a guère d'autre ennui que la foule rustique des pèlerins qui persistent à ignorer que la voie ferrée n'est pas à l'usage exclusif de leurs montures, et dont l'encombrement nous oblige, çà et là, à ralentir notre allure. Enfin, nous ne tardons pas à distinguer la coupole dorée de la célèbre mosquée; voici des mendiants qui marmottent des versets du Coran, des ânes qui se roulent dans la poussière, des chameaux déchargés qui ruminent, des toits lézardés à l'ombre mélancolique de deux ou trois dattiers. Nous y sommes. Aussitôt débarqués, nous nous dirigeons vers le sanctuaire.

Autour de la mosquée, c'est à peu près comme aux environs de nos propres chapelles. Des marchands de toute espèce s'y sont groupés petit à petit, et de cette réunion est sortie une ville, insignifiante, sans étendue, sans caractère, plutôt bazar que ville. Toutes les rues convergent vers l'édifice sacré, et des boutiques qui les bordent, s'exhale l'odeur des provisions en réserve pour l'appétit des visiteurs. Nous suivons celle qui doit le mieux nous conduire à l'une des portes. Elle longe, pendant quelque temps, un mur élevé; c'est celui de l'enceinte. Nous entendons des gémissements. Qu'est-ce donc?... Il paraît que l'imam Maoussa, qui vivait au premier siècle de l'hégire, est mort; et c'est précisément cette mort, dont un taleb de la mosquée vient de faire part sans ménagement à la masse des dévôts, qui provoque chez ceux-ci cette explosion de douleur bruyante.

La qualité d'Européen procure, en Orient, une telle influence auprès des fonctionnaires ottomans, que je me flattais de pénétrer sans obstacle jusqu'au cœur même du sanctuaire. Il n'en fut rien. Le lieu était trop saint. Le pied d'un giaour sur ce sol vénéré eût été une profanation dont ne se fût pas accommodée avec résignation l'humeur fanatisée des pèlerins. Je m'en vis bel et bien refuser l'entrée. Mon cavas consulaire qui me servait de guide et de protecteur eut beau faire, pas moyen de corrompre le cerbère. De ci de là, nous apercevions même déjà plus d'un coup d'œil haineux à notre adresse. Jusqu'alors il n'avait été permis qu'à un seul chrétien d'en franchir le seuil, et celui-là n'était autre que l'ingénieur du gouvernement, qui précisément en ce moment dirigeait les travaux de réparation de l'édifice. Cette circonstance offrait une satisfaction inespérée à ma curiosité. Car, en contournant le mur d'enceinte, nous finîmes par atteindre une large brèche d'où les investigations du regard pouvaient, faute de mieux, se donner ample carrière.

Le corps de bâtiment représente un énorme carré de maçonnerie surmonté de deux coupoles dorées juxtaposées, — coupoles du même style que celles des églises grecques. Quatre portes s'y ouvrent aux quatre points cardinaux. Celles des faces nord et sud sont précédées chacune d'un vaste péristyle ou portique à colonnades et à terrasse saillante. Aux quatre angles, quatre minarets d'une architecture svelte et élancée dressent dans les airs leur clocheton d'émail tout irisé de couleurs éclatantes. Autour, l'espace nu ; puis l'enceinte quadrangulaire, avec son cloître aux arcades festonnées, et des fontaines à chaque coin pour les ablutions. Le pavé et les murs ne sont pas de marbre blanc, et la magnificence en est certainement moins grande ; mais néanmoins, tel qu'il était, ce spectacle me reportait au souvenir de la mosquée célèbre de Mehemet Ali, à la citadelle du Caire.

En somme, la peine ne valait pas le plaisir, et je ne m'attardai pas longtemps dans une admiration muette. Je quittai Khasmé pour me rendre à la tour d'Aguergouf, à quelque distance dans le désert. On la dit bâtie par Nemrod. Cette fois, plus de tramway. C'est à cheval que nous partons, en poussant d'abord vers un campement de Chammars, dont les tentes se distinguent dans le lointain, et que la disette arrache à leurs solitudes, pour les ramener aux portes de la ville.

Leur territoire y confine, en effet ; car, bien qu'occupé par les Turcs, Bagdad n'est guère, toujours, que la capitale de l'empire arabe qu'ils ont conquis ; et, tout autour, les grandes tribus indigènes qui en constituaient jadis le noyau continuent à vivre et à s'agiter dans le même rayon. Celles-ci se partagent en quatre branches principales : les Chammars, les Monteficks, les Chàabs et les Anessys. Les premiers occupent la contrée de Mossoul à Bagdad ; les Monteficks tiennent toute l'ancienne Mésopotamie et la rive droite de l'Euphrate jusqu'à la hauteur de Gourneh ; les Chàabs vont de la rive gauche du Tigre, depuis Kuth el Amahra, aux montagnes de la Perse et aux alentours de Bassorah ; les Anessys, enfin, remontent vers le Nedjd, en s'étendant jusqu'au désert de

Damas. Ils sont à la fois limitrophes des Monteficks et des Chammars.

Tant par leur nombre que par leur force et l'étendue de leurs domaines, ce ne sont pas seulement, comme on le voit, des tribus, ce sont de véritables peuples, issus d'une commune origine, quoique rivaux entre eux, et vassaux nominaux de la Porte. Nomades et belliqueux, toute la politique ottomane, pour maintenir sa suprématie, consiste à les exciter, à les diviser, et, au besoin, à les armer les uns comme les autres. Unis, ils la balayeraient comme un souffle. Malheureusement, s'ils sont unanimes à exécrer leurs oppresseurs, leurs jalousies intestines sont encore plus fortes et ne répondent que trop bien aux combinaisons machiavéliques du divan de Bagdad. Les Anessys sont les plus puissants. Ils comptent six à sept cent mille âmes, et peuvent mettre jusqu'à cent mille combattants sur pied, dont trente mille cavaliers. Lorsqu'ils font la guerre, ils massent en un carré immense et compacte leurs plus solides chameaux. Les fantassins armés de fusils montent dessus, deux à deux; les autres, au centre. La cavalerie évolue sur les ailes. Dès que l'action commence, cette gigantesque et vivante forteresse se met en mouvement lentement, mais en avançant toujours. Si le canon y fait des trouées, elles se bouchent aussitôt. Les Turcs y ont renoncé.

Les Monteficks tiennent la seconde place. Ils sont les seuls à posséder des villes. J'aurai lieu d'en parler plus à fond, quand je pénétrerai chez eux. L'inimitié qui règne entre eux et les Chammars, ou, pour être plus juste, entre les deux familles qui les gouvernent, est séculaire, et survit à tous les rapprochements éphémères dus à des circonstances ou à des transactions accidentelles. Les derniers sont ceux dont l'hostilité contre Bagdad s'affirme avec le moins d'acharnement. Ils en vivent aussi le plus près, et n'hésitent pas à recourir à son marché lorsque les nécessités économiques le leur imposent.

Bien que d'une souche unique, ils se divisent en Chammars du Nord et Chammars du Midi, c'est-à-dire au-dessus et au-dessous de Bagdad. Les premiers habitent le Djebel Chammar, contrée montagneuse située en effet plus au nord, dans la direction d'Alep. Moins riches que leurs frères méridionaux, on raconte qu'il en vint un groupe visiter les seconds, il y a déjà de longues années. Pour faire honneur à leurs hôtes, ceux-ci réalisèrent le proverbe à la lettre, et mirent les petits plats dans les grands, autrement dit, ils leur servirent les mets nationaux dans des plats de telles dimensions que les montagnards, peu gâtés jusque-là par le luxe, ne purent retenir, à cette vue, des cris d'admiration.

Cette surprise naïve fit grand bruit dans le pays. L'orgueil un peu dédaigneux des Chammars du Midi s'en réjouissait, et l'ostentation de l'accueil en redoubla. Mais un vieillard plus avisé et plus sage que les autres n'y vit, au contraire, qu'un sujet d'alarmes.

— Prenez garde, dit-il à ses compatriotes. Vous excitez les convoitises de ces gens. S'ils trouvent vos plats si grands et s'ils les admirent, c'est qu'ils se disent qu'ils le seraient assez pour vous y mettre vous-mêmes et vous manger... Prenez garde! prenez garde!

Et en effet, la prédiction se réalisa. De retour chez eux, les Chammars misérables du Nord racontèrent les merveilles dont ils avaient été témoins chez ceux du Sud. La cupidité générale s'enflamma, et en retour du traitement généreux qu'ils avaient reçu, ils y conduisirent une expédition formidable qui ravagea la contrée, et ensuite s'y installa.

C'était à cette race qu'appartenait la fraction que nous allions visiter. Leur campement pouvait compter deux cent cinquante à trois cents tentes. En approchant, il me semblait retrouver un douar de notre Algérie. Mêmes dispositions, même apparence, même tissu : la tente en poil de chameau, avec ses zébrures alternatives noires ou fauves, en forme de cuvette renversée; — et non pas cette espèce de capuchon en toile conique dont le bourgeois parisien, qui l'a connu aux camps de Saint-Maur ou du bois de Boulogne, se représente le type, comme le dernier mot du classique chez les Bédouins du désert. Également, dans le même style, les pans de la façade tournée vers le levant en sont relevés, et laissent facilement distinguer un intérieur où quelques pauvres tapis, quelques sacs de cuir, tiennent lieu de tout mobilier. Les lances du maître, ses armes, sont plantées fièrement à l'entrée; son cheval, s'il en possède un, est attaché à l'un des piquets. Au devant, il est assis lui-même, indolent et dédaigneux; il fume ou il sommeille. Au dedans, sa femme vaque aux soins ordinaires du ménage. Autour, ses enfants se roulent, à peu près nus, au milieu d'un essaim de mouches que nul ne songe à écarter, ou de lévriers aussi maigres qu'eux-mêmes. Ce spectacle sent la misère.

Nous nous dirigeons vers la tente du chef. Celle-là est plus confortable que les autres. Deux compartiments la divisent. L'un demeure hermétiquement fermé, c'est l'appartement des femmes; l'autre nous est ouvert. Le cheick était sur le point de monter à cheval pour se rendre à Bagdad auprès du vali. Averti de notre arrivée par le cavas qui a pris les devants, il a tenu à nous recevoir lui-même, et ne partira que lorsque nous l'aurons quitté.

Au moment où nous entrons chez lui, il est couché, le corps étendu sur des coussins, et le coude appuyé sur la selle de son chameau en signe de souveraineté. En nous apercevant, il se lève, et d'un geste plein de noblesse m'offre silencieusement sa place. Les cérémonies ne sont pas de mise en Orient, et refuser eût été le comble de l'impolitesse; j'accepte, sans me faire prier davantage. Quelques mots de bienvenue, quelques salamaleks à la ronde, et c'est tout. Il ne nous interroge pas : où allons-nous? Que lui importe! Nous sommes ses hôtes, et si tel est notre bon plaisir, nous le lui dirons sans qu'il nous le demande. Ici, le café est cher et, cette année, les Chammars sont pauvres; au bout de quelques instants, des serviteurs nous apportent du lait de chamelle. Mais, ô civilisation! il nous est servi dans des verres peinturlurés, qui ont bien pu coûter deux piastres au bazar de Bagdad. Je ne l'en trouve pas moins exquis, tout en me reportant à celui que je buvais chez les Danakils des environs d'Obock.

Pas de verres, chez ceux-là! On nous présentait tout bonnement une jatte d'herbe finement tressée, qu'un enduit de suie ou de fumée grasse, bien soigneusement répartie jusqu'aux dernières fibres, rendait absolument imperméable. Le breuvage fumeux l'emplissait jusqu'au bord. Avant de me l'offrir, le maître du logis y trempait ses lèvres pour m'en prouver l'innocuité; puis je buvais à mon tour. Seulement, j'avoue que je ne manquais jamais, alors, de me livrer à une tricherie infâme. Au lieu de saisir à pleine bouche le revers du récipient, comme tout buveur honnête, je l'appuyais sournoisement sous ma lèvre inférieure sans qu'elle eût à le toucher; j'aspirais ensuite le liquide à longs traits, échappant ainsi à un contact immédiat du vase dont, en dépit de mon dédain pour tout préjugé somptuaire, l'apparence ne laissait pas que de me répugner un peu.

Au bout d'un quart d'heure, nous prîmes congé de notre hôte, et nous le laissâmes libre d'aller, suivant ses intentions, faire appel à la munificence officielle pour réparer les désastres de l'année précédente. La sécheresse avait été telle, chez eux, qu'il ne leur restait rien; leurs bestiaux étaient morts, leur grain était épuisé. Avant que, sous l'action des pluies prochaines, l'herbe eût poussé et la moisson eût muri, ils mourraient certainement de faim si l'on ne venait à leur secours.

Le fait est que la mine hâve et décharnée des pauvres diables que nous rencontrions en sortant du camp ne donnait pas une idée bien satisfaisante de l'abondance qui y régnait. Quelques chamelles étiques qui, un peu plus loin, se disputaient les derniers brins d'un chaume épineux et rare, avaient seules survécu à la destruction générale. Notre verre de lait sortait de là. Je me le reprochai presque.

Dans la soirée, nous atteignîmes la tour d'Aguergouf. C'est une construction puissante, dont le caractère est étrange, et l'origine incontestable d'une haute antiquité. Sur une assise de briques solidement enchâssées est plantée la tour proprement dite. L'accumulation des ruines et de la poussière ne permet plus de distinguer autre chose que des murs confusément disposés, mais dont le genre d'architecture se dessine avec clarté. Sur une couche de maçonnerie bitumineuse est étendu un lit de roseaux ou de paille, puis les briques sur plat; ensuite une nouvelle couche de maçonnerie, et ainsi de suite. Ce procédé de construction se reproduit dans tous les édifices de cette époque. Je l'ai retrouvé à Uhr en Chaldée, la ville natale d'Abraham, et je le décrirai plus en détail lorsque je raconterai l'excursion que j'y fis. Pour le moment, la nuit descendait à grands pas. Nos chevaux entravés, sans feu, car nous n'avions pas de bois, il ne nous restait plus, après un souper sommaire, qu'à nous rouler dans nos manteaux pour attendre le retour du jour, sous la garde de la Providence. Au pied de ces antiques murailles où, peut-être, la main de Nemrod avait, d'après la légende, gravé son nom, où tant de siècles avaient laissé leur empreinte, nous nous endormimes, le front caressé par la brise du désert, et le rêve bercé par la demi-lumière de ces milliers d'étoiles dont l'éclat resplendissait au ciel. Comme on dort bien ainsi en face de l'immensité, perdu sous le regard de Dieu !

CHAPITRE VI

La garnison de Bagdad. — Les Hamaouanns. — La commission sanitaire. — Le consulat général d'Angleterre. — Départ de Bagdad.

Avant de rentrer à Bagdad, le lendemain, nous nous arrêtâmes au tombeau de Zobéide. Ce fut, on s'en souvient, la favorite d'Haroun-al-Raschid. Lorsqu'elle mourut, il lui fit élever, pas très-loin de son palais, un magnifique mausolée qui est encore debout, alors que la demeure royale a depuis longtemps disparu. Toujours l'architecture sévère de l'époque : une pyramide à quatre faces en briques, reposant sur un cube massif de même maçonnerie. Auprès, quelques arbustes rabougris, du sable comme aux alentours, et c'est tout. L'ensemble de l'édifice atteint une hauteur de soixante pieds environ. A peu de distance, plus près du fleuve, autre tombeau : c'est celui du prophète juif Joucha, mort pendant la captivité de Babylone. Même aspect, mêmes dispositions, en plus petit, que le premier. Le personnage dont il recouvre le corps s'était retiré et avait vécu là, dans la solitude, sur la rive du Tigre, pour y pleurer plus à l'aise les malheurs de son peuple. Il fut enterré à la même place.

Au moment où nous allions descendre sur le pont de bateaux pour rentrer dans la ville, nous nous croisâmes avec notre ami le chef Chammar, qui, la veille,

TOMBEAU DE LA SULTANE ZOBÉIDE, A BAGDAD.

nous avait si bien reçus. Il paraissait soucieux, et un éclair de mauvais présage luisait au fond de sa prunelle noire. Sans doute il quittait le vali, et n'en avait pas été accueilli comme il l'espérait. Que pouvait, en effet, répondre à ses doléances l'infortuné gouverneur, et quelle satisfaction y donner? Ses coffres ne venaient-ils pas récemment d'être vidés, jusqu'à la dernière piastre, sur la demande impérative du trésor impérial, pour les augustes besoins de Sa Hautesse? Bien d'autres réclamations plus urgentes le harcelaient personnellement. Ce n'était un secret pour personne que, depuis trente-huit mois, la garnison de Bagdad n'avait touché aucune solde. Ses troupes, sur le papier, devaient compter un effectif de quatre régiments. C'est à peine si l'on aurait pu y trouver réellement 1,200 à 1,300 hommes, et elles étaient sur le pied de guerre!

Sans cesse en présence des insurrections des Arabes ou du brigandage des Khurdes, le 6° corps d'armée, qui est celui auquel elles appartiennent, est, en effet, considéré comme en état de campagne permanente, à la façon de notre armée d'Afrique. Il n'est pas rare de voir créer des priviléges spéciaux et individuels pour les officiers qui vont le rejoindre. C'est ainsi qu'après les examens de sortie de l'école de Pancaldi, le Saint-Cyr de la Turquie, durant mon séjour à Constantinople, en 1870, deux des élèves qui les avaient subis avec le succès relatif particulier à cette institution, furent envoyés à Bagdad, revêtus d'emblée du grade de capitaine, tandis que les camarades, que leur garnison n'éloignait pas trop du Bosphore, se bornaient à l'épaulette réglementaire du sous-lieutenant. Je retrouvai encore, je le raconterai plus loin, l'un d'eux dans le pays. Seulement, chez une organisation militaire où aucune règle déterminée ne préside à l'avancement des officiers, où il demeure exclusivement subordonné au bon plaisir, des avantages aussi exceptionnels à première vue ne constituent guère, le plus souvent, qu'une illusion, qu'un mirage de débutant, dont il est bon de ne pas se laisser aveugler. La proximité du soleil est encore préférable, et à coup sûr plus féconde.

Ce ne sont pas, en tout cas, les émoluments du grade dont la régularité constitue l'appât le plus tentant. Si les traitements sont, pour les hautes sphères, servis avec une ponctualité qui s'explique sans avoir à insister davantage, le bénéfice en descend rarement plus bas, et le sort de l'officier subalterne est encore plus lamentable que celui du simple soldat. Pour ce dernier, du moins, l'État pourvoit à tous ses besoins, et si le sou de poche lui manque, mon Dieu! il en prend aisément son parti, car ses appétits sont limités, et le service du Sultan avant tout.

— Comment, disais-je à un fantassin bon enfant dont je m'étais fait un ami, te résignes-tu à servir ainsi pendant plusieurs années sans toucher de solde? Chez nous, jamais un jour, jamais une heure de retard!

— Oui, mais vous n'êtes pas des soldats du Padischa, et le Padischa est si grand!

Tout est là. Voilà le dévouement fanatique auquel, dans les instants de crise, la Turquie doit des armées improvisées. Il est vrai que cette foi sauvage ne suffit pas pour nourrir les gens, et comme, après tout, la Porte s'en rend bien compte, elle attribue, en tout temps, des rations en nature aux officiers, aussi bien qu'à la troupe. De la sorte, ils sont assurés de manger, eux d'abord, puis de nourrir à peu près leur famille, grâce aux copieuses proportions de la distribution. Car c'est là, pour ces malheureux, le côté douloureux de la situation : leur famille! Il n'en est aucun qui ne soit marié. La plupart des élèves de l'École militaire même ont une femme près de laquelle ils vont, deux fois par semaine, oublier les sévérités assez tolérantes de la consigne. Les mœurs musulmanes s'accommoderaient difficilement des licences de notre vie de garçon; et bien avant que la barbe leur ait poussé au menton, nombre de jeunes gens sont déjà pères de famille, et soumis à toutes les conséquences de cette précocité. Si le préjugé leur interdit de se montrer en public avec leur femme ou leur fille, ils n'en sont pas moins soigneux du bien-être commun, et empressés d'y contribuer, dans la limite de leurs ressources. Que de fois n'ai-je pas rencontré, soit à Constantinople, soit ailleurs, de ces officiers en tenue réglementaire, et portant à la main quelque chiffon, acheté sans doute à bon marché au bazar voisin, pour le marmot, ou un mouchoir précipitamment noué, et trahissant, par un des angles, la nature de son contenu! C'étaient les vivres que le pauvre homme venait de recevoir à la cantine et qu'il allait, en hâte, porter à son humble foyer. Car, d'ordinaire, il n'a guère que sa solde pour faire aller le ménage. Aussi, payée trop fréquemment de la façon que je viens de décrire, au premier enfant c'est la misère; et alors, pour l'infortuné, commence la série inépuisable des angoisses sans trêve, des expédients sans réserve.

Poussés par le désespoir, quelques semaines avant mon arrivée à Bagdad, une députation de ces officiers, dont les corps y tenaient garnison, s'enhardit jusqu'à aller trouver le gouverneur. En quelques mots pleins de timidité, de résignation même, ils lui exposèrent leur épouvantable situation, la détresse de leurs femmes, de leurs enfants, ne réclamant qu'un faible à-compte, afin de satisfaire aux nécessités les plus urgentes...

Fureur du pacha, qui éclate et se met à les injurier. Pour unique réponse, ils entr'ouvrirent leur tunique en silence : dessous, ils n'avaient point de chemise !

Si cette sublime abnégation de l'armée est la vertu du plus grand nombre, cependant il en est, dans ses rangs, qui ne s'accommodent pas toujours des sacrifices et des privations qu'elle impose. Les bandes de brigands qui infestent le pays et viennent, jusqu'aux portes des villes, braver l'autorité, se recrutent surtout parmi ces mécontents. La terreur qu'elles ont fini par inspirer est grande, et autour de moi, les récits de leurs hauts faits ne tarissaient plus. Les insurrections arabes étaient bien loin.

A deux ou trois jours au nord de Bagdad, sur la frontière persane, non loin de la place importante de Kerkouk, est une petite ville appelée Suleïmanié. Dans les montagnes environnantes, depuis des siècles, réside la tribu khurde des Hamaouanns. Depuis des siècles également, elle est notoirement connue comme une tribu de voleurs; mais le chiffre des individus qui la composent en est relativement minime, deux cents à trois cents hommes au plus, et en raison de cette infériorité numérique, tout en donnant carrière à ses habitudes traditionnelles, elle ne s'était, jusque-là, jamais livrée contre ses ennemis à des agressions trop déclarées. Tout à coup l'attitude de ces bandits changea, leur effectif aussi. Bientôt ils poussèrent des pointes menaçantes en rase campagne. On les vit attaquer ouvertement des convois, des caravanes, des villages.

Leur chef, le cheick Djouannir, se promenait insolemment dans la contrée comme un général d'armée, pillant, rançonnant, et suivi de plus de deux mille hommes. Où les avait-il raccolés?

Tout simplement parmi les troupes régulières, dont une partie, officiers et soldats, avait fini par préférer, sous ses ordres, une existence d'aventures, où les profits ne se marchandaient pas, à l'obéissance passive d'un métier pénible qui ne rapportait rien. Au début, c'était par pelotons, avec armes et bagages, qu'ils désertaient. A mon arrivée, il y avait dix-huit mois que durait cet état de choses. On exerçait, il est vrai, une surveillance vigilante pour arrêter le mouvement qui entraînait les hommes vers Djouannir; mais rien n'y faisait. Lorsque, n'ayant pu s'échapper autrement, ils arrivaient chez lui les mains vides, le moyen de les armer était tout trouvé : leurs complices naturels n'étaient-ils pas demeurés derrière eux dans la ville? On y expédiait alors un émissaire. Celui-ci s'abouchait avec un officier de bonne composition, et, moyennant six livres turques, c'est-à-dire cent quarante-trois francs pièce, munitions comprises, il lui achetait dix, quinze, vingt fusils de sa troupe. On m'en a signalé un qui s'en était ainsi procuré cinquante d'un seul coup. D'autres fois, une opération heureuse suffisait pour armer en quelques instants toute une bande. C'est ainsi qu'un jour, un bataillon de trois cent cinquante hommes sortit de Kerkouk pour aller les combattre. Quarante-huit heures après, ils rentraient piteusement, après avoir livré leurs armes, sans avoir même fait mine d'attaquer. C'était déjà bien heureux qu'ils n'eussent pas, en masse, passé à l'ennemi.

Cette impuissance de l'administration avait, on le

conçoit, enhardi singulièrement l'audace de ces brigands. Toute la plaine leur était soumise, le commerce n'existait plus, les relations étaient suspendues ; nul n'osait se risquer au dehors, de peur d'être volé et assassiné. Djouannir prélevait des contributions régulières sur les villages, et brûlait ceux où il rencontrait de la résistance. Il arriva ainsi jusqu'à Tessinn, à un quart d'heure à peine de Kerkouk. Cette ville est la résidence d'un pacha et de tout le cortége ordinaire d'une aussi haute dignité : état-major, gendarmes, troupes, artillerie, etc. Les lueurs de l'incendie annoncent l'approche des Hamaouanns. Le fonctionnaire monte sur la terrasse de son palais, et de là, en effet, il distingue, au milieu des flammes, les assaillants en liesse.

Quelles mesures croyez-vous qu'il prit ?

— Oui ! oui ! ce sont bien eux, ces bandits, ces misérables, s'écria-t-il. Vite ! qu'on ferme les portes de mon palais et celles de la caserne ! Que personne ne sorte ! Ils sont capables de venir jusqu'ici...

Et ce fut tout. Les gens de Djouannir se bornèrent à envoyer quelques décharges inoffensives contre les murs derrière lesquels leur ennemi se tenait coi. Ils n'avaient pas encore de canons. Puis ils se retirèrent, non sans avoir soutiré une bonne somme aux habitants que le sérail n'avait pu recevoir.

Eux partis, ceux-ci se fâchèrent, cette fois. Les plus notables se rendirent auprès du gouverneur :

— Tu es hors d'état de nous défendre, lui dirent-ils, nous le voyons ; tu nous as abandonnés pour ne songer qu'à ta propre sécurité et à celle de tes soldats, qui se cachent au lieu de se battre. Désormais, c'est à Djouannir que nous allons payer régulièrement le tribut et les impôts que nous versons sans profit entre tes mains. Au moins, il nous épargnera, et nous ne serons plus ainsi condamnés à une double taxe dont la première ne nous sert à rien.

A ce discours d'une logique écrasante, le pacha ne trouva à répondre qu'en envoyant sa démission à Bagdad. On n'était guère mieux, dans cette capitale, à même de satisfaire aux doléances des citadins de Kerkouk. Je ne sais trop à quelle résolution l'on s'arrêta. C'était peu de jours après mon départ. Je crois que ce fut à ce moment qu'on eut l'idée d'inventer la peste.

Peut-être se rappelle-t-on, en effet, que, vers le printemps ou l'été de 1881, tout à coup un cri sinistre retentit jusqu'en Europe ; la peste nous menace! La peste est à Bagdad! Et toutes les lettres d'Orient n'arrivaient plus que lacérées de coups de couteau, passées au vinaigre, etc. C'était à prendre passage pour l'Amérique. Puis, cet émoi se calma peu à peu, le bruit s'éteignit, et finalement on n'y pensa plus. Que s'était-il donc passé?

C'est là que se révèle encore une des faces de l'exploitation systématique à laquelle l'Europe se livre, et de la désinvolture dont elle use pour se débarrasser de ses fruits secs, sur une grande échelle, au bénéfice de la malheureuse Turquie!

Avec les musulmans de l'Inde, deux ou trois fois, le choléra avait fait son apparition au pèlerinage de la Mecque. Justement effrayée de ce danger périodique, l'Europe exigea que des dispositions fussent prises pour conjurer le fléau, ou en enrayer la marche, lorsqu'il se déclarerait. Rien de plus légitime. Et comme les époques de cette grande migration de l'islam sont déterminées, rien de plus facile, aussi, que d'adopter en même temps, à ces dates-là, des mesures efficaces. Au lieu de cela, comment s'y prit-on ? Une commission sanitaire fut d'abord instituée en permanence ; mais comme le séjour de l'Arabie, théâtre du pèlerinage redouté, n'a, en somme, rien de bien agréable, on désigna Constantinople pour la résidence officielle de ce nouveau rouage cosmopolite. L'Angleterre, l'Italie, l'Autriche, la France, etc., tous les États y contribuèrent. Ajouterons-nous que ce ne furent pas les sommités médicales les plus incontestables de chacun de ces pays qui émigrèrent ? Toujours est-il qu'on stipula de plantureuses indemnités en leur faveur, et ce fut une caisse spéciale dont les revenus y demeurèrent affectés, celle de la commission sanitaire elle-même. Tout le problème se réduisait à veiller à ce qu'elle ne devînt jamais vide.

Le haut personnel une fois installé confortablement à Constantinople, c'était très-bien, mais ce n'était pas tout. Chaque ville maritime ou frontière de l'empire turc reçut alors un ou plusieurs délégués de la commission, des carabins en quête d'emplois et à l'humeur vagabonde, de toutes les facultés européennes. Était-il même bien indispensable de porter l'estampille d'une de ces officines vénérables ? Je ne me prononcerai pas ; mais j'ai connu un de ces docteurs, et ce n'était pas le plus mauvais, qui avait d'abord été employé du télégraphe, puis marchand de grains : où avait-il bien pu récolter son diplôme ? Mon « docteur » du *Séverin*[1] eût aisément trouvé une place digne de lui, dans le tas. Néanmoins, ils avaient à prendre leur rôle au sérieux

---

[1] *Obock, Mascate, Bouchire, Bassorah.*

et, avant tout, à palper de respectables émoluments. Cette condition essentielle était une garantie de leur zèle.

La caisse de la commission de Constantinople n'était pas inépuisable, en effet, et, vu le nombre des mains appelées à y plonger, il était à craindre de la voir tarir. Comment l'alimenter d'une façon à peu près assurée? La combinaison ne fut pas longue à dénicher. D'une part, en temps ordinaire, les droits fixes de patente, de visites, etc., lui furent d'abord attribués; d'autre part, en temps d'épidémie, tous les droits extraordinaires devinrent sa proie. Ce dernier article constituait la plus riche prébende, et c'était là qu'avec le titre élastique de « quarantaine » allait s'épanouir tout le beau du système. On les multiplia, les quarantaines : par terre, par mer, à pied, à cheval, en bateau, on en inventa partout. Il fallait bien prouver d'abord qu'on servait à quelque chose pour la sécurité publique, et ensuite que les coffres de la commission sanitaire n'avaient pas affaire à des ingrats ni à des imbéciles.

Par exemple, où commençait et finissait l'épidémie? Question délicate, si ce n'est indiscrète. Demandez-en la réponse à Constantinople. Naturellement c'était sur les points les plus éloignés, tels que Bagdad et le Khurdistan, qu'à cet égard, le champ demeurait le plus libre; et quelquefois les intérêts de la politique se rencontraient, pour l'étendre, avec ceux de la commission. En découvrant la peste qui, dans son rayon d'action, menaçait si inopinément la route de l'Europe, notre ami X..., sous tous les rapports, avait assez bien manœuvré. Quel était donc le soldat ou l'officier qui, désormais, irait affronter une mort certaine parmi ces Hamaouanns dont la région se trouvait signalée tout à coup comme l'antre du redoutable fléau? Et quelle mine plus féconde que les vallées commerciales de l'Euphrate et du Tigre pour en arracher des trésors?

Ce fut, effectivement, le mouvement du trafic de cette vaste contrée qui se vit le plus rudement atteint. Les caravanes ou les négociants isolés descendant des montagnes de la Perse, que frappa cette mesure, c'était relativement peu de chose. Mais il en était autrement pour ces infortunés bateliers, qui ne se doutaient guère à quel point ils apportaient la mort parmi les balles de laine, les sacs de blé ou d'orge, les marchandises de toute sorte, dont s'encombraient innocemment leurs embarcations. A peine arrivés au port, tout prêts à décharger ou à mouiller pour repartir le lendemain, ceux-là se voyaient tout à coup arrêtés par une quarantaine impitoyable. Un monsieur coiffé d'un fez, dans une barque maniée par des marins de l'État, s'approchait d'eux à trois ou quatre mètres. Plus près c'eût été imprudent; la contagion se gagne si vite!

— Holà! s'écriait-il, au large! au large! On ne débarque rien ici; on ne passe pas.

— Pourquoi?

— Parce que vous avez peut-être la peste à bord. C'est *tant* de jours d'observation.

Et chacun de ces jours, c'était aussi *tant* à payer.

Le chargement de ces pauvres diables était frappé de proscription; leur course, s'ils devaient la continuer, suspendue; eux-mêmes retenus, séparés des leurs pendant des jours, des semaines, des mois; et tout cela moyennant des taxes exorbitantes qu'en dépit de leur commerce ruiné, de leur métier entravé, il fallait acquitter, à heure fixe, entre les mains des agents de la commission. Plus d'un de ces malheureux a été contraint de vendre, avec ses marchandises, son bâtiment même pour y satisfaire, et s'est vu réduit, en quelques instants, à la mendicité. Ceux qui, plus heureux ou plus riches, après quelque temps d'épreuves et d'exactions, se voyaient enfin libres de s'éloigner de Bagdad, pour porter à Bassorah les denrées qu'attendaient des navires de l'Europe, se flattaient de trouver, du moins, quelque rémunération dans la reprise de leurs affaires. Vaines illusions! A Bassorah, répétition de la comédie de Bagdad. En vain invoquaient-ils la quarantaine déjà subie, les droits déjà payés. Réclamations inutiles. Tout était à recommencer, et surtout à repayer. Une fois le *veto* de la compagnie proclamé, et le cadavre dénoncé, il n'y avait pas à se dédire : chacun, dans tout l'empire ottoman, en voulait sa part. Les choses allaient si loin qu'un de nos agents consulaires m'a raconté le fait suivant :

Il quittait le golfe Persique, à bord d'un navire anglais dûment examiné, visité, réglé, etc., et partant en patente nette. A Aden, port britannique, patente nette également. Mais à Suez, bien qu'on n'eût touché nulle part en route, halte-là! Cette fois on est à portée des griffes de la commission de Constantinople. Qu'importent les patentes nettes de Bassorah et d'Aden? Ici, la quarantaine est installée, et quarantaine on fera, en payant, bien entendu... Et l'on paya ainsi huit jours! Ne faut-il pas que tout le monde vive?

Par bonheur, les bienfaits de ce régime n'en étaient encore qu'à l'étude pour une date ultérieure. Je n'eus pas à m'en préoccuper. J'avais rejoint enfin, à Bagdad, M. de Sarzec, le vice-consul de France à Bassorah, et sa courageuse femme, qui ne consentait à le quitter dans aucune de ses courses aventureuses. Tous les trois, nous arrangeâmes une expédition chez les Monteficks, dans la vallée de l'Euphrate. Mais, au préalable, il nous fallait retourner à Bassorah, d'où devait s'effectuer notre départ. Ensemble nous prîmes passage de nouveau sur le *Bloss-Lynch*.

La veille, le consul général d'Angleterre à Bagdad, M. Plowden, un gentleman des plus aimables et des plus courtois, comme le sont, pour la plupart, je le rappellerai encore, les agents de S. M. la Reine à l'étranger, nous avait donné un grand dîner d'adieu. Le palais qu'il occupait sur la rive gauche du Tigre avait été jadis la résidence du représentant de la France. Mais le loyer en était trop onéreux, notre gouvernement y avait renoncé, et la Grande-Bretagne s'était hâtée d'y installer le sien. Même apparat ici qu'à Bouchire. Un cipaye, le sabre au poing, est à la porte. Dans les cours, au piquet, les chevaux des cavaliers d'escorte. Ils sont eux-mêmes sous les armes. Les corridors sont larges, les vestibules spacieux. Tout cela a grand air, un autre air, hélas! que le mesquin consulat de notre pauvre France[1]. Vastes salons, ameublement princier. Rien n'y a été épargné. C'est à la charge, il est vrai, du gouvernement de l'Inde que se déploie tout ce luxe.

---

[1] Depuis, M. de Sarzec a été nommé consul à Bagdad, et son premier soin a été de transporter le consulat de France, sur le bord du Tigre, dans l'un des palais voisins de celui d'Angleterre, avec lequel il peut, aujourd'hui, soutenir avantageusement la comparaison.

Après le repas, M. Plowden, récemment arrivé lui-même, veut nous montrer les splendeurs de sa demeure officielle. Ce fut, à l'origine, le palais d'un pacha, et la succession des appartements, grands et petits, que nous parcourons, a gardé l'empreinte des mœurs de l'Orient. Sauf dans ceux réservés à l'usage du consul et de sa famille, rien n'a été changé. La partie qui fut le harem nous montre encore ses plafonds et ses murs tout couverts de glaces découpées en facettes régulières, où l'image des visiteurs se reproduit sous mille aspects. L'éclat des lumières rejeté et répété d'un miroir à l'autre est fantastique. A tous les angles, des fontaines et des bassins de marbre. La brise du soir se joue sans obstacles sous les arceaux élevés d'une galerie, qui va finir en terrasse au-dessus même du fleuve, en encadrant de ravissants bouquets d'orangers et de jasmins dont le parfum arrive jusqu'à nous.

Nous en descendons pour gagner une petite porte cachée tout au fond, sous le feuillage. Elle est ouverte ; l'eau en baigne le seuil. Là, une embarcation nous attend. C'est celle du stationnaire anglais que notre hôte a fait gracieusement armer à notre intention, et qui va directement nous conduire à bord du paquebot.

Minuit ! La cloche sonne ! Nous frôlons la silhouette immobile du petit clipper consulaire. Il est nuit, son pavillon a donc été retiré ; mais il porte à son mât la flamme de guerre. Il ne démarre pas, il est vrai, bien souvent, et il ne serait pas sans danger, je crois, de le mettre en mouvement. Tout invalide qu'il paraît, ce n'en est pas moins une force, une menace, et une fois de plus, sans la présence de nos missionnaires, le nom de la France courrait grand risque de se voir effacé par le spectre britannique.

Au lever du soleil, le *Bloss-Lynch* se met en route. Les eaux sont toujours basses ; pas de nouveaux incidents de voyage, si ce n'est des échouages plus fréquents et plus longs qu'en montant, parce qu'au lieu de venir en aide à nos efforts, le courant nous pousse et tend, ai-je déjà dit, à nous enfoncer plus profondément dans la vase. J'avais mis cinq jours pour remonter le Tigre; nous en mettons sept pour le redescendre!

A Bassorah, je retrouve mon monde en bon état; tout est en ordre. Sans plus tarder, nous nous mettons à l'œuvre sur-le-champ pour combiner notre grande excursion dans la vallée de l'Euphrate.

CHAPITRE VII

Départ pour le pays des Monteficks. — Gourneh. — Notre escorte indigène. — Les pirates de l'Euphrate. — Les machkouffs. — L'hospitalité de Cheick Hassan.

Quinze jours après, les préparatifs en étaient terminés. Ils avaient dû être de plus d'une sorte. Outre les approvisionnements de toute nature dont nous étions tenus de nous munir, il eût été imprudent, sinon impossible, une fois Gourneh franchi, de chercher à remonter l'Euphrate, sans s'être, au préalable, assuré de l'assentiment et de l'accueil des chefs indigènes. M. de Sarzec s'était chargé de ce soin. Il avait écrit à Phalah-Pacha, prince des Monteficks, dont d'anciennes relations l'avaient déjà rapproché, afin de lui demander l'autorisation de se rendre à Nasrieh, sa capitale, et le prier de donner des ordres pour que nous n'eussions pas à rencontrer, sur notre route, l'hostilité des populations. Car c'est en vain que les Turcs s'intitulent les maîtres de ces contrées, il n'en est pas moins vrai que le pouvoir effectif des représentants de leur autorité ne dépasse pas les bords du Tigre, et que toutes leurs escortes eussent été impuissantes à nous ouvrir, plus loin, aucun accès contre la volonté des chefs arabes qui, seuls, y dominent vraiment. Notre consul ne l'ignorait pas; aussi s'était-il empressé de décliner les offres spontanées que le gouverneur de

Bassorah lui avait gracieusement faites à cet égard; et la réponse courtoise de Phalah-Pacha, qui poussait la prévenance jusqu'à nous envoyer un de ses officiers, était un passe-port autrement précieux que tous les firmans officiels, ou même les soldats dont l'amour-propre du pauvre fonctionnaire ottoman insistait pour nous encombrer. Il se rabattit du moins sur le gouverneur de Gourneh, son subordonné, et celui-ci reçut les ordres les plus précis pour avoir à nous traiter en raison de notre importance. Ce n'était pas peu dire, qu'on le croie bien.

Par un beau soir de novembre, nous nous embarquons enfin. Le pavillon national au vent, ma chaloupe avait, dans la journée, essayé ses forces. Tout allait bien. Elle traînait à la remorque trois belems chargés de nos bagages, de nos provisions, et d'une partie de notre personnel. A l'arrière de l'un d'eux, une tente à peu près close avait été installée, en guise de cabine, pour madame de Sarzec. *Khurdi,* le chien consulaire, était gravement assis sur une caisse, veillant à la sécurité commune. Nous profitons de la marée haute, et vers les cinq heures nous dérapons.

Entre ses deux rives couvertes de dattiers, les eaux du fleuve s'étalaient majestueusement; le temps était pur; la navigation promettait d'être heureuse; et à l'ombre de nos chères couleurs françaises que, pour la première fois, un vapeur allait montrer à ces régions si peu fréquentées, nous nous sentions tous pleins d'entrain et d'espoir!... Hélas! les trois compagnons qui me suivaient alors sont morts. C'étaient le capitaine Gassion, mon interprète, et mon ordonnance Large. Des membres européens de notre petite expédition, il ne reste plus que M. et madame de Sarzec et moi. Les atteintes du climat sont plus sûrement meurtrières, là-bas, que les embûches des indigènes. Pauvre Gassion! Pauvre Large! Que d'heures insouciantes nous avons pourtant vécu ensemble! Et comme le regard s'attriste s'il retourne en arrière, au souvenir des tombes qu'on laisse derrière soi!

La nuit venue, une lune splendide éclairait l'horizon. Nous ne nous arrêtâmes qu'à onze heures, au moment où la marée descendante devint un obstacle à notre marche. Nous jetâmes l'ancre sur la rive droite. Pas un arbre en cet endroit. La berge plate et unie dominait de haut le niveau du Chatt. Nous nous y endormîmes, Gassion et moi, aux cris répétés des chacals qui rôdaient aux alentours, pendant que les autres se ménageaient un lit, comme ils pouvaient, au fond des embarcations. A l'aurore, nous repartions, pour n'arriver, cependant, à Gourneh qu'à cinq heures du soir. La chaloupe trop chargée ne luttait qu'avec difficulté contre la violence du courant. Nous avions parcouru une cinquantaine de milles, depuis Bassorah.

Gourneh était pour moi une vieille connaissance, — approximativement, comme dirait le sergent du 101ᵉ de ligne. — Je l'avais déjà aperçu, on se le rappelle, c'est-à-dire que j'aurais pu l'apercevoir, à travers l'obscurité de la nuit, quand je remontais à Bagdad, et que nous y stoppâmes, le temps de débarquer l'équipe des matelots anglais et leur baril de bière. Cette fois, à la clarté du jour, je le vois distinctement, et j'en embrasse tout le panorama. En face de nous, un promontoire couvert de verdure, avec quelques constructions à la pointe, sur le bord de l'eau, cabanes ou maisons de pierre ; et à droite et à gauche, les deux cours d'eau du Tigre et de l'Euphrate, dont les flots se confondent tumultueusement, pour ne plus former qu'un fleuve immense, le Chatt-el-Arab, sur lequel se balance notre flottille. Comme surface, c'est presque un bras de mer.

Le remous est terrible ; il nous faut plus d'une demi-heure pour franchir les quelques encablures qui nous séparent du rivage. Nous y voilà, enfin. Toute la population et toute la garnison étaient là, accourues au spectacle de notre atterrissement, une centaine de personnes, au bas mot. Le secrétaire du gouverneur vient nous saluer et nous conduit auprès de son supérieur. Celui-ci nous attendait dans son divan. Il se montre d'une affabilité empressée, à laquelle nous étions préparés. Nos appartements sont prêts. Dans une heure, le souper sera servi.

En d'autres mains que celles des Turcs, Gourneh serait un point stratégique d'une extrême importance, commandant, simultanément, la double vallée de l'Euphrate et du Tigre, et la mer. Mais, actuellement, ce n'est qu'un village misérable, où végète un petit gouverneur maladif de sixième ordre, dont le rôle consiste à surveiller platoniquement les tribus indigènes des environs, et à réclamer, quand il le peut sans danger, ce qu'elles veulent bien payer d'impôts au gouvernement qu'il représente.

Tout l'intérêt de Gourneh se réduit aux prétentions de la tradition locale qui veut y voir l'emplacement du paradis terrestre. Sur la rive droite du Tigre, un peu à l'écart des dattiers qui en constituent à peu près l'unique végétation, se montre même encore l'« arbre de la science du bien et du mal ». La piété ou la curio-

GOURNEH. — LE PARADIS TERRESTRE.

sité y amènent journellement des visiteurs qui, comme moi, en arrachent quelques feuilles, ou en détachent des fragments d'écorce.

Bien que les rameaux soient tout verts, le tronc en est tordu et à demi brisé par la vieillesse. A quelle date remonte-t-il, en réalité? De grosses souches dont, tout autour, le sol se boursoufle, et qui tiennent distinctement à ses racines, attestent qu'il n'est lui-même que le rejeton ancien d'une tige unique, se consumant pour se reproduire tour à tour, comme au sein des forêts vierges. Ce cachet de haute antiquité pourrait paraître suffisant pour assurer à ce débris ruiné le respect du vulgaire, et, à défaut d'un titre plus authentique, le revêtir d'un caractère vénérable. Mais quant à son origine, hélas! il faut l'avouer, ce n'est ni le pommier que la Bible nous enseigne, ni le figuier que d'autres y substituent; c'est tout simplement un acacia. Peut-être, accordons-le, est-ce le travail miraculeux des siècles qui, en en modifiant ainsi l'essence, l'a, en même temps, dépouillé du fruit auquel le genre humain doit, à la fois, tant de peines et tant de jouissances. Le problème est délicat. N'insistons pas.

Gourneh est la dernière des stations habitées où peuvent remonter les gros bateaux. Au delà, le Tigre et l'Euphrate séparés n'ont plus, chacun en trop d'endroits, qu'une profondeur insuffisante. C'est à partir de là, jusqu'à Bagdad, que commencent le patrimoine des Arabes farouches de l'intérieur, et le règne à peu près sans frein ni contrôle des grands chefs. Et nous voilà en plein dans cette Mésopotamie où s'essayèrent les premiers pas de l'humanité; qui, après avoir été celle des patriarches, devint successivement la terre des Chaldéens, des Assyriens, d'Alexandre et des Parthes; où les Romains envoyèrent leurs légions; où grandit, plus tard, l'empire légendaire des Khalifes, et qu'aujourd'hui la barbarie recouvre de son aile.

Tandis que notre couvert se met et que le *pilaw* cuit, nous poussons une reconnaissance jusqu'à l'arbre de la science du bien et du mal. Si notre foi ne tire pas grand profit de ce petit pèlerinage, notre appétit du moins n'y perd rien, et nous en revenons bien disposés en faveur de la table de Son Excellence. Hélas! il lui faut ce condiment indispensable pour nous en faire accueillir l'ordinaire avec une indulgente bienveillance. Le repas est détestable. C'est la première étape de tous les mauvais diners qui nous attendent sur la route. Le gîte ne nous paraît pas beaucoup plus confortable. Un épouvantable orage surgit au dehors; des rafales de vent s'engouffrent sous les portes mal jointes et au travers des vitres brisées; la pluie fouette les carreaux absents et inonde le sol de notre salle à manger improvisée... Et dire que dans deux heures ce sera là notre chambre à coucher! L'humidité nous pénètre, le froid nous saisit. Bah! qu'importe en voyage? Demain il fera beau. Nous essayons de nous consoler et de nous encourager de notre mieux.

Tout à coup la porte s'ouvre; c'est un domestique du gouverneur qui vient, de la part de son maître, prendre nos ordres pour le départ du lendemain, et s'informer s'il nous serait agréable de recevoir, auparavant, les gens que le prince des Monteficks a envoyés à notre rencontre. Nous allons les rejoindre dans la pièce voisine, où le fonctionnaire ottoman est en train de leur faire mille politesses pour se concilier leurs bonnes grâces.

Ils sont au nombre de quatre. A notre entrée, le

chef de la troupe se lève et vient nous serrer la main, avec une dignité qui n'est pas sans mélange de hauteur. Ce n'est, pourtant, qu'un tout jeune homme, de seize à dix-huit ans à peine. Bien que d'une étoffe un peu moins commune et plus fine que chez ses compagnons, ses vêtements sont ceux de l'habitant du désert : sur les épaules, le burnous en laine écrue ; dessous, la chemise de coton blanche ; sur la tête, le madras rouge et l'épaisse corde en poil de chameau enroulée tout autour. Un des siens tient à la main son sabre au fourreau garni d'argent, avec une lourde tresse de soie ponceau fixée aux anneaux, pour se le passer au cou dans les grandes occasions.

D'une délicatesse exquise, les traits de cet enfant sont remarquablement beaux. C'est le type arabe dans ce qu'il a de plus pur. Son visage, aussi blanc que les nôtres, est éclairé de deux grands yeux noirs, du fond desquels s'échappe un regard impérieux, avec je ne sais quel reflet de farouche dédain. Ses manières sont empreintes d'une morgue souveraine. C'est qu'il a conscience de son rang. Car nous avons l'honneur de saluer en sa personne le propre neveu de Cheick Hassan, le puissant chef des Beni-Saïd, un des principaux seigneurs des Monteficks, sur les domaines duquel nous entrerons demain. Peut-être n'est-il pas, non plus, sans s'exagérer quelque peu, à ses propres yeux, l'importance du rôle temporaire que lui a dévolu la confiance de son oncle, de par les ordres suzerains de Phalah-Pacha.

C'est à lui que revient, en effet, le soin de veiller sur nous, sur notre convoi, et, en conjurant les attaques ou les embûches des tribus dont nous allons franchir le territoire, de nous amener sains et saufs à la capitale de Cheick Hassan. Sa suite l'entoure d'une déférence respectueuse, et applaudit docilement à ses paroles.

Les premières salutations échangées, et les compliments de son oncle transmis à M. de Sarzec, qui en est connu de longue date, il veut bien nous mettre au courant de ses intentions. Il faut que nous partions de bonne heure, avant l'aube, s'il est possible; car la résidence de Cheick Hassan est loin, et il ne nous dissimule pas que les parages où nous allons nous engager sont dangereux. Les pirates foisonnent dans cette partie du fleuve; les roseaux touffus dont y sont couverts les bords recèlent de nombreuses embarcations de maraudeurs, sans cesse à l'affût du pillage ou en quête d'une proie, et il importe d'en être sortis avant la nuit. Tout cela, il nous le débite avec une assurance que souligne l'approbation de ses auditeurs, tout en protestant de son ferme désir de n'agir qu'au gré de nos convenances. Il a été envoyé pour se mettre à notre disposition et se conformer aveuglément à nos volontés. Il se tient donc à nos ordres.

Nous nous rangeons à son avis. Je fais venir mon mécanicien et lui donne mes instructions pour que tout soit prêt à trois heures du matin. Puis, après quelques tasses de café, des salamalecs sur tous les tons, et des souhaits de la part du gouverneur auquel nous refusons, une dernière fois, ses soldats, nous allons nous coucher. Nous coucher, dis-je! c'est-à-dire que nous allons nous jeter sur deux ou trois divans tout disloqués où, les trous de nos fenêtres à peu près bouchés, nous espérons enfin, vers minuit, goûter quelque repos. Et en effet, à cette heure-là, silence complet, chacun repose. Mais voilà qu'à peine assoupis, un grand bruit nous réveille. Quelqu'un est là à ma porte appelant, frappant, cognant... C'est mon mécanicien qui nous crie que tout est prêt, que le jour va se lever, qu'il faut partir. Nous nous bousculons; nous nous précipitons. Nous ne voulons pas fournir un aliment légitime aux craintes et peut-être au mécontentement de notre guide impatient. Nous voilà debout, et alors, une fois sur pied, nous songeons à consulter nos montres : il n'est qu'une heure au plus. Le zèle de mon homme a devancé l'aurore. Un peu de feu, quelques tasses de café nous aideront à prendre patience.

A deux heures et demie, nous nous installons dans nos embarcations. Le jeune Cheick ne va pas tarder, sans doute, à paraître. Il est allé demander l'hospitalité à un parent, dans le voisinage. Quatre heures sonnent, il n'est pas encore arrivé; nous l'envoyons chercher. Enfin, le voilà qui s'avance tout doucement, sans se presser, avec la même hauteur insouciante, la même démarche dédaigneuse, la même escorte servile. A quoi bon tant de hâte? Il avait sommeil et il a dormi... Ses alarmes de la veille ont fui avec les ténèbres, et c'est au grand soleil que, après avoir dit adieu au Chatt-el-Arab, la vapeur de notre chaloupe jette ses premières bouffées aux rives marécageuses de l'Euphrate.

Les dattiers et la verdure de Gourneh ne nous accompagnent guère plus d'une demi-heure de chemin. Ensuite, aussi loin que la vue peut s'étendre, de toutes parts une plaine immense, uniforme, de roseaux élevés, dont la surface se ride çà et là au souffle du vent, et au travers de laquelle le courant du fleuve dessine un large et imposant sillon. Par intervalles, une échancrure étroite nous montre ses eaux en pénétrant la masse épaisse, pour y tracer des canaux et y ménager des refuges. Ce sont là les repaires des pirates. Derrière le rempart de cette végétation puissante, l'oreille tendue, le regard aux aguets, ils en surveillent le cours, interrogeant l'horizon, âpres, calmes et patients. Des heures, des journées, des nuits s'écoulent ainsi, sans rien amener à leur portée, ou sans que ce qui circule sous leurs yeux présente assez de chances de succès, car ils n'opèrent qu'à coup sûr.

Voilà, en effet, de grandes barques, dont un trop nombreux équipage rendrait sans doute l'attaque périlleuse. Elles passent sans soupçon du danger qu'elles frôlent. Mais en voici d'autres plus petites, bien que la marche alourdie en révèle l'importance de la charge. Personne en avant, personne en arrière; elles voguent isolées, hors de tout secours, de toute protection. Cette fois, rien à craindre, la capture en est assurée. Vite, les uns aux armes, les autres aux environs ; et la pirogue, aussi effilée et légère que l'oiseau de proie, glisse au milieu des tiges flexibles qu'elle froisse à peine, pour arriver jusqu'au lit du fleuve d'où elle fond alors, aussi rapide que l'éclair, sur les malheureux bateliers sans défiance.

Ce fragile esquif, dont on retrouve également le modèle sur les bas-reliefs de Ninive et de Babylone, semble taillé exprès pour le genre d'industrie de ses propriétaires; des nattes de roseaux, reliées par une membrure d'autres roseaux en faisceau, le tout recouvert d'un enduit de bitume, rien de plus!... Étroit et long, on ne peut s'y tenir qu'accroupi, et le moindre faux mouvement expose à un naufrage. Le plus difficile est d'y prendre place; mais une fois assis et un pagayeur aux deux extrémités, on file comme une flèche. Cela s'appelle un *machkouff*. Pour les riverains de l'Euphrate, c'est le cheval des autres tribus arabes. Chaque famille tant soit peu à l'aise a le sien. Les pauvres s'associent parfois pour en posséder un. N'est-ce pas, en effet, ici, l'instrument indispensable à l'existence journalière? Quelles voies suivre pour sortir de chez soi, si ce n'est le fleuve et ses milliers de bras qui se perdent sous les joncs, si ce n'est ses marécages auxquels se dispute et s'arrache à grand'-peine le coin de terre assez solide pour y construire une cabane? Il est des machkouffs de charge pour le transport des marchandises, plus larges et plus lourds, des machkouffs de course aux flancs allongés et minces, comme il est ailleurs des bêtes de somme, des chameaux pour les caravanes, et des coursiers ou des dromadaires pour le combat.

Celui qui a amené notre escorte à Gourneh, remorqué maintenant par la chaloupe, est de cette dernière catégorie. Il appartient à Cheick Hassan, et le souvenir de plus d'un épisode sanglant se rattache sans doute à son histoire : car, tout en traitant certaines gens de pirates, lui-même et les siens n'ont jamais exercé d'autre métier. Ceux-là ne le deviennent à ses yeux que du jour où, pour le pratiquer à leur bénéfice exclusif et s'affranchir d'un contrôle onéreux, ils tentent de se soustraire à son autorité.

Ces populations, dont nous traversons le territoire, sont, en effet, une fraction de la grande nation des Monteficks; et leurs petits cheicks locaux relèvent tous de Cheick Hassan, comme celui-ci relève lui-même du prince Phalah-Pacha. C'est, une fois de plus, la loi féodale, ainsi que je l'expliquerai plus tard, qui régit ces contrées, avec tous les rouages des droits et des devoirs suzerains, toutes les obligations hiérarchiques de la vassalité, comme aussi avec tout le cortége des rivalités et des compétitions individuelles qu'elle entraîne. En dehors du sentiment de haine contre les Turcs, commun à tous, pas d'autre lien entre les uns et les autres que celui de la crainte. Malgré l'uniformité de l'origine, de chef à chef, de famille à famille, de village à village, ce sont des guerres, des hostilités, qui se perpétuent et ensanglantent toute une région, jusqu'au jour où un plus puissant se décide à intervenir et à frapper, non pour rétablir une paix chimérique, mais pour rappeler les turbulents au respect qu'ils lui doivent. Comme son père, le terrible Nacer-Pacha, Phalah est intraitable sur ce chapitre. Ce qu'il a exercé d'implacables sévérités à cet égard est incalculable. On cite de lui des traits de froide cruauté à faire trembler les plus mutins. Aussi, de Babylone à Gourneh, ses ordres sont exécutés avec une ponctualité devant laquelle plient toutes les résistances. Sans cela, au lieu d'être assis à nos côtés pour nous défendre au besoin, les hommes de Cheick Hassan se cacheraient, avec les autres, derrière les roseaux, prêts à tomber sur nous à l'improviste.

Le lit du fleuve est large en cet endroit. Nous en occupons le milieu, et, de la rive, le caractère de notre flottille ne se devine pas bien clairement. Cette incertitude nous vaut une visite inopinée. Un léger machkouff, monté par cinq hommes, s'en détache furtivement et fait mine de s'approcher de nous. Ce sont les éclaireurs des pirates qui viennent nous reconnaître.

Ils piquent d'abord droit sur nous; puis, tout à coup, ils s'arrêtent, et se mettent à louvoyer quelques instants sur une ligne parallèle à la nôtre. Notre aspect les surprend; il leur paraît étrange... Ce petit bateau à vapeur et ces belems, ces machkouffs, marchant de conserve, qu'est-ce que cela peut bien être? Ils nous observent, ils nous étudient. Puis ils finissent, sans doute, par distinguer les gens de Cheick Hassan, ou tout au moins ils se méfient, et les voilà qui virent de bord subitement pour fuir comme une mouette, et rallier leur repaire. Pas d'autre alerte de la journée. Une demi-heure après, nous croisons un second machkouff. C'est autre chose, celui-là. Il est beaucoup plus grand. Sa marche est pesante. Il est lourdement chargé, et porte des grains à Gourneh. Un mât se dresse au milieu, et le vent enfle doucement la voile latine à laquelle il obéit. Le reïs, assis à l'arrière, la barre entre les jambes, fume avec insouciance un chibouck. Il nous salue en passant. Nous lui signalons le danger, et l'engageons à se tenir sur ses gardes. Il nous remercie et nous répète qu'Allah est grand!

Au bout de quelques heures, la ceinture de roseaux cesse enfin; quelques têtes grêles de dattiers se montrent au-dessus; puis, à notre gauche, les plantations deviennent plus touffues; le paysage s'égaye; des bouquets de bois l'animent, et, au travers des arbres, nous apercevons des chaumières, un village. C'est Médine. En arabe, ce mot veut dire *ville, endroit habité.* L'imagination indigène ne s'est donc pas mise en frais pour baptiser celui-là. Il entre dans notre programme d'y faire une courte halte pour déjeuner. Ce sont nos hommes d'escorte qui l'ont décidé. Nous comptons sur eux pour nous procurer des provisions. Ils débarquent et s'éloignent à cet effet. Nous attendons leur retour dans nos bateaux; le sol est marécageux, et le pittoresque des lieux ne nous pousse pas à les suivre. Au bout d'une heure, durant laquelle nous avons passé le temps à maugréer, ils reviennent les mains vides. Rien à acheter dans le village, pas un poulet, pas un œuf. Notre repas se compose d'une boîte de sardines entre six, et de quelques morceaux de biscuit desséché. Il n'y a qu'à se résigner et à repartir aussitôt.

Jusqu'à présent, ma chaloupe se comporte assez bien. J'avais engagé à Bassorah, pour la conduire, un mécanicien qui avait servi assez longtemps en cette qualité à bord d'un des bateaux turcs du service du Tigre. C'était un chrétien. En général, les aptitudes des chrétiens pour les travaux suivis, réguliers et délicats, sont de beaucoup supérieures à celles des musulmans. C'est affaire de race et peut-être d'éducation. Ils apportent plus de soin à ce qu'ils font, et les travaux mécaniques, notamment, s'harmonisent mieux avec les dispositions naturelles de leur intelligence. Sauf dans la marine militaire ottomane, où ils ne sont pas admis, il est bien rare que le maniement des machines de tout genre, à bord ou à terre, soit confié à d'autres mains qu'aux leurs, quand ce n'est pas à des Européens. Le mien était d'apparence douce et soumise, son expérience et sa pratique suffisantes. Avec quelques indications nécessitées par le mécanisme spécial de l'appareil qu'il avait à manœuvrer, il ne s'en tirait pas trop mal. Nous voguions donc paisiblement. Au bouquet de dattiers de Médine avait succédé de nouveau la ceinture de roseaux qui, sur les deux rives, nous voilait l'horizon. Pas d'autres distractions au regard que les troupes de macreuses dont la tache noire marbrait, çà et là, la surface unie des flots.

Amarrées, derrière et aux flancs, à leur remorqueur par des câbles solides, les quatre embarcations indigènes se trouvaient assez rapprochées pour qu'on pût facilement passer de l'une à l'autre. C'était un va-et-vient continuel, et la meilleure entente régnait entre nos hommes et ceux de Cheick Hassan. A demi couchés sur des matelas et des tapis au fond de leur cabine, M. et madame de Sarzec causaient avec Gassion et moi, qui, assis à l'arrière de notre chaloupe, nous trouvions à leur hauteur. De temps à autre, nous échangions même des visites, et parmi le personnel indigène, ce n'était point une médiocre faveur que d'être admis, par moments, à l'honneur de venir nous contempler de plus près. Notre jeune guide n'accordait pas volontiers à ses compagnons le privilège de le partager avec lui. Lorsque l'un d'eux s'aventurait à toucher l'un de nos ustensiles ou de nos brimborions, il savait parfaitement l'écarter du geste et lui arracher l'objet de sa curiosité. Mais, avouons-le tout de suite, ce n'était pas dans le but de nous servir; ce n'était qu'afin de mieux se réserver le monopole des demandes indiscrètes. Ma montre, entre autres, excitait violemment sa curiosité. Il la palpait, la flairait, la retournait, l'approchait de son oreille, puis la flairait encore et la soupesait. Enfin, après s'être informé, à plusieurs reprises, si elle était bien en or :

— Je n'ai pas de montre, moi, me dit-il tout à coup. Donne-moi celle-là.

— Non, pas celle-là, répliquai-je. Je la tiens de mes ancêtres, et je veux la garder.

Les Arabes ont un grand respect pour la mémoire de leurs pères, et tout ce qui leur vient d'eux. Ma réponse lui ferma la bouche. Mais sa demande rentrait trop dans les mœurs de l'Orient sauvage pour me surprendre. A Paris, avant de partir, j'avais prévu le cas, et pour me mettre en état de satisfaire aux exigences de cette nature, que j'étais sûr de rencontrer sur mon chemin, j'avais fait fabriquer une certaine quantité de montres en nickel, avec les chiffres du cadran en arabe. Je lui en fis offrir une de celles-là. Il la regarda sans mot dire; puis, avec une moue significative, il la rendit à mon interprète. Ce n'était pas de l'or, il n'en voulait point.

Après un instant de silence et probablement de déception, il changea ses batteries. Nos armes, aux uns et aux autres, étaient devenues le sujet de son admiration, et sans aucun doute, de sa convoitise. Pour provoquer ma confiance, il avait commencé par me montrer les siennes. Son sabre était superbe : l'argent du fourreau ciselé et repoussé, la lame ancienne et toute damasquinée; une vraie merveille! Je ne lui marchandai pas mes compliments. Il écoutait d'un petit air indifférent et superbe; puis lorsqu'il l'eut restitué à l'écuyer qui ne s'en séparait pas plus que l'officier de M. de Malborough, ce fut le tour des miennes.

J'avais un revolver excellent, d'un système nouveau, quelque peu compliqué; il essaya bien d'en comprendre la manipulation; mais, après que je le lui eus monté et démonté une fois ou deux, n'y parvenant pas davantage, il me le rendit sans autre observation. La boîte de mon fusil éveillait son attention; mon domestique venait de l'entr'ouvrir. Pour être enfermé avec tant de précaution, quel joyau ne devait-ce pas être! Il fallut le lui sortir et l'ajuster. C'était un fusil à deux coups, à percussion centrale et à culasse mobile, une arme remarquable en effet. Lorsqu'il en eut bien fait jouer les batteries, mesuré le calibre, qu'il l'eut couché en joue, qu'il en eut détaillé la crosse et les ornements :

— Donne-moi ton fusil, articula-t-il sans autre cérémonie, et avec le même flegme qu'il eût mis à me demander une allumette.

— Non! j'en ai besoin. Je veux le garder.

Il n'est pas de plus effrontés mendiants que ces gens-là. C'est dans les mœurs, c'est dans le sang. Du petit au grand, du chef le plus riche et le plus puissant, au vagabond le plus misérable et le plus déguenillé, chacun tend la main, chacun sollicite le don de ce qu'il voit. Chez tous, les appétits sont les mêmes, la formule seule varie ; suivant la position du quémandeur, il prie ou il réclame. Le ton de mon jeune homme tenait le milieu entre les deux. Accéder sans discussion à toutes les exigences serait une imprudence. Il en est, il est vrai, auxquels il faut satisfaire sans marchander ; la plupart veulent, au contraire, être repoussées péremptoirement. C'est une question de tact et de flair. Tel qui demande un arsenal en vient à se contenter d'une cartouche. Avec celui-ci, je finis par m'en tirer moyennant une livre de poudre anglaise.

Dans la soirée, l'aspect de la rive droite se modifie à son tour. Voilà quelques rares dattiers et des chaumières blotties sous leur feuillage. Pendant plus d'une demi-heure nous côtoyons une série de hameaux qui se touchent, et dont la continuité forme un contraste gracieux avec l'uniformité des marais avoisinants. Ce sont les domaines immédiats de Cheick Hassan. Sa résidence propre ne tardera pas à apparaître. L'animation nous semble assez grande. De nombreux machkouffs sont au mouillage. Quelques-uns circulent d'un point à un autre. Il en est en construction sur le rivage. Notre vue provoque la curiosité générale; hommes et femmes sortent de leurs demeures; les enfants nous suivent en courant sur la grève. Mais s'il y a de l'étonnement, il n'y a pas de surprise; on nous attendait.

Bientôt nous atteignons une petite langue de terre couverte d'édifices plus grands, plus importants. Quelque chose comme une place publique est ménagée sur la plage, et les embarcations qui s'y trouvent atterries sont plus nombreuses et plus élégantes. Le gros de la foule s'est réuni là, et surveille le fleuve. Dès que nous sommes signalés, un machkouff manœuvré par trois hommes pousse rapidement vers nous. C'est Cheick Hassan lui-même qui vient à notre rencontre.

J'ai dit[1] quel but je me proposais en pénétrant au cœur de la Mésopotamie. M. de Sarzec en poursuit un autre. L'année précédente, il a fouillé ce vieux sol où dorment les cendres séculaires de tant de générations, et dont un firman impérial lui a ménagé l'accès, pour en arracher quelques-uns des vestiges. Je raconterai plus loin quel succès récompensa ses efforts. C'est à cette époque que remontent ses bons rapports avec l'émir et les principaux cheicks des Monteficks. Il a déjà une fois été l'hôte de Cheick Hassan, et celui-ci n'a pas oublié leurs anciennes relations. C'est un homme de trente-cinq à quarante ans, de taille moyenne et d'apparence robuste. Une belle barbe lui encadre la figure. Le visage est ouvert; le teint à peine hâlé; le regard clair et brillant. On devine, au fond,

---

[1] *Obock, Mascate, Bouchire, Bassorah*, 1 volume in-18, chez Plon, Nourrit et Cie, éditeurs.

comme la flamme inassouvie de toutes les passions humaines. Il ne doit pas être prudent, tous les jours, de se fier à lui sans garantie. En ce moment, il a l'air bonhomme et satisfait. La main qu'il tend à M. de Sarzec est remarquablement fine. Chez tous ces seigneurs de la tente, les extrémités sont en effet d'une délicatesse qui trahit la pureté de la race. Aussi la poignée des sabres fabriqués à leur usage est-elle beaucoup plus petite que celle des nôtres.

Les premières paroles de bienvenue échangées, et les présentations faites, il indique à nos bateliers où se diriger pour accoster sans encombre, et file en avant. Quelques grosses pierres sans ciment et sans mortier, entassées au bord de l'eau, forment un tronçon de jetée contre lequel nous abordons. Nous sautons hors de nos embarcations; à terre, les compliments et les salamalecs avec Cheick Hassan recommencent. Chacun de nous a son tour; puis c'est celui des siens. Il faut serrer la main à un tas de coquins à mine de Pandours, de toute taille et de toute physionomie.

La série des effusions épuisée, tout le monde nous suit, avec le cheick, vers un grand édifice, à une cinquantaine de pas de l'autre côté de la place, qui domine les demeures environnantes comme le vaisseau massif d'une cathédrale au-dessus des murs d'une petite ville. Le village est, en effet, disséminé tout autour; une vingtaine de maisons basses, au plus, jetées au hasard, sur autant de tertres, que les grandes eaux recouvrent presque entièrement. Des enclos et des palissades en défendent les abords. De profonds fossés, creusés par l'action du fleuve plus que par la main des hommes, les séparent. La plupart sont occupées par la famille et les gens de

Cheick Hassan, ou appartiennent à ses parents.

Le bâtiment où il nous introduit est, en quelque sorte, la maison commune. Il ne comprend qu'une pièce, qui donne l'idée d'un vaste hangar, un long et large vestibule ouvert aux deux extrémités. Construit en forme de voûte, on dirait le hall d'un immense château. De distance en distance, des piliers à demi encastrés dans la muraille vont, en s'arrondissant, se rejoindre en haut par une disposition régulière, comme les arceaux d'une église romane s'élancent en plein cintre pour en soutenir le toit. La légèreté de cette architecture n'est point sans grâce. Pour tout, clôtures, habitations, palais communal, les matériaux sont les mêmes : des roseaux, rien que des roseaux, tressés et attachés ensemble. Ces colonnades en saillie ne sont pas autre chose que d'énormes faisceaux de ces mêmes tiges solidement serrées, et enchâssés dans la voussure.

Un tapis et des nattes nous sont apportés, et chacun de s'accroupir en cercle; pour mon compte, j'avise le tronc éventré d'un palmier et je m'y installe. M. de Sarzec et moi occupons le centre de l'assemblée. Cheick Hassan est à nos côtés, les notables ensuite, le fretin dans le fond, et la conversation s'engage. Chez les Orientaux, que rien ne presse jamais, il y en a toujours pour des heures de discours, de conférences, de salamalecs, avant de rien entreprendre. Ce qui me préoccupait, je l'avoue, c'était le dîner, et toutes ces paroles oiseuses semblaient insipides à mon estomac creux.

Il tardait cependant. Mais je connaissais trop les habitudes de l'hospitalité arabe pour douter un seul instant qu'il nous fît défaut; je conjecturais plutôt que les femmes de notre hôte étaient en train de nous confectionner un festin recherché, dont l'étude requérait du temps, ainsi que de l'habileté. Mes compagnons partageaient mon angoisse; plus d'un regard jeté à la dérobée interrogeait avec avidité les colonnes de fumée qu'on voyait s'échapper de la maison où il s'apprêtait, supposions-nous. Ah! la porte de l'enclos s'ouvre; un serviteur s'avance chargé d'un plateau... Non! c'est le café. Nous sommes loin de l'Arabie et de l'Abyssinie, c'est un breuvage cher sur les bords de l'Euphrate; on ne le distribue qu'avec parcimonie. Cheick Hassan et deux ou trois des plus marquants, seuls, s'en régalent avec nous. Les autres nous regardent. Sa munificence ne s'étend pas jusqu'à eux.

Pendant que nous sommes là à siroter notre boisson brûlante, un de ses familiers vient dire au cheick quelques mots à demi-voix. Celui-ci se met à sourire; son entourage rit aux éclats. Nous lui demandons à prendre notre part de cette hilarité.

— C'est un accident qui est arrivé ce matin aux Turcs, nous répond-il.

— Lequel?

— Vous aviez bien refusé au gouverneur de Gourneh l'escorte qu'il vous avait offerte. Mais, afin de sauvegarder la dignité de son gouvernement aux yeux des populations, ou pour obéir à des ordres supérieurs, il a tenu quand même, paraît-il, à vous l'imposer malgré vous, et à votre insu. A peine étiez-vous en route qu'il a aussitôt dépêché derrière, dans un machkouff, trois soldats, avec ordre de vous suivre constamment, d'aussi près que possible, sans éveiller votre attention, et comme s'ils faisaient, cependant, partie de votre groupe. Malheureusement pour ces pauvres diables,

les pirates qui les ont aperçus ne s'y sont pas trompés. Ceux-là mêmes, à ce qu'on m'apprend, qui étaient venus rôder auprès de vous, leur sont tombés dessus en vous quittant. Ils se sont saisis de leur embarcation, les ont dépouillés de leurs vêtements et de leurs armes, et les ont renvoyés à leur maître en cet état.

Et tous de recommencer à rire !

Mais ce que Cheick Hassan ne nous racontait pas, c'est que cette habitude de déshabiller les gens, de leur enlever tout ce qu'ils possédaient, et de les renvoyer ensuite, dans le costume du père Adam, à demi morts de faim et de mauvais traitements, lorsqu'on ne les tuait pas tout à fait, lui était aussi bien commune qu'à ceux dont il s'efforçait de flétrir les violences à nos yeux. Quelques mois auparavant, deux Européens établis à Bassorah en avaient fait la triste expérience. Sans s'être ménagé d'autre appui que l'administration ottomane, ils s'étaient hasardés à se présenter chez lui pour y nouer des relations commerciales, et munis d'une première pacotille en conséquence. Mais, à la vue du passe-port officiel, Cheick Hassan les avait fait emprisonner, leur avait pris tout ce qu'ils possédaient, et, nus comme des vers, leur avait montré le chemin de Gourneh, où ils devaient se rendre comme ils pourraient, leur laissant entendre qu'ils avaient encore à se féliciter de sa mansuétude. Les malheureux faillirent en mourir, et pendant des mois en demeurèrent malades. Ils eurent beau réclamer et se plaindre auprès du gouvernement turc, ce fut absolument comme s'ils avaient chanté.

Le même messager qui venait de raconter la mésaventure des soldats turcs ajouta ensuite qu'une autre embarcation avait été également pillée, celle, chargée de grains, des gens que nous avions rencontrés et avertis. Cette nouvelle-là fit moins rire Cheick Hassan; car ceux-là étaient de ses amis et avaient acquitté les droits entre ses mains.

A part son ton d'autorité et la déférence qu'ils lui témoignent, rien ne distingue le cheick de ceux qui l'entourent. Même costume, même tenue. Sa robe est de la même cotonnade grossière de Liverpool, à petites raies longitudinales rouges et blanches, et serrée à la taille par un de ces foulards à vingt-cinq sous dont les Anglais, comme de leur *brandy* frelaté, empoisonnent tout l'Orient; puis le burnous national que nous avons déjà vu au neveu; à l'inverse de celui d'Algérie, il est ouvert sur la poitrine, et tombe droit du cou aux pieds; les deux bras sortent par deux ouvertures ménagées à hauteur, de chaque côté, dans l'étoffe. Autour de la tête, la même corde, roulée comme un écheveau de laine sur un second foulard. Aux pieds, même absence de chaussure, des sandales à portée de la main, et fréquemment le talon à même, pressé avec laisser-aller, en guise de contenance.

Ventre affamé n'a pas d'oreilles, dit le proverbe. Néanmoins, il faut répondre à toutes les questions dont on nous assiège. Nous amenons insensiblement la conversation sur la France, sur sa puissance et son rôle dans le monde. A l'étonnement du plus grand nombre, nous apprenons à notre auditoire qu'elle compte plus de deux millions d'Arabes parmi ses sujets, et qu'elle les a arrachés à la domination des Turcs pour les couvrir, chez eux comme à l'étranger, de la même protection et du même drapeau que le reste de ses enfants. Nous racontons qu'il en est, dans le nombre, qui font partie de l'armée française, qui deviennent officiers.

— Et on les paye? interrompt-on.

— Certainement.

Cette dernière particularité porte l'admiration publique à son comble.

Cheick Hassan était mieux au courant.

— Et comment se gouvernent ces tribus? interroge-t-il à son tour.

— Par leurs propres chefs indigènes, sous l'autorité supérieure des chefs français.

— Ainsi, moi, si nous vivions en Algérie, je continuerais à gouverner les miennes?

— Sans aucun doute, en qualité de caïd.

— Et quel traitement me donnerait-on?

— Cela dépend de l'importance de ton commandement.

— Je commande à quatre mille fusils.

— Tu recevrais bien, dans ce cas, de vingt à vingt-cinq mille francs, lui dis-je, en exagérant quelque peu.

Ce chiffre parut produire une certaine impression sur l'esprit de mon interlocuteur.

— Ah! pourquoi ne sommes-nous pas en Algérie! se mit-il à soupirer.

Malgré tout l'attrait de cette conversation, l'inquiétude commençait à me gagner. Depuis longtemps la nuit était tombée, et le dîner ne venait toujours pas. Notre hôte n'a pas plus l'air d'y songer qu'à la lune dont la lumière nous inonde. Nous serions-nous bercés d'un fol espoir? Mon appréhension est partagée; car de la chaloupe nous sont adressés plus d'un message s'informant également du repas. Madame de Sarzec a dû, en effet, demeurer à bord au fond de sa cabine. La curiosité de tous ces bandits eût été à redouter pour une femme européenne, et leurs préjugés n'auraient pas compris davantage qu'elle se montrât en public. Mais le temps devait paraître long à la prisonnière, et le souci de savoir ce que devenait son mari loin d'elle s'y joignait encore.

Enfin, un second plateau fait son apparition sur la tête d'un noir. Celui-ci le dépose avec précaution devant nous. Hurrah! C'est le dîner. Voici le riz traditionnel; puis un certain ragoût de mouton aux baies aigres de genévrier. C'est exécrable. Mais, bah! tout cela passe! les sardines de la matinée sont si loin! De pain, néant. Des boulettes de riz en tiennent lieu. Au dessert, une pâte à l'essence de roses nous permet d'apprécier toute la délicatesse de la cuisine indigène, en même temps qu'elle me rappelle avantageusement la pommade des parfumeurs à bon marché... Et pour arroser tout cela, une généreuse « Euphrate 1re », sentant à plein nez la vase d'où elle sort... N'empêche que l'assistance, qui, tout à l'heure, a déjà pu nous voir prendre le café, et dont ce rôle platonique continue encore cette fois à demeurer la part, nous contemple d'un œil d'envie, ainsi qu'aux temps de la Fable, les mortels devaient, je suppose, regarder les dieux dégustant l'ambroisie.

Il était tard. Le repas fini, chacun songe à prendre du repos. Où?... Sur place. Instantanément le sol se recouvre de nattes, et la salle de réception se transforme en dortoir. Je commence dès lors à soupçonner la véritable destination de ce monument grandiose : ce n'est autre qu'un abri pour ceux qui n'en ont point, un asile gratuit pour les retardataires, — une succursale de l'Hospitalité de nuit. MM. de Sarzec et Gassion préfèrent regagner la chaloupe et nos belems.

Quant à moi, je tenais à témoigner de la confiance à nos hôtes, et à prouver que leurs mines rébarbatives ne m'intimidaient pas; je reste sans façon. Nous nous étendons, mon domestique Large et moi, non loin de Cheick Hassan, pendant que la foule des nouveaux arrivants se fraye une place à nos côtés. La lueur incertaine de deux ou trois torches éclaire la scène. A chaque instant, de grandes ombres silencieuses glissent auprès de nous; pendant une heure, le va-et-vient se prolonge. Quelques-uns, en se couchant, semblent échanger des paroles mystérieuses. Que se disent-ils? D'où viennent-ils? Il en est qui semblent surpris de nous trouver au milieu d'eux. A la fin, les voix se taisent, les feux s'éteignent, les bruits s'assoupissent; et dans cette atmosphère chargée d'émanations qui n'ont rien de commun avec la violette, au milieu de ce ramassis de forbans, pour qui la morale est lettre morte, aux yeux desquels le sang d'un homme vaut à peine celui d'un poulet, et dont le plus innocent n'a peut-être guère moins d'une dizaine de meurtres sur la conscience, nous voilà, notre vie sans défense à leur merci, à dormir aussi paisiblement que chez nous, sous l'égide toujours respectée des lois saintes de l'hospitalité.

CHAPITRE VIII

Les marais de l'Euphrate. — Les pèlerins de Kerbelah. — La fête du Moharrem. — Adieux de Cheick Hassan. — La région des lacs. — Les Beni-Khegan. — La dette du sang. — La grande branche de l'Euphrate.

Le lendemain, au moment où je m'éveillais, l'aube commençait à blanchir l'horizon. Toute la chambrée avait déjà déguerpi. Seul, accroupi sur sa natte, à l'entrée, Cheick Hassan respirait l'air frais du matin, et fumait, sans mot dire, une longue pipe dont, à dîner, j'avais remarqué le tuyau passé à sa ceinture comme un yatagan. Son neveu était auprès de lui.

— Eh bien! partons-nous? lui demandai-je.

Il nous avait, en effet, annoncé que, ce jour-là, nous aurions l'insigne honneur de voyager sous sa propre conduite.

— Pas encore. Il faut attendre la marée.

La marée de l'Euphrate! Je n'y comprenais rien.

— Quelle marée?

Sans daigner ouvrir la bouche, d'un signe de tête il me désigna le fleuve.

C'était bel et bien la marée. Notre flottille, qui, la veille, avait accosté la jetée, s'en trouvait maintenant éloignée d'une vingtaine de brasses, et l'eau clapotante et basse en arrivait à peine jusqu'au pied. Je demeurai un instant stupéfait. Nous étions à près de

100 milles (185 kilomètres) de la mer, et l'effet de la marée se produire à pareille distance, cela me paraissait incroyable. Néanmoins, il n'y avait pas à discuter; les flots de l'Euphrate, repoussés par le flux, redescendaient maintenant avec le jusant, et la force du courant, augmentée d'autant, présentait de sérieux obstacles à la marche en avant des machkouffs.

Je profitai de ce délai pour aller explorer les environs, en compagnie du jeune neveu.

Derrière la bande étroite de terrain contiguë au fleuve, où se trouvaient les maisons et les dattiers, des roseaux et encore des roseaux! Aux places nues, un sol marécageux, sans cultures, sans travaux.

— Et vos champs? ne pus-je m'empêcher de demander à mon compagnon. Vos récoltes? Où sont-elles donc?

— Nos récoltes! Nous n'en avons point.

— Et de quoi vivez-vous, alors?

— Nous semons bien du riz, me répondit-il en se reprenant; mais nos principales ressources proviennent des nattes qui se tressent avec ces roseaux, et dont il se fait, très-loin, un grand commerce. Aussi, notre vraie récolte, la voilà, ajouta-t-il en m'indiquant, du geste, la surface ondulée que zébraient le noir des épis et le jaune des tiges.

Je n'ignorais pas qu'il s'exportait, en effet, de ces parages, des quantités énormes de nattes. L'usage en est considérable dans la région. Les maisons des villages ne sont, en général, pas construites d'autres matériaux; là où nous employons, en Europe, comme couvertures, comme enveloppes, de la toile, du cuir ou des planches, là-bas ce sont des nattes. Cette explication répondait donc, jusqu'à un certain point, à ma question. Mais, en réalité, la véritable industrie de tous ces gens, c'est le vol et le pillage. Le trafic des nattes serait insuffisant à les nourrir; et c'est lorsque les eaux basses de l'Euphrate ne permettent plus au commerce de s'en servir, qu'ils n'ont plus, par conséquent, à espérer le transit des riches cargaisons dont, en les dévalisant, ils tirent leur subsistance journalière, qu'ils se résignent, à regret, à ce labeur paisible. L'étalage leur en laisse ainsi le droit, au besoin, d'invoquer l'apparence d'une vie honnête et régulière.

Malgré l'abondance et la qualité du poisson dans ces eaux tranquilles, ils ne pêchent que bien rarement. La chasse leur sourit davantage. Les marais regorgent de poules d'eau, de pélicans, d'oies, de canards, de sarcelles, etc. Ceux qui ont des fusils les poursuivent avec acharnement. C'est plus d'accord avec leurs instincts; ils voient couler le sang, et la poudre parle.

Ce fut elle qui nous rappela. Un coup de fusil retentit. C'était le signal pour appareiller. Nous nous hâtâmes de revenir. Chacun était déjà embarqué. Le rivage présentait, en amont, le même coup d'œil qu'en aval. Trois ou quatre villages perdus sous les dattiers en bordaient les anses. Même mouvement d'individus et d'embarcations. La densité de la population y paraît sérieuse. C'est sur ce noyau, ramassé autour de lui et sans cesse sous sa main, que Cheick Hassan appuie son pouvoir, et qu'il compte, pour tenir en respect les centres moins rapprochés, dont les instincts de révolte pourraient céder aux tentations de l'éloignement. C'est là que résident tous ses fidèles, ses séides ou ses complices.

En face de l'immobilité silencieuse et de la morne

uniformité de la rive droite, ce spectacle charme le regard. Mais il disparaît à son tour, et des deux côtés, la solitude reprend son empire. Plus d'êtres vivants que les bandes d'oiseaux qui s'y jouent. Cheick Hassan a emmené trois machkouffs avec lui. L'un est une petite pirogue allongée, mince, à rebords à peine visibles; on dirait une aiguille qui flotte sur l'eau, presque aussi fine, aussi légère. Plus rapide qu'un cheval de course, c'est son favori, celui-là. Dès qu'il aperçoit tout ce gibier, il me fait un signe, je le rejoins, et nous voilà sans bruit, discrets comme la vague même, à nous couler vers lui. Tout en nous tenant à hauteur, et en suivant progressivement la route, nous laissons l'escadre tracer majestueusement son sillage au milieu de la rivière. Nous, nous frôlons la terre; les tiges flexibles s'écartent et se referment sur nos ombres; le vacarme saccadé de l'hélice nous renvoie nos victimes effarées, et pendant deux heures, nos fusils font, parmi elles, un massacre que rien ne saurait dépeindre.

Au bout ce ce temps, l'aspect du lieu se modifie. Plus de lit vaste et dégagé où les embarcations puissent se mouvoir à l'aise. Nous allons entrer dans ce qu'on appelle plus particulièrement « les marais de l'Euphrate ». A partir de cet instant, le fleuve n'existe plus, pour ainsi dire; ses eaux, que ne contient aucune digue, se répandent en lacs et en canaux sans profondeur, au travers desquels il faut se reconnaître et naviguer, au risque d'échouer à chaque coup de rame.

Le chenal principal dans lequel nous allons nous engager, n'a guère plus de quatre mètres de large, souvent moins; à trois pieds, deux pieds même, on touche le fond. Et ce fut pourtant là, jadis, l'ancien lit de l'Euphrate, du majestueux Euphrate! Qui le croirait aujourd'hui? Autrefois, son cours puissant, maintenu par de solides barrières, balayait devant lui la végétation parasite et les obstacles imprévus. Ses flots impétueux n'allaient pas se répandre dans la plaine voisine pour s'y perdre en étangs fétides. A présent, les vases l'ont envahi, divisé; des terrassements boueux se sont graduellement élevés là où, naguère, bouillonnaient ses eaux pures; et durant des heures, pour le navigateur, plus rien qui le guide parmi ce dédale d'embranchements sans direction et sans physionomie, que le souvenir des naufrages qu'il y a déjà subis.

Il nous faut prendre la file. Le plus petit des machkouffs, avec Cheick Hassan, marche en éclaireur. La chaloupe le suit. En certains endroits, le sol a pris assez de consistance pour se transformer en champs cultivés que coupent des centaines de fossés. Derrière le rideau de roseaux qui ne nous quitte pas, nous distinguons des plantations de dourah (maïs), et les yeux effarouchés des propriétaires nous regardent sans comprendre. Par bonheur, ils ont reconnu en avant leur chef suprême, sans quoi tous ces curieux inoffensifs deviendraient aussitôt de redoutables brigands, et leurs coups de fusil cribleraient nos embarcations. Ce sont les El Bazal, en effet, dont la renommée de pillards et de voleurs n'est plus à faire. Les eaux sont si basses que nous ne pouvons avancer qu'avec la plus extrême lenteur, presque toujours la sonde à la main. Malgré cette précaution, à diverses reprises nous échouons, et nos hommes sont fréquemment obligés de sauter hors des embarcations pour dégager l'hélice de la chaloupe qui s'embourbe à tout instant.

Nous allons, cependant, encore plus vite que trois ou quatre lourdes mahilés, que nous dépassons à un coude plus élargi du chenal. Ce sont de grandes barques à demi pontées, pareilles aux samboucks et aux boutres des côtes d'Arabie. Elles sont chargées de monde, et ne paraissent guère mieux à leur aise que nous dans leurs évolutions. Tout en continuant, à une centaine de pas au plus, nous remarquons, sur la gauche, parallèlement à notre route, comme une ligne de remparts ruinés en terre. Ce sont des digues élevées par Nacer-Pacha, il y a quelques années, et que l'incurie administrative de ses successeurs a laissées s'effondrer peu à peu, en même temps que la contrée et les populations au-dessous dont elles étaient devenues la sauvegarde, se voyaient livrées de nouveau aux désastres et aux miasmes des inondations périodiques.

Vers le soir, à notre droite, le paysage se relève, le terrain s'affermit, des arbres nous apparaissent avec les huttes d'un village dans le fond, et la nappe d'une eau plus pure se développe sous nos yeux. C'est Habaded. C'est aussi là que nous allons passer la nuit; nous mouillons dans une petite crique dont le rivage est jonché de dattiers abattus. On y saute avec allégresse; nous commençons à en avoir assez, les uns et les autres, des bancs de la chaloupe, ou des nattes des belems. Cheick Hassan et les siens vont coucher chez des amis. Notre cuisinier les accompagne, et nos vœux avec lui; car s'il ne trouve pas de provisions là-bas, notre dîner menace d'être maigre.

Cette triste éventualité se réalise à la lettre. Tout a été enlevé déjà par une troupe de soldats turcs, dont, également, le bivouac est ici. C'est de l'artillerie, le corps le plus solide et le mieux organisé de l'armée ottomane. Point de pièces avec eux; mais les faisceaux sont formés régulièrement, et les sentinelles sont à leur place. Ils ont quitté Hillah (Babylone), nous apprend-on, et se rendent à Hassah, en Arabie, la capitale de cette province donnée récemment à la Porte par les propres conquêtes de Nacer-Pacha. Leur voyage s'effectue à bord d'une large mahilé, pareille à celles que nous avons rencontrées, à l'ancre tout auprès. Si le passage de ces détachements est toujours regardé comme une calamité par les habitants des territoires qu'ils traversent, nous sommes bien prêts, en ce moment, à partager leur avis, et nos estomacs ne leur pardonnent pas.

A défaut d'une satisfaction plus complète sur ce point, nous aurons des compensations, et le coup d'œil, autour de nous, promet d'être intéressant. Voici, en effet, les autres mahilés qui accostent, une à une. Quel fouillis pittoresque de costumes et de types, dans la foule qui en débarque! La rareté des vivres ne les préoccupe guère, ceux-là. Leurs feux s'allument sur la grève; leurs marmites s'emplissent d'eau; quelques poignées de riz, quelques pincées de thé, et puis c'est tout...

Ce sont des pèlerins persans qui se rendent à Kerbelah. Leur âme plane bien au-dessus des soucis matériels de l'existence. Ils y vont accomplir l'acte le plus important de leur vie et de leur foi. Quelques-uns y portent le cercueil de leur père ou de leur frère, qui a demandé à être enterré dans ce sol sacré. En nous approchant des bateaux, nous distinguons, en effet, plusieurs de ces lugubres colis rangés côte à côte. Il en est qui viennent de plusieurs centaines de lieues. A Bassorah, avant de partir, j'en ai déjà vu, à la douane, pêle-mêle avec les marchandises de toute espèce, balles de laine ou de coton, sacs de blé ou de riz, attendant sur la dalle des magasins leur tour d'être inspectés. La bière, ficelée comme une saucisse, est recouverte d'une enveloppe de feutre; mais trop souvent mal fabriquée, les ais disjoints en laissent facilement percer des exhalaisons méphitiques, lorsque ce n'est pas le cadavre lui-même dont le poids la brise. Personne autour, il est vrai, n'a l'air de songer à cet inconvénient, ni à ce danger.

Kerbelah est une ville située sur un bras de l'Euphrate, non loin d'Hillah, et à 100 kilomètres au sud de Bagdad. On la nomme également Mesched-Husseïn, ou tombeau d'Husseïn; car c'est non loin de là qu'est enterré l'Imam Husseïn, dont le culte provoque ce pèlerinage. Il était lui-même le second fils d'Ali et de Fatma. Salué khalife par les Chiites, après la mort de son frère aîné Hassan, vers 669, il régnait paisiblement à la Mecque, sans chercher à étendre autrement son action, lorsque les gens de Kouffa l'appelèrent à eux, et lui proposèrent le trône usurpé par Mohaviah.

Ce dernier, arrière-petit-fils d'Ommiah, cousin germain du grand-père de Mahomet, et secrétaire du Prophète, avait réussi, après le meurtre d'Ali par l'un de ces mêmes habitants de Kouffa, à se faire proclamer khalife au détriment de ses fils. Damas, qu'il administrait, à l'origine, en qualité de gouverneur, pour le compte d'Othman, troisième khalife et prédécesseur d'Ali, devint sa capitale; et ses armes victorieuses eurent bientôt soumis le monde musulman.

C'est à ce moment qu'Hussein céda aux sollicitations de ses partisans, et, à la tête d'un gros de cavalerie, prit la route de Kouffa. Mais, au lieu des acclamations d'un peuple enthousiaste, ce furent dix mille Arabes en armes, sous le commandement d'Yezid, fils de Mohaviah, qu'il rencontra sur son chemin. Battu, il fut massacré avec soixante-douze des siens aux portes de Kerbelah. Plus tard, en cet endroit même, on lui éleva un tombeau qui devint aussitôt un lieu de pèlerinage renommé, où la ferveur religieuse se donna carrière.

De nos jours encore, les fêtes funèbres qui se célèbrent en commémoration de cette catastrophe, chez la secte chiite, revêtent un cachet tout particulier de fanatisme et de férocité. Le 10 du mois de moharrem, des frontières de l'Hindoustan aux montagnes du Liban, c'est un concert unanime de lamentations et de malédictions. Il arrive même fréquemment que la fureur populaire ne s'en tient pas à des imprécations, et l'on voit ces sectaires, le sabre à la main, parcourir le pays, ivres de rage, pour venger, sur des ennemis imaginaires, le massacre accompli douze siècles auparavant. Malheur, alors, au sunnite ou chrétien qui se trouverait sur ses pas! Point de puissance humaine à même de les sauver. Pendant cette semaine, à Téhéran même, tout ce qui, de près ou de loin, dépend des légations européennes, reste renfermé chez soi, et la ville entière devient le domaine d'une foule hurlante et exaspérée. Sous l'empire des extases religieuses, il n'est pas de violences auxquelles parfois, à défaut d'autres victimes, ces malheureux ne se livrent sur leurs propres personnes. Un de mes amis, alors chargé d'affaires de France en Perse, le comte de Maugny, vit, du haut de ses jalousies, un enfant de quatorze à quinze ans, rendu insensible à la douleur par une surexcitation fébrile, se passer le canon d'un fusil au travers de la peau de l'estomac, et se promener tout fier, ensuite, au milieu des siens, traînant après lui ce trophée sanglant de sa foi. A Constantinople, je fus moi-même témoin, bien que sous des traits déjà plus adoucis, des excès hideux auxquels se laissent, à cette occasion, pousser ces hordes de barbares.

La ville des sultans compte parmi ses habitants une colonie nombreuse de Persans. Dans Stamboul, le quartier musulman proprement dit, un immense khan, ou caravansérail, leur demeure affecté. C'est une propriété qui est la leur, et derrière ses murs, ils ont le droit de se livrer, en pleine terre sunnite, à toutes les manifestations de leur croyance ou de leurs usages. Au commencement de ce mois de moharrem, le premier de l'année musulmane, qui correspond à notre mois de mai, ils s'y réunissent tous, et, en raison du caractère presque national de la solennité, c'est l'ambassadeur du Chah auprès de la Porte, lui-même, qui en assume la présidence. A l'époque de mon séjour à Constantinople, ce haut dignitaire était Mirza-Husseïn-Khan, mort depuis ministre des affaires étrangères à Téhéran. Presque élevé en Europe et à demi Parisien, il voulut bien nous offrir, à mon ami de Waldner et à moi, de nous faire assister, sous ses auspices, à cet étrange spectacle.

C'était le soir. Après un dîner chez l'Excellence, en compagnie de deux derviches, où, par égard pour ces saints personnages, la limonade avait désavantageusement tenu la place du champagne, nous nous rendîmes à l'édifice réservé. Les ruelles qui le précédaient étaient encombrées d'une masse de peuple grouillante et impatiente. L'odeur âcre de l'huile des lampions qui, par centaines, éclairaient ces abords, se mêlait aux flots d'une poussière fétide. La façade du khan nous apparut ruisselante de lumière. Des croissants, des festons et des étoiles de feu entrelaçaient leurs guirlandes multicolores. Nous nous engageâmes dans l'ouverture cintrée d'un vaste porche d'où, à droite et à gauche, sous la voûte, s'élançaient les roides escaliers conduisant aux étages supérieurs. Ce passage franchi, l'enceinte interdite au profane se déroulait devant nous.

Dix mille assistants, au bas mot, attendaient notre arrivée. Nous nous trouvions au milieu d'un vaste quadrilatère dont chacune des faces était occupée par une des quatre ailes du bâtiment; tout autour, courait une large galerie, dont des girandoles de flammes dessinaient les arceaux en ogive, comme autant de découpures lumineuses sur l'obscurité du fond, où se cachaient les femmes. Le murmure houleux des prières à demi-voix, des invocations étouffées, des appels contenus, des exclamations d'impatience, se perdait autour de nous, tel qu'un bruit de vagues assoupi sur la grève.

A peine sommes-nous assis à l'estrade officielle, que la scène s'anime. Un chant, ou plutôt une psalmodie lente et gutturale, s'élève de l'un des angles, plus sombre que le reste. Un certain mouvement se produit dans cette direction; c'est confus d'abord; mais bientôt, on dirait une procession de pénitents blancs qui se dirige vers nous, doucement, sur deux rangs. Le peuple s'écarte devant elle. Sous les longues robes flottantes, dont les plis les recouvrent de la tête aux pieds, ainsi que des suaires, à cette clarté blafarde des illuminations, ces hommes qui s'avancent du même pas égal et cadencé, semblent autant de fantômes. Ils approchent. Nous distinguons alors quelque chose qui brille dans leurs mains et jette des éclairs ; le scintillement en est régulier comme le balancier d'une horloge. Ils semblent scander la mesure et souligner le rythme. De temps à autre, quelque éclat de voix plus strident, quelque geste plus saccadé, rompent seuls l'harmonie sauvage de l'ensemble.

Voici la tête de la procession. Elle arrive. Dix pas à peine nous en séparent. Nous la discernons nettement à présent : ce qu'ils tiennent devant eux, et d'où s'échappe ce miroitement d'étincelles, ce sont des lames nues. Par un mouvement automatique de va-et-vient, ils s'en frappent le front, en même temps qu'ils poussent leurs gémissements ; de larges sillons rouges s'y creusent ; les plaies s'y accumulent, le sang coule ; sur les épaules de quelques-uns il ruisselle. La teinte sombre de ces taches jette sur la blancheur des vêtements un contraste horrible. Tout cela en mémoire du meurtre d'Husseïn et de ses compagnons. Et la complainte continue, et la procession marche toujours... Elle défile sous nos yeux ; ses longues spirales se déploient, sans que s'apaise l'enivrement de ces énergumènes, ni que se lasse la fureur des coups dont ils se déchirent. Au contraire, on dirait que leur folie redouble. Les cris deviennent plus rauques, les blessures plus profondes. C'est épouvantable. Le saisissement nous a rendus muets. Nous regardons, oppressés, la prunelle fixe, comme dans un rêve. Les anneaux de ce serpent humain ondulent et s'allongent de plus en plus. A un moment, l'ambassadeur se penche à mon oreille :

— Combien les Turcs ont changé, me dit-il, et quelle tolérance aujourd'hui !

Il paraît qu'il n'en a pas toujours été ainsi. Enfin le spectacle touche à son terme. A la gauche de la colonne, voilà maintenant un jeune enfant couvert d'un manteau de velours écarlate brodé d'or, la couronne en tête, et monté sur un cheval blanc que deux esclaves conduisent par la bride. Celui-là représente Husseïn. Il est impassible. A ses côtés, un cortége de braillards qui ne s'entament plus la figure fort heureusement; ils se bornent à pousser des vociférations à vous étourdir, sinon à vous effrayer. Ce sont les compagnons qui partagèrent son martyre, et qui hurlent des malédictions à l'adresse de leurs assassins. A partir de cet instant, c'est plutôt une mascarade, et je songe vaguement à la promenade du bœuf gras. Mais cependant, là-bas, dans la foule, des clameurs prennent un accent plus sinistre; deux ou trois se sont entaillés trop rudement, et sont tombés. La vue et l'odeur du sang affolent tous ces fanatiques. Qui sait, dans une minute, ce qui pourra survenir ?

— Allons-nous-en ! murmure l'ambassadeur.

Nous ne nous faisons pas prier, et à sa suite, pendant qu'il en est temps encore, nous nous hâtons de quitter cet enfer. Le lendemain, on nous raconta que plus de vingt à trente victimes avaient été laissées à terre.

Le souvenir de cette scène me hantait l'esprit, tandis que je contemplais, d'un peu loin, ces dévots dont notre présence impure semblait provoquer l'inquiétude. L'annonce du dîner vint m'arracher à mes réflexions. Bonne nouvelle quand même, si élémentaire qu'en soit le menu. Nos cuisiniers indigènes ont fait de leur mieux, et nous nous asseyons autour d'une table dressée en plein air. A une petite distance, ont pris position tous les gamins du village, avides de voir des *Franguis,* et surtout de les regarder manger. Khurdi les tient en respect. Dans le tas, je remarque une petite fille de dix à douze ans, délicieusement jolie. Je la montre à M. de Sarzec.

— Pauvre enfant, me dit-il, telle que vous la voyez et malgré son âge, elle a déjà, bien certainement, dû servir aux plaisirs de quelque chef, de notre ami Hassan, peut-être, tout le premier...

On se figure difficilement, en effet, quel degré de dépravation entraîne, chez ces populations, l'absence de sens moral que j'ai signalée plus haut. Si la probité y est inconnue des hommes, la pudeur ne l'est pas moins des femmes ; et, sans autre frein que la crainte du châtiment, non-seulement il en est bien peu qui se refusent au caprice d'un homme dès qu'elles le peuvent sans danger, mais il ne viendrait à la pensée d'aucune d'essayer même l'ombre d'une résistance quand c'est un chef qui l'exige. Les pères de famille sont les premiers à souscrire aux fantaisies revêtues de ce caractère redoutable, et à réserver leurs filles aux débauches des grands... par peur, je veux le croire, mais, en tout cas, avec une résignation facile, et sans beaucoup d'efforts, ni beaucoup de regrets.

Au dessert, Cheick Hassan vient nous rejoindre, suivi de toute une bande de notables. Il ne pouvait nous accompagner plus loin, nous nous séparions le lendemain, et il tenait à nous honorer jusqu'au bout des témoignages de sa sollicitude.

— Vous raconterez bien à Phalah-Pacha, n'est-ce pas? nous recommandait-il, que je vous ai conduits moi-même jusqu'ici, et que j'ai pris toutes les mesures pour assurer la sécurité de votre route?

Et se tournant vers M. de Sarzec :

— Tu m'avais promis un cadeau, l'année dernière, ajouta-t-il, me l'as-tu apporté? Je t'avais demandé un fusil semblable au tien, — ou à celui-ci, en indiquant le mien. Où est-il?

Le consul se rappelait d'autant moins cette promesse que c'était, à coup sûr, le premier fusil de la sorte que voyait Cheick Hassan.

— Comme celui-là, je n'en ai pas, répondit-il, mais en voici un autre que je te destinais.

Et il lui tendait en même temps un de mes fusils Lefaucheux ordinaire, à broche, que je lui avais cédé dans ce but.

— Non! non! insista le cheick, c'est l'autre que je veux.

Pour moi, je refusai péremptoirement de le lui céder. Alors, il fallut que M. de Sarzec s'engageât à lui en faire venir un pareil de France. Mais ce compromis ne fut accepté d'Hassan qu'à la condition que, jusque-là, on lui laisserait le premier, dédaigné tout d'abord, entre les mains. Il le rendrait lorsqu'on lui apporterait l'autre. On devine ce que pouvait valoir la promesse de cette restitution future.

L'arme livrée :

— Et les cartouches? demanda-t-il.

Puis, comme le fusil d'un de mes hommes n'avait point de bretelle, et que les Arabes n'en emploient généralement pas, je l'avais fait enlever à celui-là; l'autre s'en aperçut sur-le-champ.

— Et la bretelle?

Cartouches, bretelle, durent lui être remises. La rapacité de ces gens ne s'arrête devant rien.

Satisfait ou à peu près, il voulut bien, alors, se montrer bon prince et complaisant causeur. Les recherches archéologiques de M. de Sarzec semblaient l'intéresser, quoiqu'il pût en apprécier difficilement la portée. Après quelques questions, à ce sujet, sur les difficultés vaincues et les résultats obtenus :

— Là-bas, lui dit-il en étendant le bras dans la direction du sud-ouest, à cinq heures de marche, il existe une série de monticules encore plus élevés que ceux que tu as fouillés à Tello. Moi-même j'y suis allé, et plus d'une fois, après les pluies, j'y ai découvert des médailles, des cachets anciens. En différentes places, quand j'écartais le sable, j'y ai également vu de grosses briques recouvertes d'inscriptions.

Et d'après la description plus développée qu'il nous en fournissait, il était aisé de reconnaître là, en effet, un de ces gisements épars dont la poussière cache, en Mésopotamie, le secret de tant de générations disparues, de tant de bouleversements ignorés.

— Comment s'appelle cet endroit?

— La plus importante de ces élévations se nomme *Tell bint al seyr* (la colline de la fille de l'orfèvre).

De ce nom s'exhalait un parfum de légende. Certainement il se rattachait à quelque événement mémorable, et j'y flairai sur-le-champ un de ces contes orientaux dans le genre de ceux des « Mille et une Nuits ».

— Et pourquoi l'appelle-t-on ainsi? demandai-je.

— Je ne sais pas.

De leur origine, de leur passé, de leur histoire, aucun de tous ces pillards ne sait rien. Leur ignorance n'a d'égale que leur cupidité. La satisfaction des besoins ou des désirs du moment, les convoitises de l'heure présente, pour eux tout est là. Sans notion sur ce qu'étaient leurs pères, ils n'ont pas plus de souci de ce que seront leurs fils...

Cheick Hassan nous quitta, en nous répétant de ne pas oublier de parler à Phalah-Pacha en sa faveur. Il nous avait avertis, en même temps, que, le lendemain matin, à l'aube, trois hommes du village viendraient prendre sa place, pour nous mener à une autre station où ils seraient, à leur tour, eux-mêmes remplacés, et ainsi de suite jusqu'au terme de notre voyage.

Nos nouveaux guides se présentent, en effet, à l'heure convenue. Mais ils nous informent que nous allons entrer dans la région des lacs, et l'eau y est si basse que notre chaloupe aura fort à faire d'en sortir, sans avoir encore pour surcharge le poids des belems qu'elle traîne à la remorque. Ils nous engagent donc vivement à faire partir ceux-là en avant, tandis que nous les suivrons de près. Les parages que nous allons traverser sont moins dangereux que ceux de la veille; et, d'ailleurs, nous nous tiendrons assez en vue les uns des autres pour n'avoir rien à craindre.

Le conseil nous paraît sage, et nous nous y conformons. Au bout d'un quart d'heure, l'étroit chenal débouche tout à coup sur une vaste nappe, dont nous n'apercevons même pas l'autre rive, ou plutôt la ceinture de roseaux opposée. C'est un des trois ou quatre lacs formés dans cette région par l'Euphrate, sinon le plus vaste comme étendue, du moins le seul où puissent se risquer les bâtiments de quelque tirant d'eau. Ce n'est pas à dire, pourtant, qu'elle y soit bien profonde. Le fond se voit à deux et trois pieds, quatre pieds rarement, souvent moins. Les bras de notre hélice soulèvent, à chaque secousse, des nuages d'une boue noire et grasse qui en contrarie le mouvement ; cette vase, introduite dans les tuyaux de la machine, pénètre jusqu'à la chaudière, et nuit à la production de la vapeur qui ne se dégage qu'avec peine. Notre marche s'en ressent ; nous avançons avec une désespérante lenteur.

La brise fraîchit, et nos belems prennent les devants en se rapprochant du bord, où la gaffe leur vient plus aisément en aide. Nous ne les distinguons bientôt plus, dans le va-et-vient des embarcations de toute taille qui sillonnent le lac. Nous en croisons de très-grandes ; l'une de celles-ci nous semble de mine suspecte, car si nous n'y découvrons aucun chargement, en revanche bien des têtes de bandits nous y regardent passer.

Après quatre heures d'efforts, nous atteignons enfin une autre branche du fleuve où les eaux, plus contenues, sont aussi plus profondes. Par trois fois, nous nous sommes embourbés, et nos gens n'ont pu qu'à la force du poignet remettre la chaloupe à flot. Encore, avons-nous eu grand soin de ne pas nous écarter du chenal que l'œil exercé de notre pilote reconnaissait, sur cette surface uniforme, avec la même certitude qu'il eût relevé la route au milieu des sables du désert. A présent, nous allons avoir à lutter contre un courant rapide ; c'est préférable aux échouages.

Plus de roseaux. Le terrain s'étend nu et plat devant nos yeux, sans un arbre, sans une plantation, et le cours d'eau où nous nous engageons est aussi resserré que celui d'un ruisseau. Il n'est que certains endroits où deux bateaux peuvent y voguer de front. De toutes parts, nous apparaissent des villages. Ce sont les demeures éphémères des Beni-Khegan, auxquels appartient ce pays, et qui sont en train d'y cueillir leur maïs. A la place, ils sèmeront du blé d'abord, du riz ensuite ; et cette terre fertile, que des pluies bienfaisantes commencent déjà à arroser, leur livrera ainsi, sans marchander, en quelques mois, trois plantureuses récoltes. Ils sont si nombreux que les huttes semblent, sur une longueur de plusieurs kilomètres, ne former qu'une ligne continue. On les voit accourir au bruit de cette merveille, qu'ils soupçonnaient à peine par ouï-dire jusqu'alors, d'un bâtiment marchant sans voile et sans rames.

Il n'est pas fréquent, en effet, qu'un navire à vapeur, si petit qu'il soit, trace son sillage sur cette rivière. L'année précédente, M. de Sarzec nous raconte bien qu'il l'a déjà franchie ; mais c'était sur un grand belem indigène, dont le pavillon français, hissé à l'arrière, indiquait seul l'importance du passager qu'il portait. Il nous citait même, à cette occasion, un trait caractéristique. Intrigués par l'apparition de ce bâtiment qui ne naviguait ni pour le commerce, ni pour la guerre, et au mât duquel se balançaient des couleurs inconnues, des riverains l'arrêtèrent. Ils étaient armés jusqu'aux dents, et leurs intentions ne semblaient pas des meilleures :

— Où allez-vous ? interrogèrent-ils. Un homme de Nacer-Pacha était là.

— A Nasrieh, répondit celui-ci.

— Ah ! et qui est avec toi ?

— Le consul de France.

— Le consul de France ?... Qu'est-ce que c'est que ça ?...

On eut beau le leur expliquer, et s'y reprendre à cent fois pour essayer de le leur faire entendre, les développements les plus clairs demeurèrent inutiles. Le consul de France, la France, tout cela, c'était lettre morte pour eux. A la fin, sans plus d'efforts ni de questions, et sans y mettre davantage de mauvaise volonté, ils s'écrièrent :

— Après tout, que ce soit le consul de France ou de Russie, ou autre chose, que nous importe, pourvu que ce ne soit pas un Turc !...

Reconnaissent-ils, cette fois, le pavillon qu'ils ont aperçu l'année précédente? Ou est-ce pour quelque autre raison? Leurs dispositions ont l'air amical, leur curiosité est bienveillante. Ils nous saluent avec un certain empressement, et échangent des compliments ou des questions avec nos bateliers. Nous n'avons plus, avec nous, que ces derniers pour les comprendre, et les hommes que nous a donnés Cheick Hassan ont disparu au sortir du lac.

Aussitôt que nous fûmes entrés dans le canal, ils s'étaient rendus à terre, sous prétexte d'aller voir le Cheick campé là, et dont le gourbi se voyait à quelques pas. Nous allions assez doucement pour leur permettre de nous rejoindre un peu plus haut.

— Ce n'est pas la peine de les attendre, me confia tout à coup le principal de nos Belemdji. Ils ne reviendront pas.

— Pourquoi ?

— Parce qu'il y a du sang, à ce qu'ils ont dit, entre eux et les tribus chez lesquelles nous allons passer. Malgré la protection de Cheick Hassan, ils ont eu peur d'y être massacrés, et se sont enfuis.

A pareille raison, il n'y avait rien à répliquer. Lorsqu'un meurtre est commis, la tribu entière de la victime prend fait et cause, et s'associe avec la famille pour en tirer vengeance. D'autre part, la tribu du coupable épouse sa querelle avec non moins d'ardeur; et de là, quelquefois, entre les deux partis, une série de batailles rangées qui se poursuivent pendant des générations. Quand cet état de guerre est déclaré, tout adhérent du camp opposé qui s'aventurerait sur les domaines de l'autre y serait certainement mis à mort. Le plus souvent, après examen du crime, et jugement solennel, l'assassin est tout simplement condamné à payer aux parents une somme d'argent, sur le chiffre de laquelle seul porte le débat. En général, pour un meurtre ordinaire, il varie de 500 à 600 francs. L'indemnité acceptée et soldée, la paix se signe, et l'on redevient ostensiblement bons amis, jusqu'à ce qu'une occasion surgisse, qui ravive les haines et pousse à de nouvelles violences. Car les Arabes oublient difficilement le sang répandu entre eux.

— Mon grand-père est dans son ventre, disent-ils du meurtrier de l'un des leurs qui n'a pas encore expié son forfait.

Mais, dans ce cas particulier, il était plutôt à croire que nos guides n'avaient point de torts aussi graves envers leurs voisins, et que tout se bornait, de leur part, à quelques vols individuels dont ils craignaient, cependant, d'avoir à rendre compte, s'ils étaient découverts avec nous. Les dettes de sang ont trop de retentissement chez ces populations pour que Cheick Hassan n'eût pas été informé de la situation, et jamais il n'aurait alors exposé trois des siens à l'imminence d'un danger certain.

Toujours est-il que, pour un motif ou pour un autre, nos trois gaillards se sont bel et bien esquivés. Nous ne nous en inquiétons pas outre mesure, et partout, sur notre route, des démonstrations cordiales nous accueillent.

Je m'étonne de la densité de cette population. Elle paraît misérable. Une chemise en loques, serrée à la taille par une corde, voilà le costume à peu près uniforme. Par-ci par-là, quelque personnage plus huppé, quelque chef vêtu d'une robe rouge ou bleue; mais c'est rare. A un moment, nous voyons un de ceux-là sortir d'une case assez grande, et courir vers nous, en nous adressant force signes, au milieu d'un groupe d'aspect assez confortable. Que nous veut-il? nous l'ignorons et nous l'ignorerons toujours. Probablement il ne serait pas fâché d'entamer un colloque qui rehausserait son importance aux yeux de son peuple, et se terminerait sans doute par un témoignage de notre munificence.

Mais notre chaloupe file un bon train; nous avons à regagner le temps perdu dans le lac, d'autant mieux que nous n'avons pas encore rejoint nos belems, et que nous ne sommes pas sans une légère anxiété à leur sujet. Nous continuons donc, sans juger à propos de répondre autrement à ces gestes télégraphiques. A présent, nous sommes à peu près sûrs de n'avoir plus rien à craindre pour notre sécurité personnelle.

La chaleur est accablante. Autour de nous, partout un horizon morne, nu. De distance en distance, nous côtoyons de grands châteaux arabes, tous construits sur le même plan : une enceinte carrée de murs en pisé, avec quatre tours aux angles. Auprès de chacun d'eux s'élève un village. C'est l'image de la féodalité, telle que l'a connue l'Europe : le seigneur et ses vassaux; ici, le Cheick et sa tribu. A la moindre alarme tous se réfugient derrière les remparts de la forteresse;

et s'ils ne sont pas les plus forts, ils peuvent, du moins, impunément assister, de là, à l'incendie de leurs moissons ou de leurs huttes, et au pillage de leurs biens. L'imperfection de l'armement rudimentaire des uns et des autres rend ces abris inexpugnables. Au pied de l'une d'elles, notre gouvernail se brise. Les quelques indigènes à portée de l'accident nous apportent, il est vrai, plus de bonne volonté que d'aide efficace ; mais, en tout cas, leurs allures n'ont rien de menaçant, et ils nous informent qu'une heure auparavant, nos belems ont passé sains et saufs. C'est un soulagement.

Nous approchons du grand fleuve. Deux ou trois des petits bras, épars dans la plaine, commencent à réunir leurs eaux. La nudité du sol se garnit de verdure ; les champs arides font place à des bouquets de dattiers ; des arbrisseaux touffus trempent l'extrémité de leurs rameaux dans l'onde qui clapote. Voici des jardins. La végétation y est luxuriante. Sous de grands arbres et au milieu des fleurs, des chaumières de plus en plus nombreuses. Des barques légères vont et viennent dans tous les sens. Des habitants circulent sur les talus ; ils sont de physionomie moins lamentable que ceux que nous quittons, et leurs demeures, blotties sous le feuillage, de loin, semblent riantes et bien tenues. L'Euphrate est tout près ; le canal que nous suivons s'élargit à vue d'œil. Tout à coup, en face, le fleuve nous apparaît magnifique, dans un cadre de verdure et entre des berges élevées que recouvre une herbe épaisse. Voilà enfin le grand lit retrouvé, et c'est avec un soupir de contentement, avec un sentiment de joie, que nous le saluons.

CHAPITRE IX

Les tempêtes de l'Euphrate. — Le *Nitocris*. — Nasrieh. — Les Monteficks. — Nacer-Pacha. — La rançon d'Abdul-Khérim. — Phalah-Pacha. — Les femmes grasses chez les Turcs.

Le tableau est délicieux. Il est six heures; le soleil est près de l'horizon, et la cime des palmiers se colore d'un reflet doré. Les derniers rayons du jour mourant, sous l'azur mélancolique du soir, qui flottent au-dessus de la masse verdoyante des arbres et de la surface assombrie des eaux, jettent sur toute la nature comme un manteau silencieux d'harmonie et de charme, dont l'âme émue se sent enveloppée. Ce calme majestueux vous impressionne, et les senteurs rafraîchissantes de la rive, après les chaudes effluves de la plaine, caressent à la fois et le front et la pensée. Je commence à partager l'opinion de ceux qui placent le Paradis terrestre au sein de ce ravissant paysage. Ah! notre première mère, quelle faute avez-vous commise! Il ferait si bon de rester là et d'y vivre!...

Amarrés au pied d'un mur en ruine, nous découvrons nos trois belems qui nous attendent; leurs alarmes n'ont pas été un instant moindres que les nôtres. Car, en traversant le lac, de ce grand bateau même dont la figure ne nous avait dit rien de bon, s'était détaché, à leur vue, un machkouff qui s'était obstiné quelque temps à les suivre. Par bonheur, Large montait l'un

LES BORDS DE L'EUPHRATE.

d'eux. Pour faire cesser la poursuite, il prit son revolver et se mit à tirer en l'air. Cette démonstration avait suffi, il est vrai, et le machkouff vira de bord ; mais nos retards donnaient à craindre à notre avant-garde que nous eussions eu des difficultés plus sérieuses à surmonter.

Nous avons encore une heure de clarté devant nous, et nous en profitons pour reprendre notre route, tous de conserve, cette fois. A droite et à gauche, deux nouvelles branches du fleuve. La première qu'on nous désigne va, en amont de celui que nous avons franchi, former un second lac d'un périmètre plus étendu, mais moins profond. Aux grandes eaux, les bateaux légers s'y aventurent. L'autre, aussi large que le lit principal, baigne *Souk-es-chiouk* (le marché des chefs). Ce fut longtemps l'unique bourgade de ces parages. Nous distinguons les bois qui en masquent les abords. Mais nous ne nous arrêtons pas. J'y reviendrai au retour. En ce moment, nous avons hâte d'arriver ; car nous sommes dans la saison des pluies, et le ciel, qui s'est tout à coup obscurci, nous promet un orage prochain. Celui-là sera certainement l'avant-coureur de bien d'autres ; il importe d'atteindre Nasrieh avant de nous trouver saisis par ces tempêtes.

Sur l'Euphrate, elles sont en effet redoutables. Il n'est pas rare, à cette époque de l'année, de voir inopinément, au-dessus de ses flots, tourbillonner des trombes qui les soulèvent, et les refoulent comme en pleine mer. On cite maint naufrage, et le plus fameux resté dans la mémoire locale est celui dont périt victime un navire anglais, lors de l'expédition du colonel Chesney, en 1836. La Grande-Bretagne, dans je ne sais plus quel but philanthropique et désintéressé, comme toujours, se proposait alors de reconnaître le cours de l'Euphrate. A dos de chameau, on avait expédié deux petits vapeurs qui, remontés ensuite sur place, devaient servir à cette besogne. L'un, le *Nitocris,* était commandé par le lieutenant de la marine royale Bloss Lynch. Ils étaient, un jour, paisiblement au mouillage, l'ouragan s'annonçait; de gros nuages opaques voilaient le soleil; l'eau noire semblait dormir; un vent chaud et lourd soufflait de terre, et une lumière blafarde encerclait l'horizon. Bientôt un mugissement sourd se fait entendre; une formidable explosion retentit, et une rafale furieuse s'abat à l'improviste sur les vaisseaux, en les arrachant de leurs ancres, pour les jeter avec fracas à la côte. Le *Nitocris,* enlevé, tordu sous l'étreinte épouvantable du cyclone, retomba écrasé. Onze personnes, dont le frère du capitaine, périrent dans cette catastrophe.

Ces présages sont familiers aux bateliers; ils les fuient avec terreur. Les nôtres, sans s'alarmer d'un péril encore éloigné, nous pressaient de leurs recommandations. Nous allons atterrir à la rive droite. Le coup d'œil n'a pas cessé d'être charmant; partout des plantations de dattiers, des jardins fleuris, des pâturages, des troupeaux, des chaumières indigènes sous les grenadiers et les citronniers. Nous bivouaquons tout près d'un enclos où des enfants prennent leurs ébats. Ils ne semblent pas trop effarouchés; des bestiaux rentrent à l'étable, sous la conduite d'un berger qui ne paraît pas plus sauvage que les nôtres. C'est à se croire en plein pays civilisé, d'autant plus que nous sommes avertis que l'endroit est infesté de voleurs. Il s'y passe peu de nuits sans que, sur un point ou sur un autre, se tentent quelques-uns de leurs exploits. Nos mesures sont prises en conséquence.

A peine débarqués, une pluie diluvienne nous inonde. Une heure après, le temps est redevenu serein, et les étoiles brillent au firmament. Nous nous apprêtons à dormir, mais d'un œil seulement et la main sur nos armes. La précaution n'est pas de trop, car à plus d'une reprise nous entendons rôder non loin de nous, sous les arbres, et des coups de fusil s'échangent aux environs. Vers minuit même, un bruit furtif d'avirons bat l'eau tout près. Nous sommes debout sur-le-champ. Fausse alerte! Ce sont, au contraire, de pauvres diables qui viennent chercher un refuge, à l'abri de notre imposante flottille. Nous les forçons, néanmoins, à coucher un peu plus haut. A cinq heures, seconde averse qui nous transperce et nous éveille tout à fait. Nous reparlons.

Le vent est des plus violents ; le fleuve est très-large et très-profond. Ses vagues déferlent contre la chaloupe avec autant de force que celles de la mer. Les bosquets et la verdure ont disparu, et le pays redevient désert et monotone. A de rares intervalles, quelques bouquets de dattiers entourent, çà et là, un château fort pareil à ceux que nous avons déjà vus, et le village qui s'est groupé sous sa garde. Notre gouvernail mal raccommodé se brise de nouveau ; nous luttons difficilement contre l'orage. Il est temps que nous touchions au port. Nous y voilà enfin, et voici Nasrieh.

Au débarcadère, nous attend l'être hospitalier dont la maison va nous recevoir. Par bonheur elle est à deux pas, sur le fleuve même. Aveuglés par la pluie, chacun s'y précipite derrière lui, sans trop le regarder. Nous ferons connaissance plus tard. Et en effet, une demi-heure après, bien séchés, reposés et étendus sur de bons sofas, avec d'épais tapis sous les pieds, nous serrons la main de notre hôte, qui est là souriant et empressé, plein de sollicitude pour nos besoins et nos désirs. Il se nomme Naoum-Serkis. C'est un chrétien de haute importance, le factotum, la bonne à tout faire, le ministre de Phalah-Pacha. Sans afficher un luxe d'architecture à rappeler l'Allambrah, sa demeure est d'un confortable suffisant pour le pays : une grande enceinte avec plusieurs corps de logis un peu disséminés, les principaux en façade sur l'Euphrate, les autres à l'intérieur, séparés par des cours et des jardins ; nous y trouvons même des tables et des siéges à l'européenne. Ce n'est là, cependant, pour lui, qu'une résidence accidentelle, où il ne séjourne que peu de mois, chaque année, tant pour le service de son patron que pour le soin de ses propres intérêts. Ceux-là sont considérables. Phalah-Pacha et lui sont, dans un large rayon, les deux plus grands propriétaires du pays. D'où lui viennent ces biens?... De plus d'une source. Négociant établi à Bagdad, il avait trouvé moyen d'y devenir l'agent, le représentant du père de Phalah, Nacer-Pacha, et de s'occuper des affaires de celui-ci, sans avoir à négliger les siennes. Il est permis même de croire que les unes n'avaient pas nui aux autres. Toujours est-il que sa fortune prit de telles proportions qu'elle excita la convoitise du gouvernement turc, et qu'un beau jour, il se vit confisquer toutes ses propriétés.

Notre homme, fort honorable et fort estimé du reste, était trop familier avec les us et coutumes de l'administration ottomane, pour n'avoir pas pris ses précautions. Il s'était fait attribuer je ne sais quelle charge auprès des Pères Carmes, et en cette qualité jouissait, comme les Asfar, du titre et des droits de protégé français. Aussi, à peine la confiscation prononcée, l'ambassade de France à Constantinople était saisie de sa protestation ; et, malgré tous les points de ressemblance que peut avoir la Porte avec l'avare Achéron, qui, on le sait, ne lâche point aisément sa proie, grâce à l'intervention personnelle de M. de Sarzec, l'ami Naoum ne tardait pas à se voir restituer ce dont il avait été dépouillé, — une bagatelle d'environ trois millions. C'est dire quel accueil nous étions en droit d'espérer chez lui, et si la France était une grande nation à ses yeux.

Nasrieh ne date pas de plus d'une quinzaine d'années. L'émir Nacer, autrement dit Nacer-Pacha, le chef actuel de l'illustre lignée des Sâhdoun, en fut le fondateur. L'histoire de cette famille, alliée au grand Chérif de la Mecque, est celle de la vallée même de l'Euphrate depuis près de cinq cents ans. A cette époque, un d'entre eux se vit chasser de sa patrie, et, poursuivi par la colère du souverain contre lequel il s'était révolté, fut obligé de fuir jusqu'en Mésopotamie. Là, tout le pays était livré à l'anarchie. Une quantité de petites tribus isolées y vivaient en état de guerre permanente les unes contre les autres. Sâhdoun entreprit de les pacifier et de les réunir sous son autorité. Comment y parvint-il ? Par la force ou par la persuasion ? Probablement des deux manières. Toujours est-il qu'au bout d'un certain temps, toutes ces fractions, sans lien et sans cohésion jusque-là, s'étaient groupées à son appel, pour ne plus former qu'un seul peuple auquel la voix publique, si ce n'est lui-même, se chargea de trouver un nom. On les appela les Confédérés, en arabe *Montefick*. A partir de ce moment, contenus par la main de fer du maître qu'ils s'étaient donné et de ses successeurs, cette agglomération de pillards constitua un corps de nation avec lequel durent compter ses voisins, et dont la puissance prit une rapide extension. En même temps, la fortune privée de ses princes s'arrondissait. Aujourd'hui, les trois quarts de la contrée leur appartiennent, leurs richesses sont énormes et maniées avec habileté; ce n'est pas là une des bases les moins solides sur lesquelles s'appuient leur influence et leur prestige.

Aussi, depuis l'origine des Monteficks, le pouvoir suprême n'est-il pas sorti des mains de la famille Sàhdoun. Il s'y transmet héréditairement, sans que qui que ce soit ait tenté jamais de le lui disputer, non par droit d'ainesse, mais plutôt par droit de conquête. C'est le plus capable, ou le plus audacieux, qui s'en empare, et qui s'impose. D'ordinaire, c'est aussi celui que ses qualités ou ses exploits ont désigné d'avance au suffrage des sympathies populaires. Il en fut ainsi pour l'émir Nacer, qui, préparé dès longtemps à ce rôle, à la mort de son père, lui succéda de fait et sans coup férir, tandis que son frère aîné Mansour, soutenu seulement par un petit nombre de partisans, allait cacher à Bagdad son impuissance et ses regrets.

Ce n'est pas toujours, en effet, sans lutte et sans revendication que ces Sâhdoun abandonnent ainsi à l'un d'eux une souveraineté exclusive. L'orgueil traditionnel des membres de cette race est proverbial; et bien peu, au contraire, se résignent de plein gré à courber le front devant un chef, leur parent, dont la suprématie les blesse. Cet esprit de jalousie, que la Porte entretient avec soin, est le salut de la domination précaire qu'elle parvient à maintenir, par ce procédé, sur les populations indigènes. Le parti mécontent ou vaincu trouve toujours auprès d'elle asile et protection ; et en dépit de la haine séculaire des Arabes contre les Osmanlis, celui-là préfère encore la reconnaître, et au besoin la subir, que d'avoir à plier sous le joug de l'un des siens. L'histoire de l'humanité n'est-elle pas pleine de ces exemples?

Ce fut précisément ce qui amena, à la fin, l'émir Nacer fatigué à prêter l'oreille aux ouvertures de l'administration ottomane, et à entamer avec celle-ci des négociations qu'elle est toujours prête à nouer, lorsqu'elle ne peut venir par d'autres voies à bout d'un ennemi redoutable. Pendant des années, sans relâche et sans repos, il avait lutté contre elle, rêvant d'élever, au-dessus de ses prétentions énervantes, un empire indigène jeune et fort, assez vigoureux pour doter d'une prospérité durable ces contrées vouées jusqu'alors à la décrépitude et à la barbarie. Mais ceux-là même qu'il se proposait d'associer à ses vues généreuses s'en montraient les adversaires les plus acharnés. Ses efforts demeuraient stériles. Fonctionnaire de la Porte, et cessant, par conséquent, d'avoir à la combattre, c'était, au contraire, trouver chez elle un appui qu'elle était trop heureuse de lui offrir pour se soustraire à son hostilité ; c'était peut-être l'unique manière de réaliser, à l'ombre de son drapeau, les réformes et les plans qu'il méditait. Le chef indompté des tribus de l'Euphrate devint tout à coup le gouverneur officiel d'une province de l'Empire.

Il ne pouvait convenir à ce guerrier farouche de se reconnaître le subordonné de qui que ce fût, en dehors du Sultan, le maître de tous. Un vilayet relevant directement de Constantinople, avec Bassorah pour cheflieu, fut détaché de Bagdad, et organisé en sa faveur, avec pleins pouvoirs pour soumettre, comme il l'entendrait, les dissidents de la Mésopotamie ou de l'Arabie.

C'est à cette époque que remonte la fondation de Nasrieh. Mieux que personne, le nouveau pacha connaissait la turbulence des siens et le moyen de les tenir. Une place d'armes qui pût en même temps servir de base d'opérations lui paraissait indispensable. Il en choisit l'emplacement sur la rive gauche de l'Euphrate, à deux journées au-dessous d'Hillah, à cheval sur la ligne de démarcation des deux plus puissantes et aussi des plus sauvages fractions des Monteficks, les Dzezirehs sur le même côté du fleuve, et les Chamyehs en face.

Il y construisit d'abord un formidable réduit, avec caserne, divan, etc. Tout ce qui concernait l'administration et la guerre se trouvait concentré dans ces immenses bâtiments, que n'eût pas désavoués un architecte européen, et dont l'ensemble pouvait, au besoin, se transformer en imprenable citadelle. Puis, autour, il appela le commerce indigène, ouvrant des bazars, perçant des rues, installant des marchés, bâtissant pour lui-même et pour les siens de vastes habitations. Naoum-Serkis se montra, dans la prospérité de cette œuvre, un de ses auxiliaires les plus actifs et les plus dévoués. En moins de deux années, Nasrieh, qu'il avait baptisé de son nom, comptait près de quatre mille habitants; un bataillon d'infanterie avec une section d'artillerie et cent cinquante *Zaptiés* y tenaient garnison; et pour couronner son plan, il en avait fait le centre d'un sous-gouvernement dépendant de celui de Bassorah A la tête de la nouvelle administration ainsi improvisée, trônait un *Moutessarif* (sous-préfet), dont il demeurait le chef, et ce personnage n'était autre que son propre fils Phalah, créé également pacha pour la circonstance, celui-là même auprès duquel nous allions avoir l'honneur d'être admis, mais dépouillé actuellement de toute fonction directe émanant de la Porte.

Les temps étaient changés, en effet, depuis ces événements. Sous les dehors du fonctionnaire ottoman, Nacer n'en avait pas moins conservé toutes les aspirations, toutes les énergies de l'émir arabe. Ce qu'il avait toujours voulu, réunir dans sa main toutes les branches éparses de la grande famille indigène, il persistait à le vouloir. Seulement, c'était par les Turcs aujourd'hui, même à leur profit momentanément, qu'il comptait la ployer sous une domination uniforme, dont la sévérité substituât les règles d'ordre et de sécurité indispensables à ses desseins, aux habitudes de révolte et de pillage qui jusqu'alors en avaient constitué l'exclusive loi.

En première ligne, se dressait devant lui l'hostilité des Chammars, les rivaux séculaires des Montesicks. Cette grande tribu était alors gouvernée par un chef chevaleresque et vaillant, dont la renommée s'étendait au loin. C'était un ennemi personnel de Nacer, et peut-être l'espérance secrète de parvenir plus facilement à le vaincre par leur concours n'avait-elle pas été l'un des moindres mobiles de sa soumission aux Turcs. Il s'appelait Abdul-Kherim. Jusque-là en assez bons termes avec Bagdad, celui-ci s'en déclara l'adversaire implacable, dès que Nacer en fut devenu l'allié. Une guerre sans merci recommença entre les deux nations. Elle se termina par la défaite et la prise du grand chef Chammar, dont le supplice expia la terreur qu'il avait naguère inspirée à ses vainqueurs. Midhat-Pacha, alors gouverneur de Bagdad, et investi de pouvoirs souverains, séduit par les allures de ce caractère hautain, lui eût accordé sa grâce, si l'orgueil du prisonnier eût consenti à s'humilier au point de la solliciter. Abdul-Kherim n'y consentit jamais.

Il avait fallu une main comme celle de Nacer-Pacha pour s'emparer d'un tel homme. A partir de ce moment, du nord au midi, de l'est à l'ouest, une tranquillité inconnue auparavant régna dans toute la Mésopotamie; les laboureurs cultivaient leurs champs en paix; les marchands poursuivaient leurs affaires sans défiance; plus de pirates sur le fleuve, plus de brigands au désert; le nom seul du terrible gouverneur suffisait à mater tout ce monde. A ces bienfaits, il ajouta, en 1874, la conquête d'Hassa et d'El-Katiff, les deux ports des Wahabites en Arabie, et donna ainsi à la Porte, sur le golfe Persique, une province de plus. C'en était trop cette fois. Un aussi puissant et zélé serviteur ne pouvait que redevenir bientôt un ennemi dangereux et invincible. Un ordre du Sultan, déguisé sous la forme d'une invitation flatteuse, l'appela à Constantinople.

Il continuait à y être retenu. Tout avait été bouleversé et modifié dans le pays qu'on lui avait fait quitter; et de l'état de choses antérieur à son départ, il ne subsistait plus que la présence, à Nasrieh, de son fils Phalah, toujours, bien que dépossédé des fonctions de moutessarif, le grand chef respecté et obéi, à la place de son père, de la nation des Monteficks.

A cet égard, rien à tenter, en effet, pour la diplomatie ottomane. Quelle que pût être l'insuffisance de ce dernier, c'était un Sâhdoun, et de plus, le fils du grand Nacer; les coutumes féodales lui assuraient la soumission quand même des populations indigènes. Il est peu de races chez lesquelles la tradition soit plus enracinée que chez ces gens-là. Elle se retrouve jusque dans l'exercice indépendant des priviléges auxquels ils tiennent le plus, et que leur garantissent les constitutions idéales qui les régissent. D'une analogie frappante, ai-je déjà dit, avec les mœurs de notre moyen âge, en réalité beaucoup plus démocratiques et plus libérales que ne le veut croire, et surtout que ne l'enseigne, l'école moderne, leurs institutions politiques en fournissent, dans la pratique, un exemple à peu près constant.

Immédiatement au-dessous des Sâhdoun, vient, dans l'ordre hiérarchique, une catégorie d'autres grands chefs héréditaires, qui, tel que Cheick Hassan, commandent à d'imposantes fractions de la nation, des tribus dans la tribu; ce sont les hauts barons et les feudataires dont, comme celle du suzerain, la position suprême n'est jamais discutée. A leur tour, ces fractions-là se subdivisent en une quantité d'autres groupes plus ou moins importants, à la tête de chacun desquels est placé un chef élu. C'est la commune, avec toute la liberté de ses tendances et de ses principes, et son maire, investi de droits déterminés, en regard de ceux du seigneur. Plus bas, un troisième fractionnement, quelques familles seulement, dont l'agglomération restreinte forme l'extrême unité de l'ensemble social. Ces dernières subdivisions se distinguent les unes des autres par la couleur uniforme de leurs tentes, qui varie pour chacune d'elles; elles se choisissent également un chef particulier. Nommés à la majorité des suffrages populaires, l'assemblée de ceux-là désigne le chef, plus élevé en grade, du groupe supérieur que je viens de citer, et représente vraiment les intérêts de la nation ainsi que ses volontés.

Or, c'est précisément là que se manifeste le respect de la tradition; car il est bien rare que l'élection enlève le pouvoir à ceux dont le temps l'a consacré ; mais, ajoutons-le, il est non moins rare que lorsqu'un de ces choix est de nature à déplaire au prince, personne songe à l'imposer quand même à ses répugnances. Il lui suffit d'un signe, au contraire, pour qu'on revienne aussitôt sur le vote, et que la dignité soit conférée, sans autre difficulté, à l'un de ses favoris. Les moyens ne lui manquent jamais pour influencer les décisions, et chaque famille compte toujours plus d'un membre qui, en convoitant la première place, est disposé à bien des complaisances pour obtenir son appui.

Du haut de sa toute-puissance dédaigneuse, le grand-père de l'émir Nacer fut le premier qui assigna à toutes ces ambitions privées le rang auquel chacune d'elles pouvait prétendre. Une étiquette sévère avait été introduite, et pour toutes les cérémonies ou réceptions où les uns et les autres avaient à figurer, des règles de préséances avaient été nettement formulées, le pas et la situation du plus petit au plus grand précisés, sans que nul tentât de s'y soustraire ni de les enfreindre.

Outre l'avantage de discipliner ces humeurs farouches et de maintenir, au-dessus de leur atteinte, le prestige de l'autorité suprême, cette mesure répondait à une autre nécessité. Chez les Arabes l'impôt fixe n'existe pas ; mais l'œuvre de la tradition s'y manifeste, une fois de plus, en évaluant la quotité des contributions volontaires que chacun, selon l'usage, est tenu d'acquitter annuellement, entre les mains de son chef immédiat. C'est là le fond commun sur lequel tous ont, ensuite, à prélever leur redevance respective, au prorata de leur importance et de leur rang. Une fois les distinctions bien établies entre ceux-ci, plus de contestations ni de querelles, et la part du lion revenait naturellement à qui de droit. L'émir Sâhdoun était un habile homme !

Mais, pour être à peu près régulières, ces ressources officielles, en dehors de ses propriétés territoriales, sont loin de constituer l'unique source des revenus de l'aristocratie indigène. C'est aux éventualités de la guerre qu'elle les demande le plus volontiers, et avec d'autant plus de profit que les appétits satisfaits de la foule ne songent guère, en ce moment-là, à lui disputer, dans le butin qu'ils lui doivent, la part qu'elle s'y taille elle-même sans contrôle. Aussi l'action suzeraine renonce-t-elle, le plus souvent, à s'interposer entre ces chefs, la plupart du temps rivaux, pour condamner leur turbulence belliqueuse à un repos qui deviendrait, à la longue, la ruine des uns ou des autres. Nacer, seul, a pu y parvenir. Encore y a-t-il réussi, en les appelant à participer, derrière lui, aux profits des entreprises plus larges qu'il avait conçues. Tôt ou tard, bien qu'il ne professe point la même rigidité à cet égard, il faudra que son fils Phalah se conforme à cet exemple, et provoque un soulèvement général pour ne pas être débordé lui-même [1].

Tout est, du reste, chez ces hordes barbares, établi et combiné en vue de la guerre. L'organisation sociale y est, par-dessus tout, une organisation militaire, et les devoirs, comme le rôle de chacun, y sont minutieusement et rigoureusement prescrits. Au premier signal, la levée est universelle ; tout le monde est soldat, et chaque chef se présente au rendez-vous à la tête des hommes valides de sa fraction, armés à leurs frais et suivant leurs moyens. Pendant la durée de la campagne,

---

[1] Les événements nous ont donné raison. En 1882, Phalah-Pacha s'est insurgé. Mais il a été vaincu, et obligé de fuir.

aucune solde, aucune distribution ; chacun vit comme il peut ; c'est la maraude qui subvient à tous les besoins, comme elle répond à toutes les espérances. Et c'est ainsi que, sur une population totale de 400,000 âmes environ, la nation des Monteficks parvient à mettre debout, en temps de guerre, jusqu'à 70,000 combattants, dont 5,000 cavaliers armés de fusils, 1,000 hommes montés sur des chameaux et pourvus également de fusils, le reste en infanterie, équipé et armé de toutes les façons. Dans les districts qui se livrent, comme il en est, plus spécialement à l'élevage des chevaux, il est dû deux cavaliers par tente ; sur le fleuve, les riverains fournissent cinq hommes par machkouff.

Chez les autres tribus, tout comme chez les Monteficks, se reproduisent, avec le même système, les mêmes principes, les mêmes haines et les mêmes convoitises. Nulle part le mobile ne varie, et il n'est pas de rivalités locales derrière lesquelles ne se cachent surtout l'amour du pillage et l'appât du butin. Tant qu'un guerrier n'a pas rapporté au logis quelque prise qui atteste à la fois son courage et son adresse, il ne peut trouver à se marier. Voilà ce qui explique pourquoi ces luttes intestines, tout en étant à peu près permanentes, n'entraînent pas avec elles un dépeuplement en somme bien considérable. Ce sont, avant tout, des guerres de surprise, dont chacun cherche à tirer, pour ses intérêts privés, le meilleur parti ; et dans ces combats, souvent individuels, à la façon de ceux des héros d'Homère, il est bien rare, à moins d'un motif spécial de vengeance, que deux adversaires s'acharnent l'un contre l'autre, s'ils y voient un bénéfice plus sérieux à se ménager. Tout prisonnier, en effet, est admis, après

LES VRAIS ARABES ET LEUR PAYS. 177

sa défaite, à racheter sa liberté, en échange d'une rançon dont la valeur est proportionnée à l'importance de la capture. Il en est qui sont magnifiques, et d'un coup font la fortune du vainqueur. Celle que paya un jour le cheick Abdul-Kherim, dont j'ai parlé, est demeurée la plus fameuse.

Dans une attaque contre une fraction des Anessys, il fut pris. Au milieu de la mêlée, sa jument trébucha, il roula à terre, et un jeune homme fort et vigoureux, qui ne le connaissait pas, se jeta sur lui, le désarma, puis, après l'avoir solidement lié, le conduisit sous sa tente. Sans se rendre compte au juste de la qualité de son captif, l'Arabe avait bien deviné, à sa prestance, que ce devait être quelque personnage illustre. Aussi, en entrant chez lui :

— Ma mère, dit-il à une vieille femme qui écrasait du grain dans un coin, voici un prisonnier que je vous amène. C'est un cheick. Ayez-en soin.

— Allah est grand! Un cheick! Maintenant, ô mon fils, tu pourras donc enfin te marier, toi qui, jusqu'alors, n'avais jamais encore pu rapporter même un mouton!

Abdul-Kherim se tenait sombre et farouche, accroupi la tête entre ses mains. Tout à coup il se leva.

— Femme, ordonna-t-il, donne-moi à boire.

La vieille lui offrit de l'eau dont elle se servait pour pétrir sa pâte, dans une coupe de bois. La jarre était auprès.

— Celle-ci est mauvaise, va m'en chercher d'autre.

— Mauvaise! cria la vieille indignée, à quel breuvage es-tu donc habitué pour trouver cette eau mauvaise?

A ces mots, d'un coup de pied renversant la jarre, le

cheick se redresse, et sort vivement de la tente, avant que la pauvre femme stupéfaite ait pu s'y opposer. Il se dirige droit vers celle du grand chef ennemi dont les armes et le fanion, plantés à l'entrée, indiquaient la présence.

Le coude sur la selle de son chameau, suivant les habitudes souveraines, celui-ci reposait, entouré de quelques compagnons, tout émus encore de la bataille. Abdul-Kherim marcha vers lui :

— Lève-toi et donne-moi ta place, lui dit-il.

— Que la main d'Allâh te noircisse la face! réplique celui-ci; qui donc es-tu pour oser me parler de la sorte?

— Qui je suis? Tu vas le savoir.

Et il le prend par le bras, le fait lever, et s'assied à sa place. Puis, une fois installé, promenant un regard fier et calme sur les témoins frémissants de cette scène :

— Je suis Abdul-Khérim, dit-il paisiblement.

— Abdul-Khérim! Par Allah! hier si je t'avais rencontré sur ma route, je t'aurais tué. Aujourd'hui, en t'amenant sous ma tente, sa volonté t'a fait mon hôte et t'a rendu sacré. Sois-y le bienvenu. Tu pourras en sortir libre et sans crainte.

— Tu es un homme juste, tu n'abuses pas de la victoire, et ta parole est celle d'un chef. Mais je suis le captif de ta tribu, et je dois racheter ma liberté. La rançon d'Abdul-Kherim ne saurait être celle d'un guerrier vulgaire, et voici ce que je te propose : chaque fois que ta tribu, dans la suite de nos différends, fera quelque butin sur la mienne, ce sera son bien, elle le gardera. Nous, au contraire, nous nous engageons à vous restituer toujours ce que l'un des nôtres vous aura pris.

Séance tenante, les termes de cette étrange convention furent acceptés, et les paroles échangées. On ajoute même qu'ils furent fidèlement observés.

— Pars donc, Abdul-Kherim, s'écria alors le chef Anessy. Demain nous reprendrons les armes, mais je n'oublierai jamais que tu as été mon hôte.

Au même moment, le jeune homme qui l'avait fait prisonnier lui amenait sa monture.

— Toi, viens avec moi, dit-il alors, en se tournant vers celui-ci; j'ai à te payer une rançon particulière. L'homme qui a tenu Abdul-Kherim en son pouvoir et lui a laissé la vie ne peut rester obscur et pauvre.

Et deux jours après, il le renvoyait aux siens avec six mille moutons, cent chamelles et dix juments, la fortune d'un prince.

Cette magnificence chevaleresque, peu commmune chez les Arabes, fut toujours un des traits distinctifs du caractère de ceux dont les qualités supérieures ont laissé des traces derrière eux. On parle encore de celle de Nacer-Pacha. Rien de plus royal que les présents dont il comblait ceux qu'il se proposait d'honorer ou de récompenser. Si on la rappelle tout haut, on la regrette bien davantage tout bas, car son fils Phalah est loin de l'imiter. Pour le premier, l'à-propos de ses largesses rachetait, aux yeux du peuple, la sévérité de ses leçons. Les unes faisaisaient volontiers oublier les autres. Pour le second, on ne cite que des exemples de cruauté froide, sans parallèle pour les atténuer.

En frappant et en punissant sans pitié, Nacer poursuivait le but régénérateur qu'il s'était tracé. Il savait que, dans le milieu auquel il s'adressait, la persuasion n'est rien et que la force est tout. Les mœurs de sa nation lui faisaient un devoir de sévir pour être respecté, et les réformes qu'il tentait ne pouvaient avoir chance d'être accueillies, sans que la base en reposât sur les cadavres de ses ennemis. Ici, les préceptes inflexibles de la justice, dont le fonctionnement est, partout ailleurs, la première étape de la civilisation, n'ont encore d'autre sanction que le caprice ou l'équité du prince. Heureux lorsque cette vertu-là se rencontre chez lui. Quant à Phalah, en dehors des représailles nécessaires, il coupe, dit-on, facilement les têtes, pour le plaisir de les voir tomber. Il est vrai qu'autour de lui, personne ne songe à s'en indigner, et moins encore à s'en étonner. Il est le maître et le plus fort, il a donc raison. Question de latitude et de préjugés! Les autres n'ont qu'à se tenir cois. En de tels pays, cette manière de voir a ses bons côtés.

Nous ne tardâmes pas à faire connaissance avec ce personnage. Dès le jour même de notre arrivée, nous avions chargé Naoum-Serkis d'aller la lui apprendre, et, en lui transmettant nos remercîments pour la protection dont il nous avait couverts, de lui annoncer notre prochaine visite. Le lendemain, nous nous rendions en pompe chez lui. Sa demeure était à l'autre extrémité de la ville, à la limite même du désert. Nous avions donc à traverser tout Nasrieh. A l'encontre des centres indigènes que j'avais pu voir jusqu'alors, et dont les ruelles tortueuses, étroites, se reproduisaient partout, nous suivions des rues larges et droites, où la pluie de la veille avait, il est vrai, creusé plus d'une fondrière, mais où le génie du novateur se révélait d'une manière saisissante.

Une grande place assez régulière laissa voir tout à coup, en face de nous, de longs bâtiments en briques, élevés d'un étage et entourés de hautes murailles, dont l'ensemble me rappelait quelque peu l'aspect d'un quartier de cavalerie. C'étaient là les palais construits par Nacer-Pacha et sa famille. Lui-même n'avait jamais habité le sien. Façonné à l'existence plus libre du désert, il s'était bien, pour payer d'exemple, plié à l'obligation d'embellir de quelques beaux édifices la cité à laquelle il donnait son nom, mais il étouffait entre ces murs; et, lorsqu'il demeurait à Nasrieh, il faisait dresser ses tentes aux portes mêmes de sa maison, heureux de pouvoir continuer à vivre comme par le passé. Elle ne servait que pour les réceptions. Aussitôt terminées, il était le premier à en sortir. Phalah-Pacha en habitait, lui, une vaste et sévère, que signala tout de suite à notre attention le mouvement de piétons et de cavaliers qui se pressaient aux alentours; c'était sa résidence officielle. Plus loin, celles de ses femmes, de son fils ou de quelque autre Sâhdoun.

Un gros de ses courtisans nous attendait. La cour carrée et l'escalier en échelle de toutes les maisons arabes franchis, nous pénétrâmes dans une pièce tenant la longueur entière de la façade. Tout autour, accroupis sur des nattes, des cheicks indigènes de tous les âges et de toutes les physionomies. Dans l'angle gauche, lorsque nous entrâmes, un groupe s'agita; c'étaient l'émir et ses principaux officiers qui se levaient pour nous recevoir. L'assistance les imita. Les salamalecs et les poignées de mains échangés, on s'assit. Notre hôte se roula derechef sur ses tapis, pendant que nous nous installions dans des fauteuils préparés à notre intention. D'où sortaient-ils? Nous apprîmes plus tard que c'était un emprunt au mobilier de Naoum-Serkis.

Je n'avais entendu dire, jusque-là, de Phalah-Pacha que du mal : esprit borné, instincts cupides, appétits cruels; je m'attendais donc à trouver un homme d'abord peu sympathique et d'apparence grossière. Au contraire! De trente-cinq à trente-six ans à peine, d'une taille élancée, l'émir offrait à mes regards, sous son costume oriental, un modèle d'élégance correcte et de haute distinction. Bien qu'aucun détail de toilette, si ce n'est un peu plus de propreté, ne le distinguât de son entourage, rien qu'à le voir, on sentait le grand seigneur qui a conscience de son rang et de son origine. Une barbe noire, peignée avec soin, encadrait sa figure fine et aristocratique; son grand œil sombre, on le devinait, par exemple, devait, à certains moments, se charger aisément d'éclairs de fureur; peu de gestes, peu de paroles; à peine laissait-il, de temps à autre, un sourire froid et dédaigneux errer sur ses lèvres. De chaque côté du visage lui pendaient deux lourdes tresses comme celles des hussards de la République, que Bonaparte eut tant de peine à supprimer. A l'inverse des autres musulmans qui se rasent la tête, c'est une mode particulière aux Arabes de la Mésopotamie. Je les voyais tous, autour de moi, avec ces deux battants épais leur tombant le long du cou. Ils y tiennent autant que, jadis, nos vieux soldats aux leurs; et Nacer-Pacha racontait, à Constantinople, que ce qui lui avait le plus coûté, durant son séjour, était le sacrifice de cette parure, auquel il avait dû se résigner pour paraître devant le Sultan.

C'était parmi les chefs, grands et petits, qui emplissaient la salle, et qui causaient entre eux, un va-et-vient continuel. En entrant, chacun, après s'être respectueusement, de loin, incliné devant le prince, gagnait la place que lui assignait l'étiquette, sans hésitation, sans erreur. On voyait que tout cela était étudié, ordonné de longue date. Personne ne portait d'armes. Seul, derrière lui et à portée de sa main, le sabre de Phalah-Pacha était debout, appuyé à la muraille. Il daigna me le montrer; très-belle lame en vérité, comme toutes celles que j'avais déjà vues, dans un fourreau enrichi d'une garniture d'argent. Je ne cachai pas mon admiration; il fit un signe alors, et l'on m'apporta un second sabre, dont les ornements étaient en or pur, très-artistement travaillé. C'était un trophée que son père avait rapporté de la conquête d'Hassa. Il me demanda si, en France, on pourrait lui en fabriquer un exactement pareil.

— Certainement, répondis-je; et je me ferai un plaisir, à mon retour, d'en adresser moi-même l'hommage au prince, ajoutai-je, en me tournant vers Naoum-Serkis.

D'un signe de tête, l'émir me remercia; et en effet, depuis je lui ai envoyé l'arme promise, mais je n'ai jamais su s'il en avait été satisfait. L'aura-t-il même reçue, et ne sera-t-elle pas restée, avant d'arriver jusqu'à lui, entre des mains peu scrupuleuses? Tout est possible là-bas.

Plus je le contemplais, et moins je pouvais croire que cet homme qui me semblait si jeune eût un fils déjà marié lui-même, et père à son tour. Rien de plus vrai, cependant. Tous ces Sâhdoun se marient de très-bonne heure. A peine nubiles, ils épousent uniformément une des leurs. L'orgueil de la race ne leur permet pas de découvrir, en dehors de leur propre famille, une femme digne de s'allier à eux. Il est de règle, dans ces tribus, que la cousine germaine appartient, de droit, au fils aîné. Elle ne peut se marier ailleurs avant que celui-ci ait formellement déclaré qu'il renonce à elle, et qu'il l'autorise à en choisir un autre. De père en fils, les Sâhdoun prennent donc, pour première femme, la fille de leur oncle, ou tout au moins, à son défaut, une parente rapprochée. Celle-ci jouit, il est vrai, dans leur harem, d'une position privilégiée. Elle y vit en princesse, et ne peut être répudiée. A ses enfants seuls sont réservés les droits de l'hérédité; et, du haut de son dédain, elle regarde, au-dessous, passer la foule obscure des favorites d'un jour que vont chercher les caprices de son époux, sans qu'ils puissent les élever jusqu'à elle.

Les prohibitions religieuses ne m'ont pas permis de voir ces dames de près; mais des familiers du prince, plus heureux que moi, m'ont affirmé que toutes avaient fort grand air, et qu'elles étaient, en général, d'une portée d'esprit remarquable. Plus d'une, en effet, a joué un rôle, et les ambitions, les jalousies de la mère ou de la femme sont venues, maintes fois, dans les agitations politiques, peser sur la résolution, ou les vengeances, des fils ou des maris.

Ce serait, en effet, se faire une bien fausse idée de la situation des femmes dans les grandes familles musulmanes que de penser qu'elles y sont reléguées, comme chez la masse, de par les préjugés de l'organisation sociale, dans les ombres infranchissables d'une nullité ou d'un anéantissement stupides. Pour n'être pas ostensible, leur action s'y manifeste, au contraire, d'une façon permanente, et bien des révolutions ou des événements qui ont ébranlé l'empire des sultans n'ont pas eu d'autre origine que les menées et les influences du harem. Tous les bruits du dehors savent y provoquer un écho, quand même ils n'en émanent pas directement. C'est ainsi que leur intelligence, beaucoup plus en éveil qu'on ne l'imagine, trouve des compensations à la déchéance précoce dont l'oisiveté pernicieuse de leur vie indolente frappe prématurément en elles la grâce et la beauté. Car ces démarches lourdes et pesantes, ces tournures d'amphibie, ces tailles déformées et surchargées de graisse, qui paraissent trop souvent l'apanage de la grande dame turque, sont loin, à l'encontre de ce que j'ai fréquemment entendu raconter ici par des voyageurs en chambre, de répondre aux exigences perverties d'un goût particulier aux Orientaux.

Ce n'est, hélas! pour la plupart, qu'une conséquence logique de leur genre de nourriture, des confitures et des pâtes sucrées dont elles se rassasient, des repos prolongés auxquels elles s'abandonnent; et aussi tristement que nous le ferions nous-mêmes, leurs seigneurs et maîtres gémissent du développement anormal des charmes boursouflés de leurs chères moitiés. Mais quel remède adopter? Les tuer?... sans doute; pourtant le moyen serait peut-être un peu vif. Les renvoyer? Ce n'est pas toujours à la portée de chacun, et il est des convenances à observer. Il ne reste guère qu'à se résigner, en en achetant une ou deux autres plus jeunes et plus maigres, et à se consoler en leur compagnie, pendant que les premières étalent à loisir leur corpulence aux bains et aux promenades publics. Ce sont celles-là qu'on rencontre le plus facilement alors, un peu partout, d'où en France, sur la foi de renseignements plus gouailleurs que sérieux, l'opinion accréditée du succès exclusif des femmes grasses, aux pays voisins du tropique. Et cela, sans tenir compte de la chaleur !

Il n'en est rien, je le maintiens, et j'eus l'occasion, à Constantinople, d'en être convaincu. Des difficultés ou des impossibilités au milieu desquelles se débat la majorité des mortels, Sa Hautesse, bien entendu, n'a cure, et le sultan Abd ul-Medjid ne se gênait pas, lui, pour se débarrasser de celles de ses femmes qui cessaient de lui plaire. Il y mettait des formes, il est vrai, et il avait à sa disposition, pour atténuer l'amertume du procédé, des ressources qui n'étaient pas du domaine de tout le monde. Au nombre de ses favorites, il en était une, svelte et mignonne, dont la grâce l'avait captivé depuis longtemps. Un jour, il crut s'apercevoir qu'un malencontreux embonpoint menaçait l'élégance plastique de la belle. Ce jour-là, un pli de mécontentement se creusa sur son front auguste. On parla vaguement d'éloignement, de séparation. La pauvre enfant pleura, allégua des malaises passagers; les choses en restèrent là. Mais elle eut beau lutter, la fatale graisse l'envahissait, et la sentence fut prononcée sans appel. Par une suprême condescendance, l'impérial maître voulut l'en informer lui-même. Larmes, prières, tout cela glissait, sans le fléchir, sur son cœur inflexible, bien qu'attendri. L'entretien avait lieu à l'une des fenêtres du palais de Tcheragan, d'où ils avaient laissé tant de fois sans doute errer ensemble leur regard ému sur le Bosphore. Elle donnait en même temps sur la cour d'honneur qui précède les premières marches du grand escalier, et à l'entrée de laquelle un poste militaire veille à la sécurité du souverain.

— Oui, il faut nous quitter, répétait celui-ci. Mes yeux ne peuvent s'accoutumer à ne plus te voir telle qu'ils t'ont connue. Mais je ne te repousse pas sans avoir songé à assurer ton sort. Tu seras dotée, et je veux te marier... oui, te marier... tiens, avec celui-ci...

Et le prince désignait du doigt un jeune brigadier d'artillerie, qui, en cet instant même, traversait la cour pour aller relever la sentinelle extérieure.

Grand, beau, bien découplé, la physionomie avenante, l'aspect de ce soldat, sans qu'il le connût, avait subitement séduit le sultan, et il s'était dit que ce serait certainement là, pour la belle éplorée, un mari très-acceptable.

— Seulement, ajouta-t-il, en ta faveur, je le nommerai colonel.

Et il en fut fait ainsi. Jamais rêve de fortune aussi inespérée n'avait bercé l'imagination du brave garçon : une favorite du sultan et le grade de colonel!... Le mariage se régularisa bien vite. Je les ai vus l'un et l'autre chez des amis, huit ans après. La femme était devenue ce qu'on pourrait appeler, chez nous, une agréable boulotte. Quant au mari, la fantaisie impériale était bien tombée ; c'était une nature honnête et intelligente. Pour se mettre à la hauteur de sa situation, il avait travaillé, s'était instruit, et avait même appris à parler assez correctement le français. Les étoiles de général avaient succédé aux épaulettes de colonel ; il était sous-directeur de l'arsenal de Top-Hanè, à l'époque où je les connus, et une ravissante petite musulmane de sept ans les appelait papa et maman. C'était un couple des plus unis et des plus heureux. Il y a donc parfois du bon, pour une femme, à engraisser un peu, même au prix de la faveur d'un sultan!...

Mais ce n'était point cette question que nous traitions avec Phalah-Pacha. L'idée de voir une société française envoyer de temps à autre, chaque année, un vapeur dans les eaux de l'Euphrate lui souriait énormément.

C'était un écoulement assuré aux produits de ses immenses domaines, et il aurait certainement, nous affirmait Naoum-Serkis, pris des actions de la future Compagnie dont, par avance, il saisissait à merveille le mécanisme et le fonctionnement. Nous nous quittâmes, après ce premier échange de vues, et sur ce commun espoir.

CHAPITRE X

Rapports avec Phalah-Pacha. — La garnison ottomane. — Le poisson de Tobie. — Les chevaux chammars. — Les voleurs de chevaux. — Hamid et Yemina.

Aucune des règles de l'étiquette n'était étrangère à la cour de Phalah-Pacha. Trois heures après la visite que nous lui avions faite, nous le voyions arriver à son tour, escorté de ses principaux officiers. Nous le reçûmes tout simplement sous un des hangars de Naoum-Serkis. Les mœurs de ces contrées offrent, chez les plus grands, un singulier mélange de morgue altière et de bonhomie patriarcale. C'était de lui-même que l'émir s'était dirigé et installé sous ce modeste abri, en attendant qu'on nous prévînt. Par contre, il n'eût pas toléré le moindre oubli d'une des prérogatives de sa dignité, ni du respect qui lui était dû. L'écuyer chargé de son inévitable sabre marchait dans son ombre, ou lorsqu'il était assis, se tenait en silence derrière lui; les autres allongeaient le pas, ou s'accroupissaient à une distance en rapport avec l'importance de leurs fonctions. Tous, lorsqu'il leur adressait la parole, répondaient avec une soumission presque servile.

Phalah, familier avec les gens de la maison, s'enquérait des détails de leur existence. Les chevaux, suivant l'usage arabe, étaient au piquet, au milieu de la cour; il se les faisait amener, les examinait en connaisseur. Mes armes paraissaient l'intéresser; il les maniait et en discutait les mérites.

Outre son entourage immédiat, une dizaine de sacripants vulgaires s'étaient arrêtés à la porte. Khurdi, qui ne favorisait que les personnes bien mises, aboyait furieusement après ceux-là et leur montrait les dents. C'étaient ses soldats, ses domestiques. L'un ne se distingue pas beaucoup de l'autre en Orient, et un seigneur de haute volée ne saurait faire un pas sans en entraîner toute une bande après lui. Derrière l'habitation de l'émir se déroule, en dehors de la ville, un campement considérable qui n'est peuplé que de ces gens-là. Ils continuent à vivre sous la tente, prêts à partir pour n'importe où, au premier signal, et cette agglomération constitue comme un faubourg de Nasrieh. Ailleurs, on appellerait ce quartier les communs du palais; car les écuries, les cuisines, tout cela s'y trouve compris; à l'heure des repas, on peut voir de larges plateaux, portés sur la tête, en sortir et se diriger vers les maisons de Phalah et de ses femmes, chargés des mets qui leur sont destinés. Puis, un beau matin, à la place de ce bivouac, la veille grouillant et animé, plus rien! C'est que le maître a décampé, et, à sa suite, le personnel tumultueux vivant de son luxe ou de ses besoins.

En face de chez notre hôte, de l'autre côté de l'Euphrate, et tout aux limites de l'horizon, s'apercevait, quand l'atmosphère était limpide, une tache sombre s'élevant au-dessus de l'uniformité de la plaine, et se profilant sur le bleu du ciel. On m'avait dit que c'étaient les ruines de la ville d'Uhr, la patrie d'Abraham. Je n'avais plus qu'un désir, celui de les visiter. Mais les environs en étaient dangereux, infestés de

NASRIEH, SUR L'EUPHRATE.

pillards et de bandits aussi rebelles à l'autorité de Phalah-Pacha qu'à celle des Turcs. Néanmoins je profitai de l'occasion, et je demandai à celui-ci des hommes pour m'y accompagner. Il me les promit gracieusement et prit congé de nous, en se mettant, une fois de plus, tout à notre disposition.

Quelques instants plus tard, se présentaient le moutessarif turc et le commandant du bataillon en garnison à Nasrieh. Le premier n'était qu'un pauvre petit personnage, bien insignifiant, mais qui se croyait d'autant plus obligé d'affirmer sa personnalité à côté de celle de Phalah : nous restâmes avec lui sur le pied d'une stricte politesse. Quant au second, je retrouvai en lui cet ancien élève de l'École militaire de Pancaldi, dont j'ai parlé. La communauté de nos souvenirs, de nos relations, nous rapprocha bien vite. C'était d'ailleurs un garçon rond et avenant, aux manières militaires, avec lequel, au bout d'un quart d'heure de conversation, nous étions sur un pied de cordialité et de confiance parfaites.

Il y avait dix-huit mois qu'il était à Nasrieh. Il commençait à trouver le temps long, et soupirait après son retour à Bagdad, que ne quittait pas l'état-major de son régiment. Sa troupe comptait trois cent cinquante hommes au plus. Il tint à les faire manœuvrer sous mes yeux; et je remarquai la dextérité qu'ils apportaient à « l'escrime à la baïonnette ». Je reconnaissais les principes de la méthode française. Mais, — je cite ceci pour les hommes du métier, — j'y notai un mouvement qui n'existe pas chez nous, celui d'un coup porté de haut en bas, comme pour frapper un ennemi à terre. Ce trait n'est-il pas, à lui seul, toute une révélation? C'est l'abîme qui sépare le génie de deux races ou de deux civilisations.

Ce chiffre de trois à quatre cents est, à peu près, celui de chacun des détachements disséminés sur cet immense territoire, qui, en style officiel, se nomme l'Irak. Hillah, Samaouah, Amahrah n'en ont pas davantage, et c'est tout le bout du monde si le total en arrive à quatre ou cinq mille hommes. Et tout cela pour tenir en respect ces quinze cent mille Arabes des tribus Monteficks, Chammars, Anessys et Châabs, dont l'humeur belliqueuse est sans cesse à la veille de les jeter sur ceux qui s'intitulent leurs maîtres. En présence des effectifs militaires dont disposent les unes et les autres, on comprend qu'il faut de la diplomatie à ces derniers pour y maintenir leur domination, et que les germes de discorde qu'ils propagent parmi elles avec tant d'habileté sont, pour leurs vues, un auxiliaire indispensable. Aussi impuissants à faire régner l'ordre chez les populations indigènes, dont ils sont exécrés, qu'à poursuivre le châtiment d'un crime, ou à en prévenir le retour, c'est à peine si les malheureux soldats et gendarmes détachés dans ces postes ingrats parviennent toujours à se protéger eux-mêmes contre ceux qu'ils ont mission de surveiller. Il ne faudrait qu'un signe de Phalah pour que la garnison de Nasrieh fût bloquée dans sa caserne, et livrât autant de prisonniers ou d'otages entre ses mains.

Si discrets et réservés que fussent les épanchements du pauvre chef de bataillon, ils trahissaient cette situation dans toute sa nudité. Mes questions trouvaient en lui un interlocuteur complaisant, et, cette fois, mon interprète s'en donnait à cœur joie; il vous rabâchait de son turc à bouche que veux-tu. Seulement, à présent que l'occasion d'être utile se présentait réellement, il s'absorbait dans ses propres méditations ou ses préoccupations personnelles, et se laissait aller volontiers à négliger le côté purement intermédiaire de son rôle.

— Mais ce ne sont pas là des réflexions ni des confidences que je vous adresse, à vous, étais-je à chaque instant obligé de lui rappeler. Faites-moi le plaisir de traduire ce que je dis, et ce qu'on me répond ou me demande. Rien de plus.

J'appris ainsi, sous le sceau du secret, que l'ordre de m'observer avait été transmis de Bagdad. L'autorité ottomane, toujours soupçonneuse, désirait être mise au courant de mes faits et gestes chez les Arabes; les insinuations du consul général d'Angleterre, qui m'avait si bien reçu, n'étaient pas étrangères, paraît-il, à cette surveillance. Nos bons amis les Anglais ne négligent jamais, surtout au loin, de manifester une sollicitude jalouse à tout ce que peut tenter la France, ou même un simple Français isolé! Je n'en étais plus à l'ignorer.

Peu après que le commandant m'eut quitté, nous vîmes deux de ses soldats entrer dans la cour, portant sur leurs épaules un poisson monstrueux. C'était la pêche de l'un d'eux; il venait de le prendre dans le fleuve, presque devant notre maison, et son chef s'était empressé de nous l'envoyer aimablement. Ce poisson aux dimensions énormes n'est autre que celui dont le foie rendit la vue à Tobie. Aussi s'appelle-t-il le « poisson de Tobie ». Les riverains, eux, se bornent à le nommer le « poisson de l'âne », parce que, placé en travers sur un âne de taille ordinaire, sa tête et sa queue, de chaque côté, doivent toucher la terre. L'année précédente, dans un petit fossé subitement enflé par les pluies, et desséché le lendemain non moins vite, M. de Sarzec en avait découvert un demeuré à sec sans pouvoir s'échapper. Il mesurait plus de deux mètres. La chair en est exquise, blanche et fine ; elle offre un mets d'une délicatesse bien extraordinaire en raison des proportions de l'animal. Nous mangeâmes, dès le jour même, un morceau du nôtre. A le voir, nous l'avions comparé au thon ; mais, au goût, quelle différence ! Rien de plus savoureux.

L'Euphrate est excessivement poissonneux. Les indigènes n'exploitent, néanmoins, que bien exceptionnellement cette ressource pour eux-mêmes ; ils ne possèdent aucun engin de pêche. Les loisirs de la garnison ont rendu les Turcs plus inventifs ; et, après celui-là, il nous en fut offert fréquemment d'autres, capturés, ainsi que le premier, avec un simple hameçon. Malheureusement, la bête était un peu grosse, et la domesticité de la maison, chiite comme le pays entier, n'aurait pas consenti à tâter d'une chair que n'eussent point purifiée, au préalable, les formalités imposées par la loi.

Le rigorisme religieux y est poussé si loin que, bien que chrétien, Naoum-Serkis n'aurait jamais osé se présenter à la cour de Phalah après avoir bu du vin ou de l'eau-de-vie. Il partageait nos repas, et naturellement prenait, avec nous, sa part des quelques bouteilles que nous avions apportées. Lorsqu'il avait affaire au divan, nous le savions tout de suite. Ce jour-là, à déjeuner, dans son verre, rien que de l'eau pure.

— Montcficks ! nous disait-il, en clignant de l'œil et en appuyant son doigt sur sa bouche, d'un geste significatif.

C'est-à-dire qu'il allait passer sa journée au milieu d'eux. La finesse de l'odorat et du goût que ces gens doivent à leur sobriété habituelle est si grande, qu'en effet, nul ne s'y serait trompé, et le prince en aurait témoigné son mécontentement d'une façon peu agréable pour l'infortuné Naoum. Cependant lui-même n'appartient pas à la secte chiite; les Sâhdoun sont restés fidèles au rite sunnite, qu'ils professaient en Arabie. C'est la seule exception parmi les Arabes de la Mésopotamie; et, chose extraordinaire, cette particularité, qu'ils reprochent comme un opprobre aux Turcs, ne les choque plus chez les Sâhdoun. Tant il est bon d'être le maître! Vérité non moins indiscutable aux bords de la Seine que sur les rives de l'Euphrate.

En attendant, ses eaux limoneuses grossissaient à vue d'œil. Nous avions amené les pluies avec nous à Nasrieh, et cette circonstance, toujours saluée avec joie par les populations, auxquelles elle promet l'abondance, était, pour leurs ombrageuses défiances, un présage de bon augure en faveur de notre présence sur leurs terres. Les Orientaux, condamnés en général à des climats brûlants et à un sol desséché, ont tous, en effet, la croyance qu'il est des êtres privilégiés auxquels le ciel a départi le don d'entraîner sur leurs pas cette bénédiction suprême.

En Algérie, l'expression qui sert à caractériser ce pouvoir surnaturel est pleine de poésie : « Il a l'éperon vert », disent les indigènes, de l'homme auquel ils l'attribuent. Et le sens s'en explique; car, à leurs yeux, le cheval est le premier signe de la supériorité individuelle; et celui-là, élevé par une grâce d'en haut si fort au-dessus du vulgaire, ne saurait être, avant tout, qu'un cavalier aux allures fougueuses, dont le passage laisse derrière lui, avec l'ondée bienfaisante qu'il promène, des champs se fécondant et des pâturages verdissants.

Mais nous étions d'avis que la qualité des heureux pronostics qui nous avaient accompagnés s'accentuait un peu trop. Loin de se ralentir, les torrents du premier jour s'étaient remis à tomber de plus belle, et mon voyage à Uhr se voyait, par là, ajourné indéfiniment. Tous ces pays sont faits pour le soleil, et la pluie y est plus triste qu'ailleurs. La nature, les animaux, tout y change de physionomie lorsque le temps s'assombrit; et l'on s'étonne soi-même de ne plus comprendre, en souffrant comme eux, le cadre qui vous environne, dès que ses rayons, si implacables qu'ils soient, cessent de l'éclairer.

Toutes nos distractions se bornaient à l'émoi des alertes nocturnes sur lesquelles le mauvais temps n'avait pas de prise. Pas de nuit sans que des détonations retentissent plus ou moins près de nous. C'était, malgré l'abri des murs épais de la maison, à se croire sur le point d'être attaqués à chaque instant, et nous ne nous endormions que nos armes à portée de la main. Le matin, nous apprenions qu'une bataille avait eu lieu entre tel ou tel et des voleurs inconnus, et le lendemain même répétition. Ces messieurs appartenaient à des douars des environs, et avec l'obscurité commençaient leurs prouesses.

Quelquefois c'était un siège en règle devant le domicile de ceux dont ils jugeaient les coffres les mieux garnis. Nul ne s'en inquiétait. C'était à ceux qu'on menaçait de se défendre, et la riposte, en effet, se montra plus d'une fois assez vigoureuse pour ôter aux brigands l'envie d'y revenir. Une nuit, entre autres, ils s'en prirent à l'un des frères de notre hôte, nommé Élias, qui, lui, habitait en permanence Nasrieh, où il surveillait les propriétés de son frère, et remplissait également je ne sais quelle charge auprès de Phalah. Il était sur ses gardes, et reçut les assaillants à coups de fusil ; ils s'enfuirent en laissant un mort sur le carreau. Personne ne voulut reconnaître le cadavre, ni se douter de la tribu à laquelle il appartenait; et il en fut comme devant. A la fin, nous y étions tellement habitués, que ces incidents ne nous intéressaient même plus ; et, sans les hurlements furieux de Khurdi qui nous éveillaient, nous n'y aurions pas fait attention. Mais ce fidèle gardien ne l'entendait pas ainsi, et il m'est toujours resté dans l'esprit que sa présence fut pour nous, en réalité, la meilleure sauvegarde. On ne s'imagine pas la terreur que la vue de sa mâchoire inspirait aux rôdeurs, d'habitude peu vêtus, qui s'aventuraient à portée. A défaut du vêtement indispensable dont ils étaient généralement privés, plus d'un y laissa quelque lambeau de sa peau. Personne n'osait plus se risquer au seuil de notre porte sans avoir d'abord demandé :

— Le chien est-il là?

Aux coups de fusil ils étaient résignés, mais à des crocs pareils, jamais!

Tamah-Pacha, le fils de Phalah, faillit, tout comme un autre, lui-même en devenir victime. Il habitait d'ordinaire les environs de Souk-es-Schiouck, mais il avait toujours manifesté pour les Français un penchant notoire; ses relations avec M. de Sarzec étaient des plus cordiales, et en apprenant notre arrivée, il était accouru. C'était un jeune homme de dix-huit ans tout au plus, à l'œil intelligent et vif. A l'encontre de l'immobilité froide du visage de son père, le sien s'animait lorsqu'il parlait, et sa conversation dénotait un esprit aussi éclairé que ses façons trahissaient vite une âme généreuse. On le dit effectivement bien supérieur, sous tous les rapports, à Phalah-Pacha, et il est regardé comme le continuateur futur de son grand-père Nacer. Malgré sa jeunesse, il était marié, à sa cousine d'abord, une Sàhdoun, dont il avait un fils, puis à un certain nombre d'autres femmes secondaires.

Une petite cour à part s'était déjà formée autour de lui et le suivait; moins nombreuse que celle de Phalah, il s'y devinait aussi comme un esprit à part. C'était le cortége inévitable de l'héritier, toujours quelque peu frondeur à l'égard des familiers du père, et escomptant l'avenir.

Lorsqu'à mon tour j'allai lui rendre sa visite, je trouvai tout ce monde auprès de lui, sur un pied d'intimité beaucoup plus prononcé que dans l'entourage de Phalah. On y respirait je ne sais quel parfum d'opposition au règne présent. On y respirait aussi autre chose, je dois l'avouer; car ça ne sentait pas bon, dans ce domicile enfumé. Ce n'était, il est vrai, qu'un pied-à-terre; mais il eût gagné à être plus confortable. Pas d'autre ouverture que la porte, par où s'échappait, en même temps, la fumée du feu que le froid humide avait contraint d'allumer; il flambait tout bonnement au milieu de la pièce, sur le sol en terre battue, et les amis, assis en rond, s'y chauffaient les pattes, en crachouillant sans gêne un peu partout. C'était plutôt une étable qu'une salle de réception. J'aime à croire que son logement privé valait un peu mieux. Il s'excusait d'ailleurs de son mieux de nous recevoir ainsi, et insistait vivement pour que nous vinssions le voir à sa résidence de Souk-es-Schiouk. Il me savait amateur de chevaux, et promettait de m'en montrer de fort beaux qui lui venaient, en partie, de chez les Chammars.

Cette tribu est, en effet, renommée pour la race de ses chevaux, dont l'origine se confond avec celle du Nedjd. Les Monteficks en tirent la plupart de leurs étalons; quant aux juments, à moins qu'elles ne soient tarées, elles n'ont pas de prix. Elles se conservent toujours avec un soin jaloux dans la famille, et il est peu d'exemples, lorsqu'une misère implacable ne l'y force pas, qu'un Arabe consente à se séparer de la sienne. C'est la joie de la tente, mais c'en est surtout la richesse. Pendant la paix, la valeur du poulain qu'elle produira s'y suppute longtemps d'avance. En temps de guerre, de la vitesse de ses jambes dépendent les heureuses surprises, les captures lucratives, et souvent la vie du maître. Aussi, tout en chargeant, celui-ci crie-t-il à l'ennemi :

— Dans ma poitrine! mais épargne ma jument.

On cite celle d'Abd ul-Kherim, qui fournit une fois, prétend-on, dix-huit heures de galop consécutives, et lui permit ainsi d'échapper à une poursuite acharnée des Turcs. Enchanté de nos rapports, le nommé Phalah, comme nous l'appelions entre nous, ne crut pas pouvoir m'en donner un plus éclatant témoignage qu'en me faisant présent, deux jours après, d'un petit-fils de cette bête fameuse. Nous sortions de table; Naoum Serkis m'adressa du doigt un appel mystérieux, et me tirant à part :

— Tu aimes les juments, me dit-il ; viens-en voir une qu'on amène des pâturages.

Un Bédouin tenait dans la cour un bel animal, enveloppé du long manteau de laine brune rayé de blanc, dont les Arabes les recouvrent hermétiquement. Il devait arriver de loin, car il paraissait fatigué.

— Comment la trouves-tu? me demanda mon hôte en enlevant la housse.

— Fort belle. Membres magnifiques; épaules saillantes; encolure fine et nerveuse; croupe arrondie. Fort belle, en vérité. Seulement, c'est un étalon.

— Oui! mais nous appelons, dans ce pays, tous les chevaux du terme générique de juments, parce que c'est toujours vers celles-là que se porte la préférence.

En effet, jument, en arabe, se dit *feraz;* cheval, *hoçan*[1]*;* jamais les indigènes, pour désigner l'espèce, n'emploient que le premier mot. C'est à peine s'ils connaissent le second.

— Regarde, continua Naoum, il est marqué au jarret gauche du signe des Chammars. C'est une bête estimée, et voici ses papiers, signés des notables de la tribu.

Et il me montrait je ne sais quel grimoire arabe revêtu d'une dizaine de cachets. Puis il ajouta tranquillement :

— Il est à toi. C'est Phalah-Pacha qui te le donne.

Je n'étais pas absolument surpris; car, pour me conformer à un usage auquel il est sensible, je n'avais pas négligé, à l'issue de notre entrevue, d'offrir moi-même à l'émir quelques cadeaux dont il avait daigné se montrer satisfait... Il n'y avait qu'une manière digne de lui, d'après leurs mœurs, d'y répondre convenablement, c'était de m'envoyer un cheval.

Tout ce qui touche à cet animal revêt un caractère de noblesse dont bénéficient même ceux qui ne l'approchent que de loin, ou ne s'en occupent que dans des conditions peu avouables.

---

[1] En Algérie, on dit *aoud*. Il est difficile de s'imaginer les variations de la langue arabe, suivant les pays. Ainsi, pour exprimer l'idée négative, on dira en Algérie : *ma-cache;* en Égypte et en Arabie : *ma-fiche;* à Bassorah et à Bagdad : *ma-ko*.

Il est, en effet, parmi les diverses variétés de brigandage dont s'honore la société arabe, une catégorie à part de spécialistes, qui limitent le champ exclusif de leurs opérations au vol des chevaux. Cette caste-là n'est pas sans jouir, je ne veux point prétendre d'une considération exceptionnelle, mais d'une forte dose de tolérance auprès de la masse de ses compatriotes, — de ceux du moins auxquels elle ne s'attaque pas. Le tout est, pour les intéressés, de ne pas se laisser prendre.

Il arrive que plus d'un de ces voleurs de grand chemin, qu'a favorisés la chance, finissent, après fortune faite, par se créer, au sein de leur propre tribu, une situation prépondérante, souvent par y être nommés cheicks, et à jouir, en tout cas, d'une influence bien supérieure à celle des voisins dont les exploits n'ont pas conquis la même renommée. Il est vrai que, dans l'exercice de leur industrie, ils ne se départissent jamais d'un code de probité et de loyauté, dont l'honneur de la corporation leur fait un devoir, et qu'on n'est pas toujours sûr de rencontrer chez les consciences indépendantes d'à côté. S'ils n'affichent pas ostensiblement leur profession, ils n'en font point trop mystère, et se reconnaissent aisément, à certains signes consacrés par la tradition. La légende se mêle souvent de leurs aventures :

La belle Yemina était fille du cheick Hadji-Fehad (le tigre), l'un des principaux des Châabs. Dans l'intérieur de la contrée, la femme va à visage découvert, et sa surprenante beauté, que nul voile ne dérobait aux regards, avait excité la passion de maint jeune cheick des tribus voisines. Mais, jusqu'alors, ni tendre aveu d'amour, ni proposition séduisante n'avait encore ému son cœur, et le père, non moins fier de sa propre origine que de la beauté de sa fille, parmi la foule des prétendants, n'en trouvait aucun dont la naissance et les qualités le rendissent, à ses yeux, digne d'elle et de lui.

Une nuit qu'il avait dû se transporter, escorté de ses serviteurs, à l'un des marchés environnants, où allait se tenir une importante réunion des grands chefs de la nation, Yemina était dans sa tente, ses longues tresses dénouées, les paupières alourdies par le sommeil, étendue, un bras recourbé sous la tête, sur les tapis à longue laine et les coussins de soie dont se composait sa couche. Une lampe où se consumait lentement une mèche trempée dans de la graisse de chameau l'éclairait à peine. Ses femmes l'avaient quittée; elle était seule. Au dehors, pas d'autre bruit que le glapissement des chacals ou les aboiements des chiens. Le campement tout entier dormait.

Tout à coup, dans l'un des coins sombres, il lui semble que quelque chose a remué. Elle se lève à demi. Une ombre se dresse en même temps. C'est un homme. Il s'avance avec précaution. Un poignard est à sa ceinture. La lampe jette une lueur : c'est un des cheicks qui aspirent à être son époux, un de ceux qu'elle a refusés.

— Yemina, proféra-t-il, oui, c'est moi; moi qui t'aime et que tu as repoussé. A présent, personne des tiens n'est auprès de toi; te voilà à ma merci, et tu vas me suivre.

— Te suivre ! Quelle audace est la tienne ! Ne sais-tu point que je n'ai qu'à jeter un cri pour qu'on accoure aussitôt, et qu'on te saisisse sous mes yeux ?

— Oui, je le sais ! Mais ce cri, tu ne le jetteras pas, parce que, d'après nos lois, tu ne peux, sous peine de déshonneur, être trouvée seule avec un homme, et que demain, même pour ceux qui t'auraient délivrée, tu ne serais plus qu'un objet de rebut, une femme méprisée, à peine couverte par le dédain ou la pitié. Ton père lui-même ne voudrait plus de toi sous sa tente.

— Et que prétends-tu donc ?

— Je te l'ai dit ; tu vas me suivre, pour devenir mon épouse.

— Jamais !

— Jamais ? Eh bien ! je l'ai juré par la barbe d'Ali, si tu ne viens pas avec moi, je ne sortirai d'ici qu'après t'avoir poignardée. Regarde.

Et il s'approchait en brandissant son arme.

Mais, au même instant, une nouvelle ombre surgissait entre eux ; un bras armé, lui aussi, se levait et retombait sur le misérable. La lutte ne fut pas longue ; au bout de quelques secondes, le corps de ce dernier gisait sans mouvement sur le sol. D'un coup de sabre, le vainqueur lui trancha la tête, puis, la saisissant par les cheveux, il alla la porter aux pieds d'Yemina, demeurée immobile à sa place, muette d'épouvante. Ensuite, essuyant à un pan de son burnous son arme ensanglantée, il la déposa auprès, et se prosterna lui-même en silence devant la jeune fille.

— Relève-toi, dit à la fin celle-ci. Je te reconnais, tu es un voleur de chevaux.

— Oui. Je m'appelle Hamid, de la tribu des M'Zeigh. Pardonne à ton esclave ! Je me glissais tout près d'ici. J'ai entendu des voix. Je me suis arrêté, j'ai écouté : un homme menaçait une femme, la fille d'un cheick. Ce n'était ni son frère, ni son mari. Elle ne pouvait appeler ! J'étais là ; je suis entré ; je l'ai tué. Allah a guidé mes coups.

— Qui que tu sois, je te dois la vie. Achève ton œuvre, prends ce cadavre et va l'enterrer sans bruit loin des tentes. Tu reviendras après recevoir ta récompense.

Bientôt l'homme reparaissait. Yemina, détachant une des chaînes d'or qui chargeaient son cou, la lui remit d'abord.

— Ce n'est pas tout ; viens avec moi, ajouta-t-elle.

Et elle sortit. Elle se dirigeait vers l'endroit où étaient attachés les chevaux de son père. Choisissant dans le nombre une des meilleures juments, elle la détacha.

— Prends aussi cet animal, dit-elle à Hamid. Tu n'ignores pas ce qu'il vaut ; te le donner, c'est te donner la richesse, et m'acquitter avec toi, au nom de mon père comme au mien. Et maintenant fuis !... Ah ! s'écria-t-elle, au moment où elle allait s'éloigner, j'oubliais. Ne suis pas le chemin du Sud. C'est par là que vont revenir, cette nuit sans doute, cheick Fehad et ses serviteurs. Tu pourrais les rencontrer, et, en te voyant monté sur cette jument, ils n'hésiteraient pas à croire que tu l'as volée, et à s'emparer de toi pour te tuer. Prends ce sentier qui mène vers le nord, observe attentivement le cours des étoiles, et gagne le pays des Khurdes. Seulement, écoute-moi bien : la vitesse du pas de cette bête m'est familière ; trois heures, juste, avant le jour, tu verras, devant toi, s'élever une montagne escarpée. La route s'engage alors entre des rochers qui servent de refuge à des nuées de pigeons sauvages. A l'entrée, un précipice en défend l'accès. Maint accident funeste s'y est déjà produit. Il n'y a pas à reculer cependant ; il faut passer au bord de cet abîme, sur un espace rétréci où deux chevaux ne sauraient marcher de front. Dans ce moment-là, sois sur tes gardes. Que ta vigilance ne s'endorme pas! La jument est ombrageuse ; au choc de ses sabots sonores, les pigeons réveillés prendront leur vol, et, effrayée par ce battement d'ailes inattendu, elle peut faire un écart et te jeter, dans l'obscurité, au fond de ce trou dont on ne remonte plus. Tu es averti. Va! Et qu'Allah te conduise !

Hamid partit. Il se conforma exactement aux recommandations d'Yemina, tourna vers le nord, et, au bout d'une heure et demie de marche, il distingua, à la clarté des cieux, la masse gigantesque et sombre de la montagne qu'elle lui avait signalée. Serrant alors les genoux et regardant tout autour de lui, en caressant doucement le col de sa monture, il s'apprêta à aborder le passage redouté. Mais, avant même qu'il se fût bien rendu compte de l'endroit, un fracas épouvantable, répercuté par les échos de la montagne, retentit au-dessus de sa tête. On eût dit un ouragan de grêlons et de cailloux se déchaînant en haut, pour s'écrouler jusqu'à lui, et l'écraser sous ses éclats. C'était la multitude des pigeons troublés dans leur sommeil qui s'envolaient. Affolée par ce tumulte subit, la jument bondit, secoua son cavalier comme un enfant sur ses reins robustes, et s'en débarrassa; puis, livrée à elle-même, elle reprit, au galop, la route de sa tribu.

Hamid, lancé violemment, se sentit rouler ; vainement il essayait de se raccrocher aux aspérités du roc ; la pente était à pic ; il gisait déjà étourdi au fond du gouffre, qu'il ne s'était pas encore rendu compte de son malheur.

De son côté, agitée par de si fortes émotions, Yemina n'avait pu trouver le repos. Inquiète, elle prêtait l'oreille aux moindres bruits extérieurs; par intervalles, elle se levait et venait, au seuil de sa tente, interroger la nuit. Dans le lointain du silence, elle entend le galop de la jument. Pas un instant d'incertitude! sur-le-champ la vérité se fait jour dans son esprit. L'animal est là fumant devant elle. Sans nul doute, Hamid est tombé dans le trou. Privé de secours, il va périr. Que faire?... Cet homme lui a sauvé la vie; peut-elle maintenant l'abandonner à une mort certaine? Sa résolution est vite prise. Se munissant à la hâte d'une longue corde, elle saute en selle, et, rapide comme le vent, elle pousse dans la direction de la montagne. Les ténèbres sont encore épaisses, et peut-être pourra-t-elle être de retour avant que, chez elle, personne se soit aperçu de son absence.

Arrivée au bord du précipice, elle se penche et appelle:

— Hamid! Hamid!

— Qui m'appelle?...

— C'est moi, Yemina. Voici une corde; en t'aidant des mains, tâche de remonter doucement. Je tiens solidement l'autre bout.

Hamid ne s'était fait aucune blessure sérieuse. Au signal, il se met en devoir de se hisser jusqu'à sa libératrice. Celle-ci, du pied, s'appuie fortement à une grosse pierre, et, la corde enroulée autour du poignet se cramponne à la crinière de la jument immobile. L'ascension commence. Hamid monte peu à peu. Soudain un cri de terreur retentit; c'est la pierre qui a cédé. Yemina glisse, et la corde, brusquement détendue, l'entraîne; l'infortunée roule elle-même dans l'abîme. Par bonheur, Hamid est retombé debout et la reçoit dans ses bras...

Déjà s'annonçaient les premières blancheurs de l'aube. Un éblouissant soleil ne tarde pas à éclairer les cimes rocheuses tout autour, rejetant dans une ombre d'autant plus sinistre la fosse où ils gémissent tous les deux. Yemina se désespère, sa position lui apparaît dans toute son horreur. Des plaintes et des lamentations s'échappent de ses lèvres. Accroupie, le visage entre les mains, elle verse des larmes abondantes. Tel qu'une bête fauve dans sa cage, Hamid s'use les ongles aux parois du rocher. Vains efforts. Pas une arme, — son sabre est resté chez les Châabs, — pas un couteau, rien pour attaquer la pierre qui les emprisonne; point d'issue. Ils sont condamnés l'un et l'autre.

Mais voilà que, sur le sol durci, résonnent des pas de chevaux. Le bruit est encore faible; il augmente, il approche; et bientôt, au-dessus même de leurs têtes, des paroles s'échangent. Yemina lève les yeux; elle distingue des faces noires, et reconnaît deux des nègres de son père. Eux l'aperçoivent aussi.

— Quoi! Yemina, est-ce toi! s'écrie l'un d'eux. Nous sommes à ta recherche. Au matin, ta tente est demeurée fermée, et ta jument rentrait seule tout en sueur. Nous t'avons crue victime d'une catastrophe, et nous sommes aussitôt partis; sa trace nous a conduits jusqu'ici. Hélas! dans quel état, et avec qui te retrouvons-nous! Allah est grand. C'est un déshonneur sans remède dont sa colère frappe en ta personne le nom de ton père.

— O malheureuse! malheureuse! reprend le second, jusqu'où es-tu descendue? Quoi! Fuir avec ce misérable! Que n'es-tu morte mille fois, comme nous le redoutions! Tu serais moins à plaindre, et il serait permis à ceux qui t'ont aimée et servie de pleurer sur ton sort. A présent, tu t'es avilie, et les chiennes errantes de la tribu sont moins impures que toi. Tu ne saurais y reparaître; les enfants te poursuivraient de leurs huées, et le courroux paternel t'en chasserait sans pitié. Oh! indigne fille de Hadji-Fehad! A nous ses serviteurs, tu n'inspires que dégoût! Nous n'avons plus, au lieu de te retirer de là, qu'à t'y laisser périr avec ton infâme complice. Tiens, voici mon poignard! si tu t'en sens le courage, qu'il abrége tes souffrances. C'est notre suprême adieu.

Et l'arme tombe, en même temps, aux pieds de Yemina. Mais ce fer, c'est le salut, au contraire. Hamid s'en empare. D'un coup furieux, il entaille le rocher, assez pour y poser le pied. Il s'élance avec rage. Plus haut, enfoncé dans une fissure, le poignard lui sert de point d'appui pour sauter sur une saillie, d'où il gagne, d'un autre bond, le bord du précipice, et il apparaît, l'écume à la bouche, le feu dans le regard, aux yeux des nègres stupéfaits. Saisir le premier à la gorge, lui plonger son arme dans la poitrine, et se retourner contre le second qu'il poignarde avec la même furie, est l'affaire d'un instant. Le voilà donc libre, enfin! Des vêtements des deux esclaves, il tresse un lien solide et souple, dont il jette une extrémité à sa compagne pour qu'elle se l'enroule autour de la taille, et, en l'attirant lentement à lui, il l'amène, à son tour, sur l'escarpement.

Que faire, à présent? Yemina est délivrée, c'est vrai. Mais ce nègre avait raison. Elle ne saurait reparaître parmi les siens. Chacun y connaît sa fuite. La croirait-on, lorsqu'elle conterait l'événement tel qu'il s'est passé? Elle demeure là, affaissée sur elle-même, toujours désespérée, toujours anéantie...

— Fille de Cheick, lui dit Hamid, tu n'as à redouter aucune offense du plus humble de tes serviteurs. Mais tu ne peux, non plus, songer à rester ici sans abri. Il ne possède, il est vrai, qu'une pauvre tente. Néanmoins, daigne y chercher asile pendant qu'il ira trouver cheick Hadji-Fehad, et, par le nom sacré du Prophète, lui dire la vérité. Voilà les chevaux des nègres. En une heure ils nous conduiront aux M'Zeigh. Ton serviteur attend tes ordres.

La proposition d'Hamid était sage. Il n'y avait qu'à l'accepter. D'un signe de tête Yemina y consentit, et, sans répondre autrement que par des soupirs, elle se laissa asseoir sur l'un des chevaux. Ils partirent. Le campement des M'Zeigh n'était pas très-éloigné, en effet : un peu à l'écart, une tente plus petite, plus sordide que le reste, celle d'Hamid. Auprès, pas un être humain, pas un animal, pas un foyer; personne pour les accueillir. Hamid était seul au monde; et c'était l'abandon, l'isolement, qui, plus que ses mauvais instincts, l'avaient, de bonne heure, poussé dans la voie coupable où il était engagé. Le spectacle de cette misère n'était pas fait pour réconforter le cœur de la pauvre Yemina. Accroupie sur la natte en lambeaux qui servait à la fois de tapis et de lit, elle donnait, plus que jamais, libre cours à son désespoir.

— Où en suis-je tombée? murmurait-elle au travers de ses larmes. Moi, l'enfant d'Hadji-Fehad, et la plus fière des filles des Châabs ; moi qui, hier encore, voyais à mes pieds tous les jeunes cheicks de nos tribus, et n'en trouvais aucun digne de moi... me voilà donc... Je suis, à présent, la compagne d'un vagabond, d'un mendiant! Oh! la mort serait plus douce... Il me semble qu'elle va venir... J'ai soif! J'ai soif!

A ces mots, Hamid, dont le dénûment était absolu, sortit pour aller lui puiser de l'eau. La fontaine était à quelque distance. Au moment d'y arriver, il aperçut un troupeau de chamelles qui paissaient tranquillement aux alentours. Ce troupeau, il ne le connaissait pas ; nul, parmi les M'Zeigh, n'était assez riche pour en posséder un pareil. Point de gardien. Où se tenait-il ? C'étaient certainement des bêtes égarées, toutes en bon état, grasses et bien fournies; Hamid en compta plus de mille. En avant, comme le guide et le chef, une chamelle blanche, mieux peignée et plus soignée encore que les autres, le regardait venir, de ses grands yeux paisibles. Il s'en approcha. Elle avait les mamelles gonflées de lait; il la flatta de la main, puis se mit à la traire, et remplit l'outre qu'il avait apportée pour y mettre de l'eau.

— Veux-tu du lait de chamelle ? demanda-t-il d'un ton joyeux à Yemina, en accourant près d'elle.

— Du lait de chamelle ! Et où en prendrais-tu, toi qui ne possèdes même pas une brebis, pas une chèvre?

— En voici, reprit-il sans s'arrêter à l'amertume de cette réflexion.

Et dégageant le col de l'outre, il la présenta à la jeune fille, pleine d'un lait écumant et savoureux. Sans plus d'hésitation, celle-ci y porta les lèvres et but avidement.

— Mais ce lait, j'en reconnais le goût, s'écria-t-elle tout à coup. C'est le lait de G'Zhal, ma chamelle favorite. C'est moi qui la trais chaque matin, et le lait d'aucune autre ne ressemble au sien. Où est-elle ? Où est-elle ?

Hamid la conduisit près de la fontaine. Du plus loin qu'elle découvrit sa chamelle :

— G'Zhal! G'Zhal! cria Yemina.

La bête intelligente leva la tête, et à la vue de sa maîtresse, courut à elle. Et lorsqu'elle fut tout près, allongeant le cou, elle tendit son museau vers ces petits doigts ouverts, tout rouges de henné, qui ne l'abordaient jamais sans une friandise ou une caresse. La première émotion de cette rencontre apaisée, Yemina regarda ce troupeau qu'elle avait devant elle :

— Hamid, ce troupeau, c'est celui de mon père. Les gardiens en étaient les deux nègres que tu as tués.

— C'est bien, répliqua Hamid. Il est temps que je me rende près d'Hadji-Fehad. Attends mon retour avec confiance, ô Yemina. Tu n'es déjà plus seule; car ces bêtes ont l'air de te reconnaître et de t'aimer.

Et, sautant pour la seconde fois sur le même cheval, il prit le galop vers le sud. Il ne modéra son allure que lorsque, dans le lointain, les tentes de Cheick Hadji-Fehad eurent frappé ses regards. Laissant alors l'animal libre de regagner ses pâturages, pour qu'on ne le soupçonnât pas de l'avoir dérobé, il aborda à pied le campement.

C'était l'*asrh* (cinq heures de l'après-midi), l'heure de la prière. Avec l'ostentation affectée dont les musulmans ne dépouillent jamais l'accomplissement de leurs devoirs religieux, le cheick avait fait préparer un tapis au dehors, sur le devant de sa tente, et, après s'être prosterné, la face tournée vers la Mecque, était en train de psalmodier ses oraisons. Hamid fit halte à quelques pas derrière, et se mit à prier également. Lorsqu'ils eurent fini l'un et l'autre, il s'avança, et, ramassant un peu de sable dans la main droite pour le porter à son cœur, à ses lèvres et à son front :

— Que la bénédiction du Seigneur descende sur toi et sur ta race, cheick Hadji-Fehad ! fit-il d'un ton humble, et le corps courbé en avant.

— Que le Très-Haut te comble de ses grâces, répondit le vieillard d'un air douloureux et affligé.

— Ton serviteur compatit à tes infortunes, continua Hamid ; il les connait, et sait où en est le remède.

— O étranger, qui t'a révélé le secret de mes angoisses ? Tu es jeune ; le mensonge et l'ironie peuvent-ils trouver place sur tes lèvres ?

— Éloigne ceux qui nous écoutent, répliqua Hamid à voix basse, et ton cœur sera soulagé.

Le cheick fit un signe, et du geste, indiquant l'entrée de sa tente, l'y introduisit en silence. Puis, une fois assis, après s'être incliné devant son hôte en signe de bienvenue, il attendit. Celui-ci se tenait un peu à l'écart et la tête penchée, en signe de respect et d'humilité.

— Je suis Hamid, le voleur de chevaux, de la tribu des M'Zeigh, fit-il avec effort.

— Tu es sous ma tente. Que la main de Dieu s'étende sur toi !

— Ta fille a disparu, et tu ignores ce qu'est devenu le plus magnifique de tes troupeaux. Glorifie la mémoire du Prophète, et que tes alarmes se dissipent. Ta fille et ton troupeau sont en sûreté...

Et, à ces mots, il se mit à lui conter les aventures de la nuit passée. Le cheick l'écoutait sans l'interrompre, tout en se caressant la barbe, ce qui était chez lui l'indice d'une forte préoccupation. Puis, lorsque Hamid eut terminé son récit :

— Par le tombeau de notre seigneur Mohammed, dont mon front a touché la pierre vénérée, s'écrie

Hadji Fehad, si tout ce que tu me dis est la vérité, je te donnerai une récompense telle que tu n'as jamais pu la rêver. Fournis-moi les preuves de ta sincérité.

— Viens avec moi, se borna à répondre Hamid en se levant.

Et, sans ajouter une parole de plus, il emmena le vieux cheick à l'endroit où, la veille, il avait enterré l'homme tué par lui, sous les yeux d'Yemina. La terre était encore fraîche. Elle fut facilement déblayée, et lorsque la figure du mort eut été découverte, Hadji-Fehad reconnut, en effet, un jeune cheick qui, à diverses reprises, avait sollicité la main de sa fille, mais dont ils n'avaient, tous les deux, cessé de repousser les injurieuses prétentions, parce qu'il était de trop médiocre naissance, et que sa renommée était encore insuffisante, pour lui permettre d'oser lever les yeux jusqu'à cette fleur de noblesse et de beauté!

— Par Allah! tu as dit vrai, ô mon fils! C'est sa miséricorde divine qui t'a conduit. Il t'a confié l'honneur de ma fille, et tu l'as sauvée. Il t'a livré mon troupeau, et tu me le ramènes. Ton bras est sûr, et ton cœur est loyal. Prosternons-nous et adorons son nom. Et puisque son éternelle sagesse t'a rendu le maître de ma fille et de mon troupeau, garde l'une et l'autre. Désormais tu es mon fils, et Yemina est ton épouse.

Et il en fut fait ainsi. Et à partir de ce jour, Hamid, le voleur de chevaux, de la tribu des M'Zeigh, devint un des plus riches et des plus respectés parmi les Chaâbs.

CHAPITRE XI

Bataille entre deux tribus. — Expédition aux ruines d'Uhr. — Débris fossiles. — Le temple de Baal. — La ville. — Un vase antique.

La pluie continuait. Les murs de brique des maisons se lézardaient, et déjà, dans l'enceinte qui nous protégeait, se prononçait plus d'une brèche assez menaçante pour favoriser les entreprises des voleurs. Dans le voisinage, leurs exploits se répétaient avec une monotonie qui ne nous émeuvait plus; c'était monnaie courante. Il est vrai qu'en général, il y avait plus de bruit que de mal. Un matin cependant, au lever du jour, la fusillade nous parut plus nourrie que d'habitude. Par extraordinaire, il ne pleuvait pas, et les rayons d'un soleil blafard perçaient même, çà et là, la voûte pesante des nuages gris dont l'azur du ciel persistait à se voiler.

Au même instant, un Bédouin accourait tout essoufflé, et murmurait rapidement quelques mots à Naoum-Serkis.

— Il paraît qu'il y a bataille, nous dit alors celui-ci, après avoir écouté le nouveau venu. Deux fractions de tribu chez lesquelles j'ai des biens sont aux prises. Je ne suis pas inquiet; c'est une vieille querelle que je connais depuis longtemps. Il y a du sang entre elles, et ce n'est pas la première fois que je suis témoin d'un de leurs combats. Voulez-vous assister à celui-ci ? L'engagement a lieu de l'autre côté de la ville, sous les fenêtres du palais.

Parbleu, si nous voulions ! Au moment où nous arrivâmes sur le terrain, l'escarmouche préliminaire avait déjà cessé ; c'était le tour des combats singuliers. Rangés chacun en ligne de bataille, les deux partis étaient en présence, leurs fanions plantés en avant. Il y en avait de rouges, de verts, de rouges encadrés de vert, de blancs bordés de rouge. Je n'en remarquai pas d'autres. Derrière, le chef en tête, se tenait le corps spécial des combattants dont ils représentaient les couleurs. Jusque-là, peu, sinon point de blessés, encore moins de morts. La distance qui séparait les deux camps était suffisante pour opposer un obstacle infranchissable aux ravages des vieux fusils à mèche ou à pierre, et aux lances dont ils étaient armés. L'acte sérieux allait commencer.

Guère plus de deux à trois cents hommes de chaque côté, tant à pied qu'à cheval. Voilà un cavalier qui se détache au petit galop. Du milieu de la lice, où le contient son ardeur, il en interpelle et provoque un second, du parti opposé. Celui-là part à fond de train. Ils se jettent mutuellement, d'abord, une de ces lances, dont le manche de bambou est flexible et a trois mètres de long. Le trait siffle et va s'enfoncer dans le sol, à quelques pas au delà des deux champions. Aucun n'est atteint. Là-dessus, pirouette en partie double ; ils prennent du champ, font cabrer leurs montures, et se tirent un coup de fusil. Encore, cette fois, personne de touché. Pour ceux-ci la parade est terminée ; chacun regagne sa place. On dirait un tournoi ; et c'est à croire, après ce premier épisode, que nous n'avons sous les yeux qu'un spectacle inoffensif, arrangé d'avance pour le plaisir des assistants.

Mais les duels particuliers se généralisent, ils se multiplient. Le nombre de ces hommes qui s'élancent et se défient en s'appelant par leurs noms, augmente. Quand l'un d'eux est serré de trop près par son adversaire, des amis viennent à son secours, et la lutte prend alors un caractère plus acharné ; nous voyons le sang couler, des gens tomber.

Cette fête guerrière, car je ne saurais la désigner autrement, dura deux heures environ. Il n'y eut point de morts, mais sept blessés, je crois. Chaque parti se retira comme il était venu, en emportant les siens, et en remisant ses fanions, pour recommencer à la première occasion. Moi, je m'en allai, avec la réflexion que le temps, suffisamment remis pour ces distractions dramatiques, pouvait bien l'être également assez pour ma course aux ruines d'Uhr. Dans l'après-midi, j'étais chez Phalah-Pacha. Les choses furent convenues pour le lendemain, au point du jour. Nous parlâmes, naturellement, de la scène du matin.

— Et ces batailles se reproduisent souvent? demandai-je.

— Très-fréquemment.

— Ne sont-elles jamais plus meurtrières?

— Quelquefois beaucoup.

— Et vous n'avez pas songé à les empêcher?

— C'est une coutume tellement enracinée que toute mon autorité n'y pourrait rien. Du reste, je ne l'essayerais pas. Il est bon, au contraire, que le prince ne se dérobe point, lorsqu'ils viennent ainsi soumettre, pour ainsi dire, leur querelle à l'impartialité de son jugement.

Je n'aventurai pas plus loin mes critiques.

Le point du jour, en Orient, c'est toujours une heure ou deux après. Nul n'y est jamais pressé. Avant de démarrer, pour tout musulman, il y a d'abord la prière, puis les ablutions, puis le café, puis quelques cigarettes, puis je ne sais quoi encore ; ensuite on songe à se mettre en route. Nous étions prêts depuis longtemps, Gassion, Large et moi, lorsque notre escorte parut. Elle amenait aussi à ces messieurs des chevaux, fournis par les écuries du prince ; je montais le descendant de la jument d'Abd-ul-Khérim. La journée promettait d'être splendide.

Nous avions à franchir l'Euphrate, très-large, très-profond, et assez encaissé à Nasrieh. Une barque nous attendait ; quant à nos bêtes, elles devaient le passer à la nage. De l'embarcation, par la bride, on leur tenait, autant que possible, la tête hors de l'eau, et, grâce à cet appui, elles nous suivaient sans trop d'efforts.

Ainsi organisé, notre convoi présentait un curieux coup d'œil. De la terre imprégnée d'humidité, sous l'action des chauds rayons du soleil, s'élevait lentement une lourde buée grise, dont le dais opaque recouvrait tout l'horizon d'une couche sombre et basse, au-dessus de laquelle émergeait, çà et là, la tête dorée des dattiers. Parvenus au milieu du fleuve, n'ayant autour de nous que la nappe liquide et le brouillard épais, et, au-dessus, l'azur transparent des cieux, nous avions l'air de voguer, dans un nuage, vers l'infini céleste. Au bout d'un quart d'heure, cependant, une bande de teinte plus noire se dessine, c'est la rive ; et nous prenons pied non loin d'un bâtiment dévasté, qu'on nous dit avoir été un four à briques, ou une forteresse. En débarquant, nous piétinons des myriades de petites coquilles toutes roses, et fines comme des grains de sable, que le fleuve a déposées là. On selle nos chevaux tout mouillés ; et nous voilà partis.

La brume se dissipe assez vite. Point d'obstacle à la portée du regard ; l'atmosphère limpide, balayée par les pluies, laisse voir les objets plus distincts et plus près. Le mamelon des ruines d'Uhr nous semble plus à portée. Les Arabes les nomment *M'Gayer,* la ville de bitume, parce qu'au lieu de chaux ou de ciment, toutes les briques des murs encore debout sont reliées par des lits de cette substance. Elle abonde dans ces régions, non moins que les gisements souterrains d'huile de naphte ou de pétrole, et il n'est pas un des monuments antérieurs à l'époque assyrienne dont les matériaux ne soient ainsi soudés ensemble. Depuis les croisades, ces richesses naturelles, grâce à l'incurie des gouvernements et à l'ignorance des indigènes, demeurent sans emploi. Les Sarrasins y puisaient alors les éléments de leur terrible feu grégeois. A présent, lorsqu'un jet de flammes bleuâtres jaillit de quelque trou où le hasard a jeté un tison ou une étincelle, le malheureux qui le découvre ne sait plus qu'invoquer la puissance du diable ; le feu se propage ; et l'on m'a cité des plaines dont le sous-sol brûle de la sorte depuis des années.

Nous traversons des terres fertiles que les dernières averses ont à peu près changées en marécages. Néanmoins, l'industrie locale se met en mesure de profiter de ce bienfait. Nous rencontrons de petits groupes de deux ou trois tentes, dispersés un peu partout, et, aux alentours, les paysans qui labourent, qui ensemencent. Seront ce les mêmes qui récolteront ? Allah est grand, et lui seul le sait ! Mais le travail n'en est pas moins actif.

Des quatre nations arabes de la vallée de l'Euphrate, celle des Montefícks est la plus adonnée à l'agriculture. C'est pourquoi, seule, elle possède des villes ou plutôt des marchés que j'ai déjà énumérés, car ces villes ne sont guère autre chose. C'est là que viennent, d'ordinaire, s'approvisionner les autres tribus, et jusqu'aux marchands de Bassorah, qui, en échange des céréales qu'ils en retirent en abondance, y apportent les denrées ou les produits communs d'importation européenne, dont l'usage s'est aujourd'hui vulgarisé parmi ces populations.

La silhouette de M'Gayer pour guide, nous piquons droit devant nous, sauf les détours et les zigzags que nous impose l'état du terrain détrempé. Après les champs, les pâturages. Voici un superbe troupeau de quatre à cinq cents chamelles blanches; à peine une dizaine de bêtes, comme autant de taches, de couleur plus foncée. Il appartient aux *D'Zfihr*. Plus loin un campement considérable, celui des *B'Dour*. Si les habitants nous regardent avec curiosité, leurs allures, du moins, sont totalement dénuées de malveillance. La vue de notre escorte leur dit sous quel puissant patronage nous voyageons. Ils échangent des bonjours et des questions avec nos gens. Dans le voisinage, beaucoup de moutons et de chèvres qui paissent l'herbe nouvelle; elle pousse drue et verte, au travers des touffes de tamaris nains, et le tapis d'émeraude s'en étend au loin. Soudain, il cesse brusquement, et sans transition, comme un autre pays, nous abordons une zone dénudée, sablonneuse; plus un brin de broussaille, plus un atome de végétation, rien! C'est la steppe dans toute son aridité. Les ruines nous apparaissent en même temps assez rapprochées. Illusion! car il nous faudra encore plus d'une heure avant de les atteindre ; elles forment comme le point central de cette aire immense qui se déploie circulairement tout autour.

Bientôt, sous les sabots de nos chevaux, s'égrènent des milliers et des milliers de petits coquillages fossiles de tout genre, tantôt par bancs, tantôt en tas plus ou moins considérables, tantôt disséminés au hasard tels que sur une plage. Ils n'ont aucune analogie, ni par l'apparence, ni par la couleur, avec ceux que j'ai examinés le matin au bord de l'Euphrate. Ces derniers sont des coquillages d'eau douce ; celles-ci sont des coquilles marines. La diversité des tons y tranche à peine sur le fond terne et blanchâtre qui est celui de tous les dépôts sédimentaires.

Par-ci par-là s'en montrent d'assez volumineuses. J'en ramasse deux ou trois, une en particulier de la grosseur de mon poing. C'est une de ces coquilles univalves comme j'en ai tant vu au flanc des rochers baignés par le flot. Quelle vague mystérieuse a jeté celle-là sur ce sable désert? Quel déluge oublié a jadis recouvert ces plaines? Et quand cette mer, aujourd'hui à quatre-vingts lieues de distance, a-t-elle abandonné ses domaines en y laissant, derrière elle, ces témoins persistants de son séjour?... Depuis l'époque d'Abraham, l'histoire géologique du globe s'est tenue, partout, assez au courant des bouleversements qui l'ont ébranlé, pour qu'elle eût gardé le souvenir de ceux dont cette contrée, qu'elle a si attentivement suivie des yeux, aurait été le théâtre... Ses annales sont muettes à cet égard. Telles étaient la Mésopotamie et la Chaldée aux jours des Patriarches, telles elles sont restées, et ont traversé les siècles sans que les grandes lignes de leur configuration géographique en aient été altérées.

C'est donc plus haut, bien plus haut que ces temps déjà si reculés où le fils de Tharé quittait sa ville natale, que nous avons à remonter, pour assigner une date hypothétique au bruit et à la présence de l'Océan sur ces rivages! Et de ces âges obscurs, si loin de nous qu'il faut, pour en pénétrer le secret, interroger ceux-là mêmes où le bras de Dieu remuait encore les mondes, en voilà, devant nous, des témoignages contemporains, épars sur la poussière! Ailleurs, c'est des entrailles de la roche ou des profondeurs souterraines qu'en surgissent les vestiges dénaturés. Ici, notre pied les foule, notre main les recueille, et nos regards les contemplent sous la forme qui, alors, était déjà la leur. A défaut d'êtres humains au sein de ces solitudes, que d'orages divers dont la tempête a passé sur eux!

Enfin, nous touchons à ce qui fut la ville d'Uhr. Au premier abord, une série désordonnée de petits monticules de sable, dont les croupes irrégulières jonchent le sol, qui s'est tout à coup exhaussé; l'œil ne perçoit rien autre. Nous y sommes arrivés par une pente insensible qu'il nous est possible d'apprécier en nous retournant vers la route que nous avons parcourue. Sous cette colline ravinée, dort l'entassement des ruines auxquelles elle doit son origine. Au-dessus, se dresse, pareille à un géant, une masse colossale qui domine cet ensemble bouleversé, de la même hauteur qu'un glacier des Alpes écrase les ondulations inférieures de la vallée.

Nous mettons pied à terre à l'ombre qu'elle projette; et alors les détails se dégagent. Nous voyons des briques, des murailles, des ouvertures, où, sous les effondrements qui en dérobent la majeure partie, se reconnaît le spectre d'un monument formidable. C'est le emple même de Baal, l'idole maudite par Abraham. La face que nous avons immédiatement devant nous est celle qui nous paraît la mieux conservée. Le mur s'élève droit, à peu près intact. Les arêtes en sont nettes, les rangées de briques bien alignées; impossible de tenter une ascension de ce côté.

Pendant que nos hommes installent le bivouac et font bouillir le café du soir, nous nous lançons à la découverte d'une brèche par où tenter l'escalade. Il nous faut décrire un long circuit, tant est considérable la surface occupée par cette construction. Vers le nord, nous trouvons ce que nous cherchons; là, les chutes successives et l'émiettement progressif des matériaux ont formé comme une petite montagne dont la déclivité est encore roide, il est vrai, mais accessible néanmoins; et nous voilà courageusement à la gravir. A mesure que nous montons, nous distinguons peu de chose, si ce n'est que, sur notre droite, la ligne des écroulements paraît continue et uniforme. Ce n'est que tout en haut que nous parvenons à nous rendre compte de la disposition des lieux, et des proportions de l'emplacement recouvert jadis par le temple.

D'après ce que j'ai pu conjecturer, l'orientation devait en être de l'est à l'ouest. C'est dans cette direction que s'avance l'amas des décombres qui ont remplacé les colonnades et les portiques. A l'extrémité, suivant moi, devait exister un vaste péristyle, dont les gradins descendaient vers la ville. Également, en effet, dans ce sens moutonnent, au bas, les dunes de sable sous lesquelles s'en cachent aujourd'hui les restes éventuels, et se prolonge, en s'affaissant graduellement, l'amoncellement qui, sans doute, voile ces vestiges. Là aussi devaient se concentrer le mouvement, la vie; là

RUINES D'UHR (LA VILLE D'ABRAHAM).

devaient s'élever la prière et la fumée des sacrifices; là devait s'agiter le peuple, surveillé, du haut des autels de son dieu, par le pouvoir théocratique auquel il obéissait. Un examen attentif permet difficilement une autre hypothèse. Car, sous les trois autres faces, rien que le néant et son silence, rien qui parle d'un passé ayant vécu, rien que le désert et son immensité. Forteresse et sanctuaire à la fois, le temple offrait là le flanc impénétrable de ses puissants remparts aux coups de l'ennemi du dehors, en même temps que cet isolement calculé se prêtait mieux aux secrètes pratiques, nécessaires à ses prêtres pour le maintien, au dedans, de leur prestige et de leur autorité.

Si l'on se rappelle que le culte de Baal n'était, selon toute vraisemblance, qu'une des manifestations de l'éternel hommage rendu au soleil par la plupart des religions primitives, rien d'extraordinaire, n'est-ce pas? à ce que la façade du monument qui lui était consacré, comme la cité elle-même, fussent disposées de façon à permettre aux premiers rayons de l'astre glorieux du jour d'éclairer, à son lever, le front prosterné de ses adorateurs!

Jusqu'à présent tout est un peu confus: des briques écrasées, de la terre en miettes, rien de plus. C'est le sommet qui nous garde les surprises. L'aile des vents l'a nettoyé, la distribution intérieure des salles s'y retrouve en partie, et des portions de murs encore debout en dessinent les contours. Ce que je n'avais pu qu'entrevoir à la tour d'Aguergouf, ici je le touche du doigt, et la « Ville de bitume » des Arabes est là, sous mes pieds. Il n'est pas une de ces briques dont la surface ne porte, plus ou moins, trace de cette substance. Toutes sont uniformes, carrées, de trente-trois centimètres par côté sur cinq à six de hauteur.

Nous en soulevons plusieurs. Point d'inscriptions à celles-là, ni dessus ni dessous; elles reposent sur un lit de roseaux, devenus, par la combustion des siècles, aussi blancs que de la cendre de cigare. On dirait, en effet, une couche de cendres; seulement, toutes les fibres de la plante, ses nervures, ses feuilles, sont encore aussi délicatement accusées que si le maçon l'avait maniée la veille. Depuis quatre mille ans environ, voilà le premier rayon de soleil qui, grâce à nos mains profanatrices, vient jusqu'à elles. Je détache avec précaution des fragments de cette couche. Pendant quelques instants, la cohésion en est assez persistante pour que je puisse bien l'examiner. Quatre mille ans! Des roseaux de quatre mille ans! Ce chiffre ne me sort pas de l'esprit. Mais, au premier mouvement, tout se désagrège; et je n'ai plus sous les doigts que de la cendre, de la vraie cendre alors. Je ne la recueille pas moins pieusement, et je l'emporte avec moi. C'est toujours de la cendre de quatre mille ans! Et cependant, qu'est-ce que cet âge, auprès de celui de la coquille que j'ai ramassée tout à l'heure?...

Cette cendre repose à son tour sur un second lit de bitume, dur maintenant comme un roc, mais où s'est incrustée profondément, à l'origine, sous le poids de la construction, l'empreinte fidèle de tous les filaments, de tous les brins de la couche végétale supérieure. Je puis, du moins, collectionner plusieurs morceaux de cet asphalte séculaire, sans que la physionomie s'en altère. Puis, après, autre rangée de briques juxtaposées, alignées, avec autant de rectitude que pourrait le concevoir notre architecture moderne; ensuite, toujours dans le même ordre, nouvelle épaisseur de roseaux, puis nouvelle épaisseur de bitume, et ainsi de suite du sommet à la base. Ce bitume maintient et consolide l'ensemble de la bâtisse. C'est, sans doute, le même que le bitume de Judée, connu de temps immémorial, dont parle Strabon, et que les Égyptiens adoptèrent dans la préparation de leurs momies.

Le mur que nous démolissions ainsi sans scrupule appartenait certainement à la nef principale — ou unique — du temple, et courait de l'est à l'ouest. Les décombres de l'extrémité initiale, vers l'entrée que je suppose, se confondaient avec le reste, et, de ce côté, rien à remuer que de la poussière. La partie postérieure était beaucoup moins dégradée. C'était celle que nous fouillions. Des portes étroites, parfaitement indiquées encore, la mettaient en communication avec un certain nombre de pièces plus petites, dont le plan primitif est non moins bien reproduit par ce qui survit des murs de séparation. Ce devaient être les appartements des prêtres, ou les officines réservées aux combinaisons secrètes et aux préparatifs des cérémonies publiques.

En poursuivant notre exploration, et en dégringolant quelque peu, nous atteignons une plate-forme massive, au-dessus de laquelle s'élèvent en retraite, de deux mètres environ, les ruines que nous venons de parcourir. C'est comme un gigantesque piédestal jeté sous le temple lui-même, pour l'exhausser davantage. Rien d'étonnant, avec ces procédés, à ce que les illusions du lointain prêtent, plus tard, aux squelettes renversés de ces colosses, l'apparence des montagnes. Cet artifice d'architecture se retrouve dans la plupart des constructions assyriennes du même caractère, édifices religieux ou royaux ; et les *Teocallis,* ou temples des

Mexicains de Cortez, le reproduisent également.....
Curieux rapprochement à établir entre deux civilisations éteintes, et dont les origines, peut-être, furent moins loin qu'on ne pense d'un unique berceau !

Le mur de l'assise qui regarde le levant est en parfait état, et mesure, à pic, de huit à dix mètres jusqu'aux sables qui en obstruent le pied. Une observation attentive permet facilement de se convaincre qu'il se prolonge au-dessous d'au moins autant ; et nos chevaux, attachés au pied du monticule, dont la déclivité s'en va mourant jusqu'à eux, nous paraissent bien plus bas encore.

A la ligne de jonction du monument proprement dit et du terre-plein de la terrasse, nous plongeons dans une excavation béante dont le trou noir a l'air de se prolonger en souterrain. Ce sont des fouilles qu'a pratiquées, il y a une quarantaine d'années, le major Rawlison, alors consul de la Grande-Bretagne à Bagdad. J'y descends. Sans s'étendre très-loin, elles ont mis cependant à jour des piliers intérieurs, dont les briques, encastrées dans le bitume, et pareilles aux autres d'en haut, sont si bien conservées qu'elles semblent avoir été placées là tout récemment. La muraille de soutien a trois mètres d'épaisseur, et celles qui y ont été employées, beaucoup plus grosses et plus résistantes, de vingt-cinq à trente centimètres de champ sur cinquante à soixante de large, sont rassemblées comme des blocs de pierre de taille. A voir tous ces matériaux rangés, scellés, intacts, on dirait que la main qui en a réglé l'agencement va se montrer tout à coup, pour écarter les derniers plis du voile dont, malgré soi, sous ces voûtes antiques, le mystère pèse invinciblement sur la pensée.

Le travail exécuté par le fer dans cet amas de maçonnerie solide et compacte, a dû se heurter à d'énormes difficultés. Aussi s'est-on borné à un déblayement de quelques mètres à peine. Le major Rawlison découvrit, dit-on, une statuette. Satisfait de ce résultat, il s'en tint là. Mais je ne doute pas que, reprises par la partie supérieure, de nouvelles recherches n'offrissent un succès bien plus complet. Le sol, en cet endroit, déjà désagrégé, friable et affaissé, ne présenterait plus, d'abord, un bastion si rude à attaquer; et ensuite, il est probable que les statues et les divers objets du culte, s'il en subsiste parmi les décombres, comme des exemples similaires ne le rendent guère douteux, se trouveraient plus naturellement sous l'enceinte renversée du sanctuaire que dans les profondeurs résistantes des fondations.

Le jour qui décline nous laisse distinguer, vers le sud, tranchant sur l'uniformité de l'horizon, une seconde élévation noirâtre, semblable à Uhr vu de Nasrich, — d'autres ruines, à ce que m'apprennent mes guides, analogues à celles que nous foulons. Même configuration, mêmes débris. Ils n'en savent pas plus, si ce n'est qu'entre celles-là et M'Gayer, vivent des tribus féroces sur lesquelles l'autorité même de Phalah-Pacha n'a point de prise, et chez lesquelles il est impossible de songer à s'aventurer. Leurs rôdeurs ne sont pas sans pousser fréquemment jusqu'aux parages où nous sommes en ce moment; aussi l'assurance et la tranquillité de notre escorte ne me paraissent-elles pas des plus prononcées, et je me demande si ce ne serait pas plutôt à nous de la protéger en cas d'alerte.

L'obscurité tombe brusquement. Point de feu pour ne pas éveiller, aux alentours, une attention dangereuse.

Il est vrai qu'en dehors des quelques maigres broussailles que nous avons rencontrées le matin en chemin, je ne sais guère où nous trouverions de quoi l'alimenter. Et puis, le ciel est pur, la soirée n'est pas trop fraîche, le sol n'est plus humide. Après avoir grignoté un biscuit, bu un verre d'eau, en tassant un peu le sable, et avec une ou deux briques contemporaines des Patriarches pour oreiller, nous allons, nos revolvers sous la main, dormir, comme dans nos lits, à la garde de Dieu. Que de fois déjà cela ne m'est-il pas arrivé ! A ceux qui rient de la Providence et de la foi qu'un homme peut mettre en elle, je recommande les nuits de bivouac devant l'ennemi, ou dans le désert !

Point d'accident, en effet, qui trouble notre sommeil. En explorant une autre face du temple, nous rencontrons une quantité de briques, détachées ou encore en place, chargées d'inscriptions cunéiformes archaïques.

Quelle en est la signification? C'est, probablement, l'énumération des noms et titres des fondateurs du monument et de la ville. La disposition en est semblable pour toutes : un cartouche rectangulaire au centre. Une seule reproduit les caractères sur plan et sur champ. Je m'empare de celle-là avec une ou deux autres. Ce sera, par exemple, une rude corvée pour l'homme, ou même le cheval, à qui échoira le privilége de porter ce poids au retour, pendant une course de plusieurs heures. Ce sont des obstacles de ce genre, si simples, semble-t-il, à surmonter, en pays civilisés, qui opposent, dans les régions sauvages, l'entrave la plus sérieuse aux efforts des explorateurs et des chercheurs Ces trésors d'archéologie qui gisent à la surface du sol, ces débris où les siècles ont gravé leur empreinte, sans doute, ici vous n'avez qu'à vous baisser pour en faire ample moisson; mais ensuite ? Comment s'y prendre pour qu'ils franchissent avec sécurité ces immenses solitudes où tout secours humain vous fait défaut, où toutes les difficultés se coalisent, au contraire, pour vous arrêter, pour vous décourager, et où vous n'aboutissez, le plus souvent, après mille peines, mille dangers, qu'à provoquer des convoitises ombrageuses dont vous tombez victime?

En redescendant vers ce qui fut la ville, nous remarquons deux ou trois des monticules éventrés; la terre en a été retirée, les abords déblayés. Ce sont autant de maisons; le plan de l'une d'elles, entre autres, se dégage en relief, encore aussi net que chez celles de Pompéi. Jusqu'à la hauteur d'un mètre, à peu près, les murs, sauf quelques échancrures, en sont intacts, comme si la construction venait d'en être entamée, et suspendue à ce point.

Elle est modeste, deux petites pièces, pas plus; les ouvertures d'entrée et de communication se reconnaissent aisément. Pourquoi ne serait-ce pas l'habitation de Tharé, le père d'Abraham? Sur un tertre voisin, plus considérable et à peine entaillé, des briques sont disséminées portant presque toutes, au centre, une inscription encadrée comme les premières. Dans l'une d'elles est incrusté un morceau d'airain; on dirait le gond d'une porte rongé par le vert-de-gris. Ce devait être là une demeure d'importance, un palais, dont il est probable que ces caractères nous raconteraient l'histoire.

Mais, hélas! je crains fort que nous ne la sachions jamais, car pour des textes analogues, soumis en France à l'autorité et aux lumières simultanées de trois examens séparés, il en est sorti trois interprétations différentes !

Sans instruments pour essayer moi-même des fouilles personnelles, je devais me contenter de gratter le fond des ornières oubliées par l'orage, ou de glaner sur les traces des pâtres errants. C'est ainsi que j'eus la bonne fortune de découvrir un silex taillé en triangle, qui fut indubitablement la pointe acérée d'une flèche. Un silex égaré dans ces plaines de sable ou de limon !... Autant rêver une orange mûrie sur un saule pleureur. Plus loin, un bloc de granit creusé et de forme allongée, mais brisé par le milieu, représente à coup sûr le sarcophage profané de quelque « pasteur des peuples ». Le seul fait d'avoir amené de très-loin, comme on y fut obligé, un monolithe de cette taille, lui assigne un usage illustre dans le passé. Pourtant, plus simplement, ne fut-ce, peut-être, qu'un réservoir destiné à recevoir le sang des victimes, ou même une auge pour y placer leur nourriture jusqu'à l'heure du sacrifice. Sur le terrain des hypothèses, il est bon de ne se risquer qu'avec prudence et de se méfier des origines héroïques dont, en général, elles gratifient avec un trop généreux abandon les déblais obscurs échappés à la faux du temps. En pareil cas, j'évoque volontiers, au contraire, l'anecdote suivante :

D'une des petites rivières qui sillonnent l'est de la France, le filet d'un pêcheur avait retiré un vase, de physionomie étrange, et qu'un séjour prolongé au fond de l'eau avait revêtu d'une couche informe de calcaire moussu. Grand émoi parmi les savants du terroir ; mais grand embarras aussi, chez eux, pour cataloguer la précieuse trouvaille sous une rubrique certaine. Les uns et les autres avaient beau remuer les cendres de leur érudition, compulser les textes tirés des anciens, comparer les images variées de chacun des ustensiles en honneur parmi eux, rien, absolument rien, qui pût fournir le moindre rayon de lumière. Brochures et brochures, volumes et volumes s'entassaient; on n'en était pas plus avancé; et urne sépulcrale, vase sacré, coupe de festin, ou récipient de ménage, suivant les interprétations diverses, l'accord était loin de s'établir sur de telles bases, au sein de la gent scientifique.

A force de tourner et de retourner l'objet en question, de le gratter même timidement, on avait fini par découvrir, ô bonheur! à demi rongées, d'abord quelques lettres gravées sur une sorte de renflement énigmatique, puis une inscription tout entière, ainsi disposée :

M.	O.	V.	T.
A.	R.	D.	A.
D.	I.	I.	O.
N.	E.	N.	S.
	I.	S.	

Mais, loin d'éclairer les esprits, cette découverte n'avait fait que ranimer la discussion. Que signifiaient ces lettres alignées dans un ordre bizarre, et suivies d'un point?... A n'en pas douter, chacune d'elles représentait un mot, une phrase peut-être..... Et cette dernière ligne, où ne s'en lisaient que deux! Quelles pouvaient bien être les deux premières qui assurément, comme au-dessus, avaient dû s'y trouver, et qui étaient maintenant effacées?... Et la langue?... du latin, du gaulois, du celte ou du sanscrit? C'était à y perdre la sienne, et la bataille allait son train.

Pour satisfaire la curiosité populaire surexcitée, on avait exposé la merveille dans un musée du cru. A certains jours mis à la mode, rendez-vous du beau monde, il y avait foule autour. Toute l'Académie locale était là papillonnant, s'agitant, discourant, appelant l'attention de celui-ci sur la courbure de cet I, sollicitant le regard de celle-là sur le plein de cet O ou l'aile de cet A..., etc., etc. Survient un paysan dont on ne s'occupait guère. Lui aussi, cependant, contemplait la fameuse inscription. Soudain, il se mit à l'épeler tout haut, en ânonnant, comme au village, sans grand souci de la ponctuation ni des alinéas : M, O, V, mou ; T, A, R, tar ; D, A, da ; — Moutarda..... Moutarda Dijonensis!... C'était un pot de moutarde de Dijon!... Qui sait si mon sarcophage antique n'était pas de la même famille?

CHAPITRE XII

Départ pour Chatrah. — Le Chatt-el-Haïk. — Les incidents du bivouac. — Le vieux et le nouveau Chatrah. — L'arbitraire ottoman. — Tello. — Les antiquités chaldéennes. — Les convoitises britanniques.

Le but pratique de mon voyage en Mésopotamie et dans la vallée de l'Euphrate était à peu près atteint. Je m'étais mis en rapport avec les chefs, avec les populations, et j'avais pu juger de leurs tendances, de leurs besoins, ainsi que de leurs ressources. Après Phalah-Pacha, la personnalité la plus intéressante pour mes projets était, sans contredit, Naoum-Serkis. J'ai dit quelle situation considérable il tenait dans le pays. Sans compter ses immenses propriétés territoriales, un bon tiers de la ville propre de Nasrieh lui appartenait. Plus haut vers le nord, plus reculée dans l'intérieur, une seconde bourgade, nommée Chatrah, était également, en grande partie, à lui. Il avait des intérêts à y régler. C'était sur le chemin de Tello où se rendait M. de Sarzec, pour y reprendre les fouilles si remarquables qu'il avait commencées l'année précédente. J'avais résolu de les accompagner jusque-là.

En revenant d'Uhr, je trouvai leurs préparatifs de départ commencés. Le premier soin à prendre, quand on va s'enfoncer ainsi dans le désert, c'est de s'assurer des vivres. Le riz forme la base des provisions... Il faut avoir parcouru l'Orient, et vécu parmi les peuples qui l'habitent, pour bien se rendre compte de la valeur inappréciable de cette denrée. Ce sont des centaines de millions d'individus dont elle constitue la nourriture exclusive : presque l'Asie entière, la Turquie, l'Arabie, la Perse, les Indes, l'Annam, la Chine, le Japon, etc., sept à huit cents millions d'hommes au bas mot, sans parler d'une bonne partie de l'Afrique et de l'Amérique, ni de ce qui s'en consomme accidentellement en Europe !

L'usage journalier en correspond, du reste, à certaines exigences du climat, auxquelles il serait imprudent, pour les étrangers, de ne pas avoir égard. C'est plus rafraîchissant que toute autre céréale; et, sans alourdir l'estomac, ni en compromettre, comme la viande, le fonctionnement toujours plus difficile par ces températures élevées, il soutient, nourrit, et ne fatigue pas. Je ne prétends pas, il est vrai, que, pour un palais qui n'y est pas dès longtemps habitué, ce soit le dernier mot de la gourmandise; et toujours du riz, rien que des boulettes de riz, même seulement pendant quinze jours, ainsi que je m'y suis vu condamné, j'avoue qu'on finit par s'en lasser, — tout comme du pâté de bécasse, et même davantage. Mais on se plie aisément à en user journellement dans des proportions modérées, et l'on en reconnaît vite les salutaires effets.

Il y en avait, dans la cour de notre hôte, des monceaux, que des femmes s'occupaient à décortiquer. Elles jettent le riz dans un grand mortier d'argile, puis, par un mouvement de haut en bas, régulier, cadencé comme celui du fléau des batteurs en grange, elles ont l'air de le piler avec des pieux de la grosseur du bras. Loin d'écraser le grain, elles ne font ainsi que l'agiter violemment de manière à en détacher l'écorce. Ce sont les tribus des Bédouins campés autour de Nasrieh qui fournissent les demoiselles affectées à ces fonctions. Un pagne étroit autour de la taille, un fichu d'une exigüité de bal masqué sur les épaules, voilà toute leur toilette. Et là-dessous, sans rien pour en dérober les contours, des formes de statue, mais d'un sale à ne comparer qu'à celui de la toison en broussailles qui leur sert de chevelure. C'était, sans aucun doute, la première fois que celles-ci voyaient de près des Européens. Aussi nous jetaient-elles des regards tout ensemble curieux et farouches, dont l'expression n'était cependant point sans grâce. Je voulus m'approcher de l'une d'elles. Elle se recula avec un indicible mouvement d'effroi. Crainte ou dégoût? Je ne sais pas.

— C'est que c'est une Bédouine! me dit Naoum-Serkis.

Une Bédouine, c'est-à-dire une sauvage, une habitante du désert, aux yeux de laquelle je n'étais, moi, qu'un être impur et d'un contact redoutable... Il m'a été confié, cependant, qu'à l'occasion, elles s'apprivoisaient quelque peu. Le tout est d'y mettre le prix et de la discrétion... Quelle différence, n'est-ce pas? avec nos mœurs!...

Tandis que j'étais là à les contempler, un jeune homme vêtu du costume semi-européen semi-oriental des fonctionnaires turcs vint m'apporter une dépêche. Elle était écrite en français, et lui-même s'exprimait parfaitement dans notre langue. Il représentait à lui seul le personnel complet du bureau télégraphique de

Nasrieh. Chrétien de Bagdad, c'était un élève des Pères Carmes. De leur école sortent, en effet, à peu près tous les employés du télégraphe ottoman auxquels la connaissance du français est imposée. Encore un qui, dans ces contrées lointaines, me parle de la France, que les bons Pères lui ont appris à aimer!

Trois jours après, départ collectif pour Chatrah. C'est toute une caravane que notre convoi. Vingt-trois chameaux portent les bagages; et pour les gens, des chevaux, des mules, des ânes, sans compter les poulains qui caracolent en liberté. Sur les flancs, Khurdi grince des dents aux curieux tentés de trop s'approcher. On a procuré à madame de Sarzec un âne d'allure aussi douce que possible. Notre colonne se déroule en file indienne sur plus d'un kilomètre de long, et ce n'est qu'au bout de deux heures que l'arrière-garde parvient à s'ébranler. Ah! ils ne vont pas vite, nos chameaux! Quel désagréable animal! Ça beugle, ça se débat, ça se vautre, ça s'échappe, ça mord, ça empeste... Et puis, lorsqu'à grand'peine ils sont enfin chargés, les voilà bêtement, avec leur grand cou de cigogne, leurs jambes taillées à la serpe, et leur dos vous savez comme, qui vont se bousculer, en renâclant, les uns contre les autres, ou se cogner à un mur, à un arbre; et patatras, tout est par terre, tout est à recommencer. Les vaisseaux du désert!... Vaisseaux, soit; mais pas à vapeur! Quant aux chameliers, on les voit qui leur courent après, qui les rattrapent, qui les lâchent, qui les injurient, qui jettent un colis par-ci, en ramassent un autre par-là. C'est un pêle-mêle, un tohu-bohu à donner des attaques de nerfs à un char à bancs.

Mon interprète restait à Nasrieh. Je devais le reprendre au retour. En voilà un dont les services m'ont été précieux! D'un air béat et satisfait, il envisageait tout ce mouvement, heureux de n'avoir pas à s'y mêler. Il s'était lié d'amitié avec un certain gros chrétien pansu, qui parlait le turc et partageait son goût pour l'araki. C'étaient, entre les deux compères, une bouteille de cette liqueur en tiers, des tête-à-tête sans fin dont, en général, ils ne sortaient pas plus solides l'un que l'autre. Du coin de l'œil, il guettait déjà son partner pour entamer une de leurs parties favorites, aussitôt que j'aurais le dos tourné. Ce moment ne tarda guère; car, impatienté de tant de lenteur, je me portai en avant avec Gassion. Je me proposais d'y rejoindre le chef de notre escorte, un type étrange dont, la veille, l'histoire m'avait été contée.

Il se nommait Mohammed-Jashen. Huit ans auparavant, ce n'était rien moins qu'un chef de brigands, dont la bande opérait aux alentours de Chatrah. A cette époque, cette ville se trouvait encore à quelques kilomètres du Chatt-el-Haïk, sur les bords d'un petit canal à bout d'haleine, où elle végétait depuis trois ou quatre cents ans, et qui la mettait en communication avec l'artère principale, sans que personne eût songé jusqu'alors à l'en rapprocher. Naoum-Serkis, le premier, en eut l'idée, et conçut le projet de l'y transférer. Il possédait des terres à proximité, et il se mit à bâtir des maisons, construire un bazar, tracer des rues, sur l'emplacement qu'il assignait, dans sa pensée, à la ville nouvelle. Toute la population de l'ancienne y accourut, en effet, délaissant ses vieilles demeures pour en élever d'autres, ou occuper celles que lui louait notre spéculateur.

Pour celui-ci, c'était un marché et des consommateurs, bien mieux que précédemment, à portée de ses denrées, auxquelles le Chatt-el-Haïk offrait un chemin et des moyens de transport. Mais, une fois ses intérêts en si bonne voie, il lui fallait quelqu'un pour en prendre soin en son absence. Il jeta les yeux sur Mohammed-Jashen, et lui fit des ouvertures en conséquence. Elles se trouvèrent, paraît-il, au goût de notre homme; car il accepta avec empressement, et du coup, devint conservateur aussi enragé qu'il était radical, — pardon! — je veux dire partageux endurci.

Lorsque j'eus l'honneur de faire sa connaissance, Mohammed-Jashen était donc devenu l'intendant de Naoum-Serkis. C'était en cette qualité que, trois jours plus tôt, à la tête d'une demi-douzaine de cavaliers, il était arrivé, de Chatrah, pour protéger, durant le trajet, les équipages et la personne de son maître.

Mais il n'avait renoncé qu'à demi à l'indépendance guerroyante de son existence passée. Chatrah était divisé en deux partis ennemis, acharnés l'un contre l'autre. Mohammed-Jashen était le chef de l'un d'eux. Le bazar, situé à peu près au centre de la ville, servait de frontière aux belligérants; car ce n'étaient guère, entre eux, que des trêves, et jamais la paix. A droite, les Capulets; à gauche, les Montaigus. Fréquemment, de rue à rue, de maison à maison, on s'administrait des coups de fusil, et c'étaient des batailles de plusieurs semaines. Dans la dernière, l'avantage était resté à Mohammed-Jashen-Capulet; mais on s'attendait, d'un instant à l'autre, à la reprise des hostilités. L'influence de Naoum-Serkis s'étendait un peu à tous indistinctement, car tous étaient ses obligés ou ses débiteurs. Il était à présumer que sa présence ne serait pas sans peser d'un certain poids sur leurs dispositions réciproques.

Ce n'était point l'avis, et j'ajouterai l'espérance, de Mohammed-Jashen. Tout au plus, prévoyait-il un temps d'arrêt amené par l'intervention de son patron, et même, il le prévoyait à regret. Son récent succès l'avait mis en appétit. On le reconnaissait aux éclairs de son regard, tandis qu'il me mettait au courant des incidents de la lutte. Quelle mine de brigand! Je le vois encore, avec sa lèvre fendue en bec de lièvre émergeant d'une barbe inculte, sa main crispée sur la crosse de son fusil, sa haridelle infatigable toujours en tête, et lui-même l'œil en avant comme s'il interrogeait l'espace.

Tout en devisant avec lui, nous atteignîmes le lit large et desséché d'un fleuve ou d'un torrent. C'était le *Chatt-el-Haïk*. De Nasrieh à Chatrah, nous devions le rencontrer et le franchir cinq fois. C'est à ces circuits multipliés qu'il doit son nom, qui signifie « le fleuve du serpent », parce qu'il revient et se replie sur lui-même comme ce reptile. Ce n'est pas autre chose qu'un canal creusé de la main des hommes, à une haute antiquité, pour mettre en communication les cours, alors parallèles, du Tigre et de l'Euphrate, et arroser l'intérieur de la Mésopotamie. Seulement, de nos jours, l'eau n'y coule qu'avec les pluies, lorsqu'au-dessus, le Tigre a assez grossi pour pouvoir se déverser par cette issue.

Au soir, nous nous trouvons, pour la seconde fois, sur ses bords. C'est l'heure de la halte. Il est question de ne le traverser que le lendemain matin, et de camper du côté où l'on est, pour mieux donner au gros de la caravane le temps de rallier. Mais Mohammed-Jashen fait observer que les pluies sont tombées récemment en abondance, et qu'il se pourrait que le fleuve, subitement enflé pendant la nuit, présentât, le lendemain, un passage difficile. Nous continuons donc, et nos tentes se dressent à quelque distance sur la rive opposée, non loin d'un village que défend un carré de murs en pisé garnis de tours aux angles, pareils à ceux que nous avons vus en venant à Nasrieh. Dans la journée, nous avons déjà aperçu plus d'une de ces forteresses, éparpillées dans la campagne.

Pendant que nous nous installons, une troupe armée sort du village, et se dirige vers nous en bon ordre. Qu'est-ce à dire? Sont-ce des ennemis qui veulent nous interdire le voisinage de leurs demeures, ou des maraudeurs à l'affût d'une aubaine imprévue? Non; nous sommes sur les propriétés de Naoum-Serkis, — je ne sais trop, en vérité, si, depuis Nasrieh, nous les avons quittées, — et ce sont tout simplement ses fermiers qui accourent, le cheick en tête, lui rendre hommage.

Il s'assied sur un bât de chameau, et se prépare à leur donner audience. Les autres s'accroupissent en cercle autour de lui, leurs lances plantées droit dans le sol, et la conversation commence. Vraiment, le coup d'œil est pittoresque. On dirait un coin du rideau des siècles soulevé sur une scène de migration des peuples pasteurs... — Tous ces gens, vêtus encore à la mode des bergers bibliques, écoutant d'une oreille respectueuse la parole du patriarche, prêts, sur un signe de lui, à se lever aussi bien pour combattre que pour conduire leurs troupeaux, ou travailler leurs champs !

C'est des derniers qu'il est question.

Les pluies ont commencé, l'année s'annonce bien. Mais il leur faut des semences, car tout ce qui restait de la récolte précédente a été épuisé par les deux saisons consécutives de disette; ils n'ont plus rien, ni riz, ni blé, ni dourah. Ils en sollicitent de la générosité de leur maître, tant pour les mettre à même de préparer la moisson prochaine, que pour les aider à vivre jusque-là.

L'ami Naoum ne se fait pas trop prier, c'est justice à lui rendre, et leur promet ce qu'ils demandent.

Satisfaits, ils se dispersent parmi notre monde, moins pour offrir leurs services que pour se livrer à un brin de causerie. Nous, après un dîner pas trop mauvais, la nuit venue, nous gagnons nos lits, car il faudra être sur pied de bon matin. Naoum-Serkis m'offre l'hospitalité sous sa tente. Spacieuse et fort belle, elle est à deux compartiments, et a été fabriquée à Damas. C'est une des spécialités du commerce de cette ville. La double toile de coton dont elle se compose est ornée, à l'extérieur et à l'intérieur, de figures bizarres en drap rouge, vert ou jaune, découpées et cousues sur l'étoffe. Une main étendue est celle qui s'y répète le plus. Cet emblème se retrouve partout en Orient. On le voit, à chaque pas, sur les murs des maisons en Algérie. C'est le signe du destin, le *fatum* des anciens, que le fatalisme musulman se fait une loi de multiplier aux yeux de l'humanité.

Le bourdonnement de notre monde alentour, ce brouhaha, ce remue-ménage d'un bivouac au désert, nous tiennent quelque temps en éveil; puis tout s'apaise, et le silence descend sur le campement. Mais voilà qu'au milieu de la nuit, nous sommes réveillés en sursaut. Au dehors, c'est un tapage inexplicable d'allées et de venues, de mouvement, d'exclamations, auquel se mêlent l'aboiement des chiens, le hennissement des chevaux, le beuglement des chameaux et le glapissement des chacals. Des clameurs lointaines arrivent jusqu'à nous. La portière de la tente s'écarte brusquement, et un domestique effaré s'y précipite en racontant quelque chose avec volubilité.

Le village voisin est attaqué, à ce qu'il paraît, par une bande de voleurs. On entend le bruit de la lutte. Nous sortons. En effet, les invectives et les menaces des hommes, les lamentations féminines, tout cela produit, avec d'autres sons que nous percevons vaguement, un fracas confus qu'éclairent des lueurs rouges sur le sombre du ciel. Les rôdeurs, attirés par la lumière de nos feux, et croyant avoir affaire à quelque caravane inoffensive, se sont d'abord approchés de nous. Aux Qui-vive? de nos sentinelles et à la vue de notre nombre, ils ont rebroussé chemin. Mais pour ne pas, sans doute, s'en aller les mains vides, ils se sont repliés sur le village, probablement moins bien gardé. Que se passe-t-il, au juste, là-bas? Une dizaine des nôtres s'y portent en reconnaissance.

Avant qu'ils soient de retour, des chants retentissent, et l'écho des danses guerrières, des armes frappées en cadence, les cris de défi et de triomphe jetés aux ténèbres, les trémolos aigus des femmes, tout cela nous apprend que les assaillants ont été heureusement repoussés. Le vacarme des vainqueurs continue jusqu'au jour; ils viennent, alors, nous initier aux péripéties du combat et recevoir nos éloges. L'action a été peu meurtrière : ni morts ni blessés d'aucune part.

La matinée est froide. Je suis transi, et pour me réchauffer, je vais, jusqu'au Chatt-el-Haïk, juger si l'eau y a fait son apparition. En effet, en voici; on en aurait à la cheville. Elle est bourbeuse, puante, et roule, en même temps, des quantités d'ordures et de détritus accumulés dans le lit du fleuve, durant les longs mois de sécheresse. En revenant, je parcours des terres que les indigènes sont à labourer. Quelle charrue primitive! Une branche d'arbre recourbée à angle obtus, dont l'extrémité est garnie d'une pointe de fer. Pas plus malin que ça! Avec cet instrument, que traîne nonchalamment un maigre cheval, ils écorchent le sol plus qu'ils ne l'entament. Ça suffit, après tout, et la pluie aidant, il n'en faut pas davantage pour une plantureuse récolte.

Bien entendu, la mise en train de nos chameaux est loin d'aller toute seule. Même répétition que la veille. Le concert de leurs hurlements est assourdissant. Pendant que les uns se défendent, que les autres s'enfuient, nous prenons les devants. Le désert s'étend immense devant nous, un désert couvert de végétation et de verdure. Les lièvres bondissent sous nos pieds, les francolins gloussent dans le fourré ; l'air est frais, la brise parfumée; c'est le printemps, c'est la vie... Quand je dis le printemps, nous sommes au mois de décembre. Mais, là-bas, c'est l'époque du réveil de la nature... c'est la saison des amours et des roses.

Sept heures durant, nous défilons dans cette plaine, sans changement, sans incident. La terre paraît, à l'œil, admirable de fécondité ; la couche d'humus y atteint des profondeurs inconnues chez nous, et pourtant, nulle part, trace de culture ni d'habitations. Çà et là, seuls, de petits *tells* rompent l'uniformité du terrain. Certainement il y a des ruines dessous. Avec le passé ignoré qu'ils recouvrent s'est évanouie l'activité humaine.

Tout à coup une rivière nous arrête ; c'est encore le Chatt-el-Haïk. Nos chevaux le passent avec de l'eau jusqu'à mi-jambes. Deux heures plus tard, nous le rencontrons de nouveau. Cette fois, ils en ont jusqu'au poitrail. La route se prolonge toujours pareille, toujours monotone. Elle devient fatigante à la longue. Les conversations du matin se sont tues. Chacun marche en silence, interrogeant du regard l'horizon qui ne varie point. Admirable de courage sur son âne, dont l'allure raboteuse lui cause d'intolérables douleurs, madame de Sarzec nous donne l'exemple de la résignation et de l'énergie. Pas un mot, pas une plainte, et cependant ses souffrances sont visibles.

A la fin, nous apercevons un groupe de maisons basses. C'est Chatrah. Nous stimulons nos montures. Mais au moment d'y toucher, une berge élevée nous montre un cinquième cours d'eau à franchir : toujours le Chatt-el-Haïk! Le gué n'est pas des plus commodes. Il faut rigoureusement se conformer aux recommandations des guides, et suivre les zigzags qu'ils dessinent, en nous précédant, à travers les flots. Nous ramenons les pieds sur la croupe de nos bêtes, et nous atteignons l'autre rive sans trop d'encombre. Pour le coup, nous voilà à Chatrah.

Les murs plus élevés du bazar sont droit devant nous; nous les laissons à gauche, et obliquons à droite pour nous rendre dans le quartier de Mohammed-Jashen et des siens. C'est celui de Naoum-Serkis, qui y possède plusieurs maisons, dont l'une est habitée par cet intendant batailleur. Deux ou trois ont été mises d'avance en état pour nous recevoir; en plus petit, le même modèle qu'à Nasrieh.

Bien mieux encore ici que dans cette dernière ville, la présence d'un Européen est un phénomène extraordinaire. C'est dire la curiosité qu'excite notre arrivée.

Les abords de nos demeures sont envahis par la foule. Beaux types en général ; les hommes avec ces larges tresses noires leur encadrant la figure jusqu'aux épaules ; les femmes, des anneaux d'argent dans le nez et le visage bleui de tatouages bizarres. L'image qui s'y répète le plus fréquemment est celle du soleil, entre les deux yeux ou au menton. Serait-ce un vestige suprême du culte oublié de leurs ancêtres ?

Le lendemain, la pluie recommence. Contre-temps désagréable. Je n'en inspecte pas moins la ville. Les rues y sont larges, mais coupées, çà et là, de fondrières profondes et d'excavations qui n'ont guère plus, quelquefois, d'un mètre ou deux. C'est à se casser le cou tous les dix pas. Pas mal de monde, aux environs du bazar notamment. Naoum-Serkis daigné me servir de guide. L'accueil qu'on lui fait paraît bienveillant. Combien, parmi les gens qui le saluent, sont ses débiteurs ! Tous les magasins, ou peu s'en faut, lui appartiennent. C'est le véritable seigneur du lieu, et, en réalité, l'unique autorité dont l'influence ou l'action soit respectée. En principe, Chatrah et toute la contrée reconnaissent la suzraineté de Phalah-Pacha ; mais je me demande où est son représentant. A moins que ce ne soit Mohammed-Jashen, nul indice ! Pas plus que d'aucun autre agent officiel, de n'importe quelle provenance. Ce qu'il y a de certain, c'est que, pour le moment, celui-là, grâce à ses derniers avantages, est bien le maître exclusif de la localité. Demain, c'en sera peut-être, il est vrai, un deuxième, à son tour plus heureux. Qu'importe à Phalah-Pacha, pourvu que le produit des taxes qui lui reviennent, sous une forme ou sous une autre, ne chôme pas ? Naoum-Serkis les lui garantit.

Les années précédentes, Chatrah était la résidence d'un petit caïmacan turc. On ne peut, au juste, me renseigner sur ce qu'il est devenu. Il ne s'y amusait guère, mais ses agissements administratifs méritent d'être cités.

Un jour, ayant besoin de loger des soldats qu'on lui avait envoyés, sans plus de façons il jeta à la porte de leurs boutiques tous les marchands du bazar, et y installa ses hommes à leur place. Si loin de tout contrôle suivi et de communications régulières, un peu d'arbitraire est bien permis, n'est-ce pas? A Chatrah et lieux circonvoisins, il s'épanouit dans toute sa fleur. Point d'autre loi que celle-là; et l'administration ottomane s'en donne à cœur-joie, surtout dans la question particulièrement intéressante des finances.

L'unité monétaire, celle qui sert de base à toutes les transactions, s'appelle le *chamil*. C'est une pièce de cuivre dont la valeur réelle n'atteint guère plus d'une demi-piastre, soit onze centimes et demi. Le gouvernement, qui l'émet, tant qu'il s'en sert pour effectuer les payements auxquels il ne peut rigousement se soustraire, lui attribue une valeur fictive de dix piastres, c'est-à-dire de 1 fr. 15. Mais s'il s'agit de recevoir le montant d'un impôt, il le refuse énergiquement, et n'accepte plus que le medjidié d'or ou d'argent, dont la valeur intrinsèque est immuable.

D'autres fois, le procédé varie. Les medjidiés d'argent ou d'or sont rares au bord de l'Euphrate. Alors, un firman déclare que, par une gracieuse exception, les versements pourront s'effectuer en *bechelicks*. C'est un alliage d'argent et de cuivre, dont il serait difficile de préciser le titre, qui représente nominalement cinq piastres. Seulement, pour la circonstance, cette pièce ne vaudra plus que la moitié.

Les droits s'acquittent sur ce tarif; puis, quand tout est soldé, que l'État n'a plus rien à encaisser, nouveau firman qui relève au taux précédent la monnaie dépréciée.

Pareils agissements ne sont pas faits, on l'avouera, pour provoquer parmi les indigènes grand enthousiasme à l'égard du gouvernement de Sa Hautesse, et l'on s'explique que les troupes envoyées pour percevoir ces impôts reçoivent plus de coups de fusil que d'argent.

Chatrah n'est point sans industrie. Outre les objets de sellerie et les armes indigènes, dont la fabrication constitue une des branches importantes du commerce de toutes ces villes, il s'y tisse une qualité de tapis à longue laine et à couleurs vives, que les riches et les chefs aiment à étendre sur le sol de leurs maisons ou de leurs tentes. Ceux-là diffèrent entièrement des tapis de Perse, et se rapprocheraient plus volontiers de ceux de Tiaret, en Algérie, mais avec plus de fini et de moelleux. J'en ai rapporté un qui m'a servi de lit pendant bien des mois. Une famille, principalement, a le monopole de cet article. C'est une des plus anciennes du pays; elle habitait naguère la vieille ville, où, de père en fils, tous les membres confiaient au même métier la trame dont le dessin séculaire n'a pas changé.

Je profitai d'une embellie pour aller visiter ces ruines récentes. Les années précédentes n'ont point été pluvieuses; les maisons et les murs de pisé y sont encore debout en partie; sauf dans les ruelles étroites, peu de décombres; aux portes, les battants immobiles sur leurs gonds; çà et là, quelques châssis de persiennes décrochées grinçant au souffle du vent; à vos pieds, des ornières vastes comme des précipices ; mais, en somme, rien de ce spectacle ne détonne trop avec la physionomie habituelle de toutes les cités arabes, à l'heure de midi, par exemple, où tout le monde dort et se cache. On dirait ici une ville morte, dont les habitants ont disparu, emportés par une épidémie soudaine. Ils ont été remplacés par des bandes de chacals qui tendent, au coin des trous, leurs museaux effarés, et s'enfuient à notre approche.

En dehors, à perte de vue, un désert plat et uniforme. Le lit absolument sec du petit canal abandonné dessine son circuit vers la face orientale et nous conduit, à quelque distance de là, à la Khouba d'un saint musulman, sur le tombeau duquel la piété publique entretient une lampe qui ne s'éteint jamais. Son nom ? je ne me le rappelle plus. Ce dont il me souvient, c'est que le vieux Chatrah doit son origine première au pèlerinage qui, à certaines dates, y amenait les croyants.

Nous sommes sur le territoire des Abouda, et la foi, en effet, est vive dans cette tribu. Chiites comme tout le reste, le rigorisme religieux atteint chez eux des limites extrêmes.

J'avais fait présent à M. de Sarzec d'un petit baril de salaisons de porc. C'est bien peu de chose en France ; mais pour des gens condamnés au régime du riz perpétuel, ce régal a son prix.

— Si nous en goûtions, avant de nous séparer, me dit-il, ce soir même ?

Et nous voilà, dans la cour de notre maison, à faire, par nos domestiques particuliers, défoncer le baril, lorsque survient Naoum-Serkis.

— Que faites-vous là ? s'écrie-t-il épouvanté. Manger du cochon à Chatrah! Mais ne le savez-vous pas? c'est à nous faire chasser tous d'ici! Vous ignorez donc que nulle part le fanatisme n'est plus intraitable! Manger du cochon, répétait-il, manger du cochon! Mais c'est un crime qu'un Chiite ne vous pardonnerait pas; et rien ne serait capable de vous laver d'une telle souillure.

— Tenez, continua-t-il, ces gens que vous voyez, qui sont mes serviteurs ou mes employés, tous sans exception, depuis vingt-cinq ans, je les ai vus naître ou grandir chez moi. Ils ne m'ont jamais quitté, et me doivent le peu qu'ils possèdent; tous me sont plus ou moins dévoués. Eh bien! malgré cela, non-seulement il n'en est pas un qui consentirait à se mettre à table avec moi, mais aucun n'a jamais mangé sous mon toit, sans avoir fait sa cuisine avec ses propres aliments, ni bu d'autre boisson que de l'eau qu'il y avait apportée lui-même. Je suis leur maître, c'est vrai, mais je n'en reste pas moins, à leurs yeux, un infidèle, un mécréant, moins que rien; et au fond, c'est plutôt une sorte de compassion que de l'estime ou du respect qu'ils me portent. Que je vienne à être ruiné demain, pas un ne me regardera plus.

L'entrée de Mohammed-Jashen coupa court à cette diatribe. Il venait me prévenir que le lendemain, si cela me convenait, il me conduirait à Tello.

Les dispositions de M. de Sarzec pour s'y rendre lui-même et s'y installer jusqu'au printemps prochain, n'étaient pas achevées. Je ne voulais, pourtant, pas dire adieu à ces contrées sans avoir visité le théâtre de ses exploits, et, je l'espérais, de sa gloire future.

Quelques heures de chevauchée dans le désert,

c'était un plaisir de plus. J'accepte donc la proposition du personnage, et le jour suivant, de bonne heure, toujours avec mon fidèle Gassion et Large, nous nous mettons en route sous sa garde et celle de deux ou trois des siens, tous armés jusqu'aux dents.

Nous marchons vers l'ouest. Le Chatt-el-Haïk ne tarde pas à nous apparaître. Pour aujourd'hui, nous n'aurons à le franchir qu'une fois. Une barque est là qui nous porte de l'autre côté, et, en deux voyages, nos chevaux le passent à la nage, comme l'Euphrate à Nasrieh.

Un petit bouquet de dattiers et de sycomores ombrage une khouba, contre les murs de laquelle le batelier et un cafetier indigène ont abrité leurs cabanes. A bien des lieues à la ronde, point d'autres arbres que ceux-là. Les touffes de tamaris nains et de soudes épineuses alternent seules avec l'herbe naissante que broutent des troupeaux épars dans la plaine. Ils appartiennent aux Beder-Sâhdoun, dont nous traversons le campement. C'est une fraction de la famille même de Nacer-Pacha. Ils sont en bons termes avec notre guide, car on s'adresse des saluts amicaux.

Après ces gens, nous poursuivons notre chemin, sans autres créatures vivantes pour animer la solitude que les chacals dont nous troublons la retraite, ou les aigles et les vautours qui planent sur nos têtes. Et toujours, jusqu'à perte de vue, comme la surface d'une mer houleuse, l'uniforme étendue des mêmes broussailles de tamaris et de soudes.

Quelques ondulations lointaines finissent, enfin, par estomper le bleu du ciel de leurs silhouettes sombres. Nous approchons de Tello. Ainsi qu'à M'Gayer, deux ou trois kilomètres avant d'y toucher, la végétation s'évanouit subitement, et la zone aride que j'ai déjà signalée se reproduit aussi brusque, aussi tranchée, avec des conditions et des phénomènes identiques : du sable d'abord, puis la légion des petits coquillages mêlés à une multitude de cailloux minuscules semblables à ceux qui tapissent les grèves de l'Océan.

Et là encore je me pose les mêmes interrogations, j'agite les mêmes problèmes. Pourquoi, à cette place exclusive, ces vestiges des bouleversements de l'univers? Pourquoi le privilège de cette métamorphose, réservé à cet espace restreint? Pourquoi, après cette terre fertile que nous quittons, et dont les principes féconds sautent aux yeux, cet anéantissement inopiné, et l'âpreté d'un sol où ne se lisent plus que les brutalités de la nature?

Autant de questions auxquelles l'exemple de la campagne de Rome ne suffit pas, selon moi, pour répondre. J'en ai, ailleurs, cherché les raisons. Plus d'une s'est présentée à mon esprit; aucune ne l'a satisfait. Je ne les énoncerai donc point. J'ai vu et je raconte; voilà tout.

Plusieurs monticules, d'apparences et de dimensions diverses, ont été fouillés par M. de Sarzec; entièrement déblayés par ses soins, ils montrent à nu, maintenant, ce qu'ils avaient, sous leur poussière, conservé du passé. J'ai, pour me diriger, les résultats de l'année précédente, et les explications qui lui furent fournies à lui-même à Paris, lorsque y parvinrent ses premières découvertes.

Ce monument rectangulaire, dont la ligne des murs, dégagée jusqu'au pied, tant au dehors qu'au dedans, révèle clairement la distribution intérieure et la configuration extérieure, fut assurément un temple. On lui a affirmé que ce devait être celui de *Gen-Gir-Son*, une des appellations probables du dieu Baal.

Des briques couvertes d'incriptions y ont été déterrées en beaucoup plus grand nombre qu'à M'Gayer, et le texte, à en juger par la quantité des caractères, en est d'un laconisme bien moins sévère. Au lieu d'un simple cartouche au centre, il en est où se lisent, pour ainsi dire, des pages d'écriture entières. C'est de l'une d'elles qu'a été exhumé le nom de Gen-Gir-Son, et du même grimoire cunéiforme qu'a été tiré celui du roi qui construisit l'édifice, et le dédia au culte de l'idole. Là, cependant, les commentaires ne sont plus d'accord. Pour les uns, il s'appellerait Kamouma ; pour les autres, Goudéa. Qui a raison ? Qui a tort ?

Enfin, la cité elle-même ne serait autre que Larsam, une des métropoles de la Chaldée, du temps d'Abraham, bâtie, au dire de la tradition, sur le bord d'un de ces mille canaux dont le réseau couvrait jadis la Mésopotamie. Il est vrai, qu'à l'appui de cette thèse, il n'est guère invoqué d'autre preuve que le sillon encore visible du lit desséché d'un canal ou d'un fleuve, qui longe les ruines. Or, en Mésopotamie, aujourd'hui, où ne se rencontre-t-il pas de ces traces ? Et l'emplacement de bien d'autres *tells* que celui-là ne présente-t-il pas des particularités identiques ? N'insistons pas trop !

Du reste, Larsam ou autre chose, peu m'importe pour le quart d'heure ! Que si vous tenez à en savoir plus long, allez au Louvre, à la salle du Musée assyrien, récemment ouvert. Là, vous pourrez contempler à l'aise la collection des antiquités vendues par M. de

Sarzec à l'État, et vous donner le plaisir, si le cœur vous en dit, de méditer les énigmes gravées sur le granit des personnages ou la pâte des briques et des tablettes.

Pendant des mois, j'ai vécu moi-même, à Bassorah, dans la société intime de ces vénérables débris. Vous y remarquerez, entre autres, la partie inférieure d'une statue colossale assise, brisée à la ceinture. Je suppose que ce pouvait bien être là l'image du dieu lui-même. Mais, à défaut de renseignements plus positifs sur son origine ancienne, il m'est permis de narrer un des incidents instructifs de son histoire contemporaine.

La plupart des statues étaient enfouies côte à côte, sous le sol de la même chambre. On aurait dit qu'elles avaient été précipitées d'un seul piédestal, et peut-être formé jadis un groupe unique. La main qui les renversa dut procéder avec méthode. La tête de chacune d'elles était détachée, comme si les coups du profanateur eussent obéi à une pensée de vengeance et de châtiment, ou, qui sait? aux ordres implacables d'une religion rivale. Deux se retrouvèrent dans le voisinage des corps. Quant au tronçon gigantesque cité plus haut, il fut retiré isolément d'une partie plus reculée du temple, le sanctuaire, vraisemblablement, ou l'autel même du dieu auquel les autres faisaient cortège. Princes régnants ou divinités secondaires, c'est là un secret qui a, sans doute, été confié aux longues légendes burinées sur leurs robes de pierre, mais qui ne surgira que le jour où la science sera parvenue à les déchiffrer.

Toujours est-il que les proportions et le poids de ce dernier monolythe, bien que le buste n'en pût être découvert, étaient tels que, réduit aux moyens restreints dont il disposait, M. de Sarzec ne pouvait songer à le transporter avec le reste de ses conquêtes.

On était à la fin de la saison des pluies; des radeaux avaient été préparés, et c'était au courant de l'eau qu'il se proposait de les faire descendre jusqu'à Bassorah. Mais, pour le gros bloc, il n'y eut ni instruments à même de le remuer, ni radeaux, ni barques, ni quoi que ce soit capable d'en supporter la charge. Force fut donc à notre ami de se résigner à l'abandonner provisoirement. Après en avoir pris une possession authentique, il fit rejeter le sable par-dessus, se promettant d'amener, l'année suivante, les outils et l'embarcation nécessaires, et en remit la garde, jusque-là, à un chef indigène dont il avait, pour ses travaux, acheté les services. Puis il partit pour la France.

Cependant les résultats obtenus par M. de Sarzec n'avaient pas été sans retentissement. Les Anglais, toujours jaloux de l'action française, sur quelque terrain qu'elle s'affirme, en avaient suivi les progrès d'un œil mécontent. Depuis des années, en vertu d'un firman impérial qui leur a concédé le droit exclusif d'explorer les ruines de Babylone, ils pratiquent, sur ce point, des fouilles dont Londres emmagasine les produits ainsi que de celles de Ninive. Tello était trop voisin d'Hillah pour que leur susceptibilité native ne fût pas éveillée. Seulement, il faut le reconnaître, elle se manifeste rarement en dehors des règles d'une prudence minutieuse. On attendit l'éloignement de notre consul; et lorsqu'on le sut à Paris, un certain M. R..., Arménien devenu Anglais, dont j'avais moi-même trouvé le nom en Abyssinie, mêlé à celui des prisonniers de Théodoros, se rendit, à son tour, à Tello. Quelles étaient ses instructions? Je ne sais; mais, sur les lieux, apprenant l'existence de la statue enfouie, avec un sans gêne tout britannique, il la fit mettre à jour de nouveau, et, au mépris des droits acquis, essaya, dit-on, de l'emporter lui-même. Tentative inutile, heureusement. Le dieu tint bon, et tous les efforts déployés n'aboutirent qu'à le faire glisser de quelques coudées au plus. M. R... dut s'en aller comme il était venu.

La saison suivante, M. de Sarzec eut le temps de prendre ses mesures, et parvint à emmener sain et sauf le précieux tronçon rejoindre l'ensemble de sa collection. Aujourd'hui, vous pouvez également le voir trônant au Louvre, et même, si vous êtes à hauteur, deviner les rébus archaïques dont il est drapé. Néanmoins, il l'a échappé belle. Et cependant, loin de critiquer l'acte un tantinet — comment dirons-nous?... léger?... léger, soit! du sieur R..., nous lui devrions, au contraire, presque des compliments pour ne s'être pas conformé jusqu'au bout aux doctrines de l'école à laquelle il appartient. Il n'est point mauvais de les faire connaître.

Lorsqu'à Hillah (Babylone) les fouilles mettent à découvert quelque frise trop lourde, quelque bas-relief trop volumineux pour être empaquetés, à destination de *London*, savez-vous ce qu'il en advient? Mon Dieu, rien de plus simple. Toujours hantés par le spectre des rivalités voisines et des supériorités éventuelles, de peur que de plus heureux ou de plus adroits s'en emparent — pas l'ombre d'une allusion à la France, bien entendu! — nos aimables concurrents brisent tout bonnement, sur place, l'objet à coups de marteau. De cette façon, si John Bull ne l'a pas, personne autre ne pourra l'avoir non plus... *Aoh!* C'est habile, j'espère. Et comme il est dommage que les Vandales aient déjà servi de parrains à ces jolies inventions!

Le temple de Gen-Gir-Son, à l'inverse de celui d'Uhr,

n'est exhaussé sur aucun piédestal. Les fondations en ont été creusées directement dans le sol, au niveau de celles des constructions qui l'entourent. Selon moi, cette différence de style pourrait bien assigner aux deux monuments des origines et des dates également différentes, car il est indubitable que la conception de ces soubassements gigantesques ne corresponde à un progrès imposé par l'étude et la marche du temps au génie de l'architecte. Adieu, alors, tout l'échafaudage doctoral des hypothèses ou des assertions énoncées ci-dessus. Et l'identité du prétendu Larsam se verrait ainsi rejetée dans des ténèbres plus épaisses que jamais... Mais chut! Taisons-nous. Je suis, à cet égard, un seigneur de trop mince importance pour oser me prononcer.

La ville semble avoir incliné vers le sud-est, couverte au nord par la forteresse sacrée. Quelques-uns des édifices déblayés attestent des préoccupations artistiques. Je me rappelle, entre autres, une salle circulaire, dont le pavé était un dallage de briques moulées et disposées, non sans recherche, comme des secteurs de cercle, en harmonie parfaite avec la forme ronde du bâtiment; et du sommet à la base, des inscriptions à profusion!

En circulant et en me promenant, je ramassai une quantité de menues choses oubliées, ou dédaignées, par les fouilles de l'année précédente. Tous les particuliers du temps n'avaient pas, comme les rois, la ressource d'édifier des temples et des palais pour transmettre à la postérité, sur des pages grandioses, l'histoire de leurs exploits ou de leur vie quotidienne. Le plus ordinairement, ils confiaient le souvenir des événements principaux de leur existence à de petits cylin-

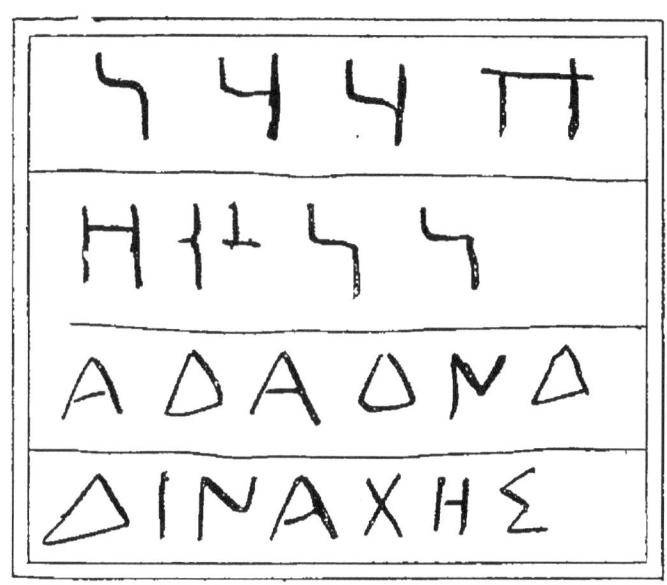

INSCRIPTION GRECQUE.

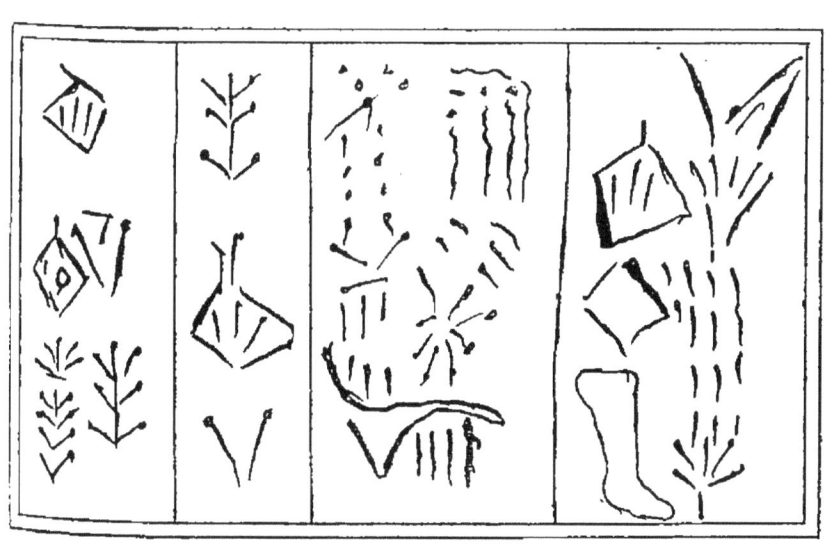

INSCRIPTION CUNÉIFORME.

dres, à des tablettes, d'une substance analogue à celle des matériaux de leurs maisons. Il y en avait aussi en ivoire et en granit. Avec des amulettes, je recueillis plus d'un de ces objets; mais celui que mon pied y heurtait le plus fréquemment affectait l'apparence d'un cône reposant sur une base élargie et convexe, — absolument un champignon renversé! Ce devaient être les carnets, les livres de l'époque. Dans le nombre, qui me dit que je n'ai pas réveillé, là, quelque docte mémoire, quelque billet d'amour, ou quelque poëme certainement inédit?

Le temple même me réserva une grande surprise. Tout en examinant de près les briques des murailles et les légendes qui en recouvraient la plupart, mon attention fut tout à coup attirée par l'une d'elles, dont la tournure offrait à mon regard je ne sais quoi de familier. Dans le cartouche du centre, je discernai des caractères grecs. Un peu plus loin, à la même hauteur, un mètre environ au-dessus du sol, j'en découvris encore une semblable. Puis, plus rien que des inscriptions cunéiformes. Et toutes, scellées ensemble comme si elles avaient fait partie, ce dont il n'y avait pas à douter, d'un monument unique. La seconde de ces briques était peu adhérente. Je pus la détacher. J'en reproduis, ci-contre, l'inscription, aussi exacte que possible, avec ses imperfections et sa disposition, telle que je l'ai sous les yeux. Il en est de même pour l'inscription cunéiforme archaïque empruntée à l'une de ses voisines. Ces dernières sont des briques crues; les briques grecques sont cuites.

Ainsi que pour tant d'autres problèmes historiques, l'explication de cet étrange rapprochement ne peut se demander qu'à des conjectures plus ou moins plausibles. On sait confusément que, trois cents ans à peu près avant Jésus-Christ, une petite principauté grecque se constitua dans ces parages, issue probablement, elle aussi, de la dislocation de l'empire d'Alexandre. On l'appelait le royaume de Kharacen. Les annales en sont fort peu connues; tout au plus suppose-t-on, sans que cette opinion s'appuie sur aucune preuve, que le port du golfe Persique qu'on nomme Kouët aujourd'hui en fut la capitale.

Il serait à croire, alors, qu'en développant leur domination, les Grecs de Kharacen aient songé à s'approprier, pour les utiliser, les restes du passé. Sur les fondations toutes établies du soi-disant Larsam, ils auraient, à leur tour, élevé les nouveaux murs d'un temple ou d'une place forte. L'emplacement en offrait, sans doute, de précieux avantages; et la fertilité de cette terre, qu'arrosait le canal dont on voit encore le lit à sec, devait être de nature à y attirer une florissante colonie. L'esprit entreprenant et ingénieux des Grecs n'abandonnait au néant rien de ce qui pouvait leur être profitable. Il est donc possible que, guidés par la tradition ou le hasard, ils aient ainsi cherché, sous les buttes de sable où dormait déjà à cette époque la cité biblique, des éléments propres à se prêter aux vues plus cultivées de leur civilisation, et à favoriser leur installation dans les mêmes contrées. Elle dut y être complète et raisonnée.

Sur le flanc occidental du temple sont creusés deux puits; l'origine chaldéenne s'en révèle dans l'agencement et la physionomie de chacune des briques qui en composent le revêtement. Les seconds occupants les recouvrirent d'une voûte solide, dont le travail correct et achevé se distingue nettement de celui de leurs devanciers, et dont tous les détails de construction sont non moins intacts. Quant à la nappe liquide qui les alimentait, où est-elle? Depuis qu'ils sont dégagés, le fond n'a pu en être atteint.

Si ce témoignage d'une domination grecque, superposée sur les cendres refroidies des peuples de Chaldée, est curieux à noter, on ne saurait, néanmoins, lui attribuer les sauvages excès sous les coups desquels ils sombrèrent. Loin d'avoir précédé, dans la voie du carnage et de la destruction, les conquêtes romaines, celles des Grecs, au contraire, se montrèrent partout empreintes d'un caractère de modération et de douceur auquel l'histoire a rendu justice.

Larsam — ou quel qu'en fut le nom — dut être la proie de hordes brutales et féroces dont l'acharnement stupide est attesté par cette mutilation méthodique des images arrivées jusqu'à nous. Ces nez et ces têtes symétriquement coupés, ce sont là des actes d'une race barbare et grossière, qui n'ont rien de commun avec les mœurs éclairées de la Grèce.

Il est certain, d'ailleurs, qu'à cette ville seule ne se limitèrent pas ses ravages. Sans parler d'Uhr, dont la chute, sans doute, date des mêmes dévastations, la multiplicité des dunes, sous lesquelles se cachent assurément autant de ruines, est particulièrement remarquable dans cette région. Le voisinage même de Tello en fournit cinq ou six.

Mais il en est auxquelles s'attache, sans que rien l'explique plus particulièrement, une notoriété mystérieuse. C'est ainsi que M. de Sarzec fut conduit à attaquer ces dernières. Il s'était déjà livré, ailleurs, à deux ou trois tentatives assez infructueuses, lorsque les renseignements du docteur Asché, depuis longtemps à Bassorah et d'une érudition qui n'avait d'égale que son obligeance, lui désignèrent Tello. Il n'eut pas à se plaindre du conseil.

Plus au nord, il en est d'autres encore, vaguement signalées par l'opinion populaire. L'amoncellement compacte et prolongé s'en présente sous un aspect bien plus imposant. Quelle cité disparue dont les richesses ignorées sont enfouies là-dessous? Bien que la pioche d'aucun explorateur n'en ait jusqu'à présent sondé les profondeurs, plus d'un précieux débris en est journellement exhumé par l'abondance des pluies ou l'instinct des nomades. Une statue ainsi à demi déterrée, m'a-t-on dit, y laisserait même entrevoir ses lignes colossales, en parfait état de conservation.

Quelques trouvailles de cette provenance, dont je m'engageai à taire la source, me furent gracieusement offertes plus tard : têtes d'animaux, cylindres, amulettes, toutes ces figurines gravées sont percées de façon à pouvoir se suspendre par un cordon. Il est à croire que les anciens les portaient au cou en guise de parure ou de fétiche.

Mais, en dehors des dénominations spéciales à certains lieux comme Tello, ou cette autre dont le secret tremble au bout de ma plume, les Arabes appliquent, sans distinction, à l'universalité de ces reliefs montueux l'appellation générale de *Zergoul,* qui, en leur langue, signifie « grandes ruines »... Quelle éloquence dans cette impérissable évocation des catastrophes auxquelles en remonte l'origine, transmise, à leur propre insu, chez ces peuplades incultes, par la tradition des siècles!

CHAPITRE XIII

Nos adieux à Chatrah. — L'agriculture indigène. — Éclipse de lune. — Navigation de Nasrieh à Souk-es-Schiouk. — Les Sabéens. — Le grand prêtre Jajah. — Retour à Bassorah.

Nous sommes au mois musulman de Moharrem, et je rentre à Chatrah pour trouver la population en plein dans l'effervescence des regrets fanatiques que lui inspire l'anniversaire de la mort d'Hussein. Des cris, des chants, des coups de feu retentissent de toutes parts. C'est moins sanglant et moins brillant qu'à Constantinople. Mais, pour nous, le danger est certainement plus grand, et la prudence nous condamne à une claustration de deux ou trois jours. J'en veux profiter pour fixer les épreuves des photographies que j'ai tirées à Tello. Douloureuse surprise ! aucune n'a réussi !

Mon appareil et mes produits chimiques avaient pris, dans la rade d'Obock, un bain dont ils se ressentaient ; et, détériorés en partie depuis ce moment-là, ce n'était plus qu'au hasard que je pouvais opérer. Trop souvent, après de longues et dures expéditions dans le désert, après avoir, au prix de cent peines et fatigues, sauvé la délicate boite qui renferme les clichés, lorsque, rendus chez nous, nous voulions l'ouvrir pour achever notre œuvre, plus rien ! La surface de la plaque était aussi polie que celle d'un miroir ; pas une ombre, pas une ligne, pas un trait !...

Hélas! telle fut l'histoire de nos essais photographiques à Tello, tant pour le temple de Gen-Gir-Son que pour les édifices secondaires et le panorama des ruines... Il faut avoir souffert de ces déceptions pour se figurer ce qu'elles sont au pauvre voyageur, là-bas, dans ces pays, qu'au péril de sa vie on traverse, en effet, par accident une fois, mais où il est bien rare que la fortune vous ramène jamais.

Par compensation, j'eus le spectacle d'un curieux débat entre M. de Sarzec et un cheick des environs, présenté par Mohammed-Jashen. C'est dire à quelle catégorie d'honnêtes spéculateurs appartenait l'individu. Il venait offrir au consul de prendre lui-même à forfait l'exécution de ses prochains travaux, et de le garantir de toute attaque des brigands d'alentour, dont les incursions étaient à craindre. Ce qu'il n'ajoutait pas, c'est que ces mêmes brigands n'étaient autres que les hommes de sa propre tribu, aux labeurs desquels il se proposait d'imprimer ainsi un nouveau cours, tout en leur assurant un salaire défini, à la place du bénéfice assez aléatoire de leur profession habituelle.

Précédemment, c'était Naoum-Serkis qui, en se transportant de sa personne sur les lieux, et en exerçant la surveillance des fouilles, était arrivé, par son influence, à en recruter les travailleurs, comme il en assurait, par sa présence, la sécurité.

Cette année-ci, ses intérêts le retenaient impérieusement ailleurs. M. de Sarzec avait donc à s'estimer heureux des ouvertures qui lui étaient faites. Car la vie n'est pas rose, trois mois sous la tente, au désert; et le séjour de sa vaillante femme auprès de lui n'était pas sans apporter à son mari un surcroît d'anxiété dont cet arrangement allait l'affranchir.

La conclusion de l'affaire fut le signal de notre séparation, et nous nous dîmes adieu, non sans nous donner rendez-vous à Paris, pour reprendre chacun, en attendant, le courant opposé de nos destinées.

Nous nous étions fait des amis parmi les indigènes. Mon domestique Large, avec son entrain et sa gaieté de zouave, était devenu leur favori. C'était à qui plaisanterait ou jouerait avec lui. Il savait mieux que moi à qui il convenait qu'avant de partir, je distribuasse des largesses. Je puisais les thalari dans un petit sac, et je le chargeais de les répartir aux uns et aux autres, suivant les mérites respectifs.

La foule était grande pour assister à notre départ. La cour et la maison avaient été envahies. Un instant, je déposai mon aumônière sur un escabeau pour jeter un coup d'œil aux préparatifs; le temps de risquer quatre ou cinq pas, guère plus! En me retournant, plus de sac! Allez donc le chercher sous tous ces amples burnous uniformément sales et uniformément surmontés de la même figure sournoise de fripons et de bandits.

Il n'y avait qu'à faire mon deuil des douze ou quinze pièces qui restaient au fond. Ce que je regrettai le plus, ce fut le trousseau de mes clefs, et un petit miroir de poche qui doit être actuellement la joie de quelque élégance de la tente. Ça ne fait rien, le gredin avait été leste!

Le temps était splendide, et jusqu'à Nasrich, les cavaliers qui m'accompagnaient, mis en belle humeur, se livraient à des fantasias interminables. C'était merveille de les voir, eux et leurs maigres coursiers infatigables, galoper, bondir, pirouetter à contre-pied, d'entendre les cris rauques de leurs provocations, le sifflement de leurs lances, et tout cela, sans une seconde d'arrêt ou de repos.

La route, un peu différente de la première, me montre les indigènes au fort de leurs labours et de leurs semailles. La récolte sera exceptionnelle. Pauvres gens! ce n'est pas trop, après deux années de disette consécutives. Une troisième, et c'était la mort de tous ces malheureux, la plus effroyable, la mort par la faim !

La production, aujourd'hui, dans ces contrées, subit des hauts et des bas que l'antique civilisation n'y connaissait point. Grâce au système de canaux et de réservoirs dont elle avait doté la Mésopotamie, et à un sage aménagement des eaux, aux périodes de sécheresse, les arrosages factices suppléaient à l'inclémence du ciel. C'était l'époque des grandes cités, des peuples nombreux, des empires florissants. A présent, tout cela a disparu, et l'existence des tribus errantes, qui végètent sur ce sol dénudé, dépend exclusivement du souffle des vents ou de la course des nuages.

Il est vrai que, lorsque les circonstances s'y prêtent, la nature n'y marchande pas ses largesses. Est-ce, du moins, le cultivateur lui-même qui en bénéficie alors?... Bien peu, en vérité. Ce sont les négociants de Bagdad et de Bassorah qui lui achètent son blé à vil prix, à un *para* l'ocque, c'est-à-dire quatre centimes le kilo et demi, pour l'exporter et le revendre aux Indes, leur principal débouché.

Par un jeu de bascule presque régulier, en effet, la famine correspond généralement dans l'Indoustan à l'abondance au golfe Persique... La récolte est-elle, par exception, bonne simultanément dans les deux pays, en dehors des quantités indispensables à la consommation locale, la moisson, dans ce cas, ne se coupe même plus en Mésopotamie, et on la laisse pourrir sur pied.

La difficulté des communications en rendrait le transport onéreux. Quant à l'emmagasiner pour répondre aux éventualités de l'avenir, personne n'y songe.

Cependant, depuis, la création du service de l'Orient de la Société française des steamers de l'Ouest a ouvert de nouveaux marchés aux grains de la vallée de l'Euphrate. Il est à présumer que les chargements répétés qu'en embarquent ses navires ont, malgré l'imperfection de l'outillage, stimulé, là-bas, le mouvement commercial. Partout où elles touchent, les œuvres généreuses éveillent de ces contre-coups féconds ! Et l'intelligence cupide de Phalah-Pacha semblait assez émue par la perspective des avantages à tirer de celle-là pour que, d'une façon plus ou moins indirecte, il se soit mis en mesure d'en profiter.

Je ne pouvais manquer, avant de quitter définitivement ses domaines, d'aller prendre congé de lui. Au moment de ma visite il était occupé, dans la cour de sa maison, à regarder dresser des faucons.

C'est en plaçant la nourriture de ces oiseaux dans des mannequins auxquels on donne la figure de divers animaux, volatiles et autres, et en les excitant à l'y venir chercher, qu'on leur apprend ainsi à fondre sur leur proie. L'assistance suivait les péripéties de ces leçons avec autant de passion qu'elle l'eût fait de la chasse même.

Comme pour mon expédition d'Uhr, l'émir me remit aux soins d'un de ses fidèles, chargé de protéger mon retour et de ne pas me quitter avant mon arrivée à Gourneh.

Le même soir (16 décembre 1880) à cinq heures et demi, commence une éclipse de lune. Un tapage infernal éclate dans la ville : clameurs des habitants, coups de fusil à poudre et à balles, bruit de chaudrons frappés à tours de bras, hurlements des chiens et appels du muezzin du haut des minarets; le charivari est général. A six heures, l'éclipse est complète jusqu'à six heures cinquante-cinq. Elle décroit à partir de ce moment, pour se terminer à sept heures quarante-cinq! Un vieux serviteur de Naoum-Serkis qui, durant tout ce temps, était demeuré à l'écart prosterné, se lève alors, et, d'un air confidentiel, me raconte que ce phénomène est le précurseur d'une guerre universelle, que la fin du monde n'est pas loin. Tous mes efforts pour le rassurer restent infructueux.

Néanmoins mes paroles avaient trouvé, sinon le chemin de sa confiance, tout au moins celui de sa sympathie. Le lendemain matin, il vient me quérir, et me conduit dans son jardin pour me faire admirer, au milieu d'un fourré d'arbrisseaux, un dattier femelle en fleur. C'est, avec les pluies de notre arrivée, une seconde promesse d'abondance que je laisse derrière moi. Celle-ci est non moins précieuse que la première, et la manifestation en est saluée avec une joie égale.

En Égypte, où les connaissances agricoles sont plus en progrès, les fellahs ont un moyen bizarre de s'assurer du sexe de ces arbres. Dès que la hauteur de leurs semis a atteint un pied ou deux, ils jettent une toile dessus. Les mâles supportent l'obstacle en le repoussant, les femelles courbent la tête... Le rapprochement raisonné des uns et des autres est indispensable à la production des fruits. L'Égypte s'efforce d'en étudier les lois. Ici, c'est, une fois de plus, le hasard qui en décide.

J'allais à Souk-es-Schiouk. Adieu aux cavalcades pittoresques du désert, à ces joutes, ces défis où le cheval semble apporter autant d'ardeur que son maître, à ces courses où l'on finit par se griser soi-même d'air et de liberté. Je reprenais la voie du fleuve, et je rentrais dans ma chaloupe.

Elle avait été réparée, et, au dire du mécanicien, à peine les ailes de la mouette auraient-elles pu lutter, dorénavant, de vitesse avec elle. Nous nous y installons, et je donne le signal. Impossible de déraper. Le commandant de la garnison était venu me serrer la main; c'était, en définitive, un de ces braves Turcs, doux et serviables, comme le type en offre tant d'exemples lorsqu'il n'est pas altéré. Vainement me fournit-il quelques-uns de ses hommes pour nous pousser au large. Nous descendions tranquillement au fil de l'eau, et les bras de l'hélice demeuraient immobiles. Partis à midi et demi, deux kilomètres de ce train-là nous mènent juste au-dessous de la ville. La machine refuse absolument de fonctionner.

Pendant son séjour à Nasrich, mon ingénieur, comme il se qualifie, l'a démontée pièce par pièce, sous le prétexte de la nettoyer, et sans doute il aura commis quelque erreur en la rajustant. Il faut éteindre les feux et chercher d'où vient le mal. C'est, au bas mot, avant que tout soit refroidi, puis les feux rallumés, et la machine sous pression, une bonne heure et demie d'arrêt. Il ne nous reste qu'à aborder et à prendre patience.

Notre artiste découvre, en effet, qu'un levier n'est pas à sa place. Il l'y remet, et nous chauffons aussitôt de nouveau. Cette fois nous allons rattraper le temps perdu... Vaine espérance! La vapeur a beau gronder; pas plus de mouvement qu'auparavant. Nouvelle inspection à opérer; nouvelle extinction des feux; nouvel arrêt; nouvelle réparation; puis nouvelle pression.

Pour le coup, nous voilà en route! Tout ira bien. Ce n'est pas trop tôt. Et durant une demi-heure, nous descendons l'Euphrate avec une rapidité vertigineuse. Nous serons à Souk-es-Schiouk avant la nuit, et nous éviterons l'orage que nous voyons avec inquiétude s'amasser à l'horizon. Soudain, un bruit sec se fait entendre, et une secousse nous ébranle sur nos bancs. Quelque chose s'est brisé dans la machine; le piston s'arrête, l'hélice ne répond plus. Qu'est-ce? C'est un boulon qui a cassé. On y supplée tant bien que mal, par un raccord en fil de laiton. Encore trois quarts d'heure de perdus! On repart, mais lentement, pour ne pas trop fatiguer le deuxième et unique boulon qui reste, et sur lequel porte désormais tout le poids du mouvement... Et la nuit descend, une nuit noire, un ciel chargé de nuages, lourds et menaçants.

Tout à coup, second craquement, seconde secousse, seconde émotion. Le dernier boulon a cédé. Maintenant, plus d'espoir, plus de rajustement à tenter; nous n'en possédons aucun de rechange. La machine est morte. Il n'y a plus qu'à marcher à l'aviron. Heureusement, le capitaine du *Séverin* a eu l'idée d'en jeter une paire au fond de la chaloupe, par précaution. Tout le monde se met résolûment à la besogne, en se relayant à tour de rôle. Malgré cela, nous n'avançons que péniblement, lentement, et nous sommes à peine au tiers du chemin. La pluie se déclare, une pluie battante, et un froid glacial. Je tiens le gouvernail, et l'obscurité est si grande, qu'à plus d'une reprise, je me suis vu près du bord, me croyant en pleine eau. Les dattiers allongent silencieusement leurs grandes ombres décevantes jusqu'au milieu du fleuve. Et puis, pour ajouter au tableau, sur la rive, des appels, des cris inquiétants; le clapotis des vagues nous apprend que d'autres que nous naviguent dans notre voisinage. Qui sont ceux-là? Il faut, tout en glissant discrètement, observer autour de soi et garder ses armes prêtes. Les ténèbres s'épaississent, l'orage redouble; nous sommes gelés, exténués... N'arriverons-nous donc jamais à Souk-es-Schiouk? Nous l'atteignons enfin à onze heures et demie. Sortis de Nasrieh à midi et demi, nous avons mis onze heures pour accomplir un trajet qui demande quatre heures à un machkouff ordinaire!

Notre visite était annoncée depuis trois jours au correspondant de Naoum-Serkis, dont le propre frère nous accompagnait. Une maison avait été aménagée à notre intention, un repas apprêté. Lorsque, glacés et mourant de faim, nous frappâmes à sa porte, plus de lumière, plus de feu; on ne nous attendait plus... Cependant, maître et serviteurs furent bientôt debout, et si le dîner était froid, les tapis se trouvèrent assez moelleux pour nous permettre de goûter un repos dont nous avions tous le plus grand besoin. Le soleil du matin, bien sûr, s'il s'était montré, eût achevé de nous faire oublier, le lendemain, les épreuves de la veille. Malheureusement, pas le moindre rayon ne daigna saluer notre réveil, et ce fut au travers d'un océan de boue gluante et fétide que nous abordâmes l'exploration de Souk-es-Schiouk.

C'est bien le cachet d'une ville relativement ancienne; point de ces rues droites ni de ces larges places dont les préjugés modernes ont embelli Nasrieh. Malgré le mauvais temps, beaucoup plus d'activité et de vie. L'importance des transactions commerciales, dont elle continue à demeurer le centre, se trahit derrière chaque porte de ces maisons basses et étroites que nous côtoyons. Si nous y jetons un regard, nous y apercevons surtout des amas de peaux de toute espèce; celle de bufîle y domine; plus tard, à la saison de la tonte, les laines en prendront la place. Au bazar, les boutiques où se vend l'étoffe brune et grossière du burnous des indigènes sont nombreuses. Devant les établis, pendent en lourdes grappes les épaisses cordes, pareilles à des écheveaux de laine non dévidés, qu'ils s'enroulent autour de la tête. Cette double industrie constitue une des principales ressources du pays. Au marché des grains, nous circulons entre des monceaux de riz, de blé, de dourah, sous de larges nattes de roseaux jetées à même.

C'est, en même temps, le chemin du port. Avec le secours d'un ouvrier de l'endroit, mon mécanicien est au travail. Auprès de la chaloupe, sont mouillés des belems de toute taille. Le vent fraîchit; quelques-uns déjà chargés se disposent à appareiller. D'autres arrivent. Souk-es-Schiouk est décidément une place de commerce où s'accuse un mouvement d'affaires relativement considérable, et ne vole pas son nom. *Souk,* en arabe, ai-je déjà dit, signifie *Marché.* C'est, en même temps, l'expression usitée pour désigner ce que nous appelons le *Bazar.* Ce dernier vocable est persan. A l'origine, je m'imaginais parler le plus pur arabe, en le jetant à tort et à travers, et je ne me faisais pas faute de le répéter, lorsque, pour m'y rendre, j'interrogeais des indigènes. J'obtenais alors, il est vrai, auprès d'eux le même succès que si je m'étais enquis des *Grands Magasins du Louvre.*

Nous nous confectionnons ainsi, de la meilleure foi du monde, en France, de petits dictionnaires fantaisistes pour toutes les contrées du globe. Je me souviens

ENVIRONS DE SOUK-ES-SCHIOUCK.

que, lors de mes débuts en Algérie, je croyais faire preuve d'une érudition des plus sérieuses, si je demandais du *cousscoussou*, chez les caïds dont je recevais l'hospitalité. Le plus souvent, cet effort de linguistique ne provoquait qu'un sourire indulgent où se lisait le plus ardent désir de me comprendre, joint à l'impuissance la plus absolue. C'est que ce mets national de nos Bédouins, dont tout le monde a entendu parler, se nomme en réalité, chez eux, *taham;* et le mot *cousscoussou*, inventé probablement par quelque loustic en goguettes, n'est compris et n'existe que dans l'arabe des feuilletons ou du boulevard.

Ce coin de la ville que je parcours, et dont les masures se mirent dans le fleuve, sous le panache frémissant des dattiers, offre un coup d'œil pittoresque. J'essaye en vain d'en fixer l'image sur une photographie. Quand nous rentrons et que j'examine les plaques, rien, encore rien ! C'est désespérant !

De l'autre côté de l'eau, on m'indique un faubourg à part, dont les habitations ont un air de propreté et de confort qui tranche sur les alentours. C'est la résidence du grand prêtre des Sabéens et le siège principal de leur église.

On n'ignore pas que ce fut là, dans l'antiquité, le nom d'un peuple qui habitait l'Arabie méridionale. Parvenus à un degré de civilisation avancée, navigateurs aussi intrépides que trafiquants habiles, ils surent longtemps garder entre leurs mains le monopole des relations commerciales de l'Égypte et de l'Occident avec les Indes, et poussèrent fort loin leurs comptoirs, de la côte orientale d'Afrique au fond du golfe Persique.

Bien que les traditions locales en aient perdu le souvenir, et ne veuillent plus voir dans leurs descendants, aujourd'hui, que les affiliés épars d'une secte religieuse, ils fondèrent, dans ces derniers parages notamment, des colonies florissantes. Schuster, sur le Kharoun, à l'entrée des défilés qui donnent accès aux plateaux supérieurs de la Perse, paraît en avoir été la plus importante. Alors que ce fleuve se jetait directement dans la mer, ils le remontèrent, pour s'arrêter au pied des montagnes d'où il descend, et dont ses cataractes fermaient la porte à leurs vaisseaux.

Établis dans les plaines fertiles de l'Arabistan, ils y vécurent, y prospérèrent et, plus tard, adoptèrent même, en partie, les doctrines de la grande transformation chrétienne, mais en en limitant les croyances à la prédication primitive de saint Jean-Baptiste. On sait, en effet, qu'un certain nombre des disciples du Précurseur de Notre-Seigneur, qui avaient pieusement recueilli sa parole jusqu'au moment où il se rallia à l'autorité du Christ pour saluer en sa personne l'avénement du Messie, refusèrent alors de le suivre dans cette voie et, se séparant désormais de leur maître, se mirent à inaugurer une église distincte. A leurs yeux, ses premiers enseignements n'avaient pas cessé d'être les seuls vrais, et, ainsi qu'il le leur avait appris à ce moment, ils continuèrent à croire à la régénération future de l'humanité par l'apparition divine d'un Sauveur. Mais, selon eux, ce rédempteur, qu'ils se représentaient dans l'éclat formidable de sa toute-puissance céleste, ne pouvait être l'humble fils du charpentier, et l'heure où il devait se révéler au monde n'avait pas encore sonné.

Si incomplète qu'elle fût, cette évolution religieuse était déjà un progrès, et ses sectateurs n'hésitèrent pas, au milieu des énervements avilissants du monde païen, à revendiquer pour eux la qualification de chrétiens. L'Islam les trouva constitués en corps de nation, et comme aux autres confessions chrétiennes, il leur déclara la guerre. Chassés de la Perse, ils se réfugièrent sur les bords du Tigre. Gourneh devint et resta quelque temps leur centre principal. Mais l'acharnement des Chiites ne s'en tint pas là et réussit encore à les déloger de cette position.

Proscrits et fugitifs, les malheureux Sabéens erraient, pour ainsi dire, à l'aventure, lorsqu'un gouverneur de Goa, instruit de leur existence et de leurs désastres, crut le moment propice de les ramener au giron de la vraie foi. On était vers le milieu du seizième siècle. Il leur dépêcha un Carme, prédicateur d'une éloquence fougueuse et persuasive. Débarqué à Bassorah, celui-ci chercha, tout d'abord, à capter la faveur des habitants, et à se concilier les bonnes grâces du pouvoir. Il y parvint si bien que les premiers, séduits par la sagesse de ses discours, non moins que par l'exemple de ses vertus, le conjurèrent de demeurer parmi eux, tandis que le pacha, pour mieux le retenir, lui donna son propre palais, bâti sur l'emplacement même de l'église actuelle.

Mais le religieux avait un devoir à remplir. De la bonne volonté des uns et des autres, il ne réclama que les moyens d'arriver jusqu'aux Sabéens, et de leur faire entendre sa voix. Auprès de ceux-ci, pour être d'une autre nature, son succès ne fut pas moindre. Plus de cent mille se convertirent et sollicitèrent le baptême du Christ. Ce résultat obtenu, l'apôtre songea ensuite à compléter son œuvre. Malgré la ferveur et l'enthousiasme de ces néophites, il redoutait, s'il les abandonnait à eux-mêmes, de les voir, au contact des musulmans et sous l'influence de leurs anciens coreligionnaires, retomber dans l'erreur. Il résolut de les expatrier en masse. Sur ses instances, le même gouverneur de Goa expédia à Bassorah des vaisseaux qui les embarquèrent et les transportèrent, par fractions successives, dans les Indes portugaises, où ils s'établirent définitivement.

Il n'est aucun des détails de cet exode qui ne soit d'une exactitude rigoureusement historique. Seulement, chez ceux qui avaient résisté aux prédications du Carme, la légende s'en empara pour les travestir, tout en en conservant la mémoire. Aujourd'hui, parmi les Sabéens, qui se retrouvent encore au nombre de quatre à cinq mille, dans la vallée de l'Euphrate et du Tigre, il se raconte qu'au temps où leurs pères étaient traqués par la persécution des Chiites, ils virent, un jour, un Esprit tout habillé de blanc descendre du ciel, et venir à eux. Celui-ci les adjura et les appela, en étendant les bras vers l'horizon ; et lorsqu'il les vit réunis en grand nombre autour de lui, il les conduisit doucement vers le fleuve. Des navires, invisibles jusque-là, surgirent alors ; et l'Esprit, poussant peu à peu devant lui la foule qui l'avait suivi, la fit entrer tout entière dans leurs flancs mystérieux. Et lorsque le dernier y eut mis le pied, les mugissements d'un vent surnaturel retentirent dans l'espace, et aussitôt les vaisseaux, s'entre-choquant les uns contre les autres, disparurent au fond des flots avec leur chargement, engloutis à jamais.

Depuis cette époque, les survivants, très-attachés à leur foi, en ont continué, de génération en génération, l'exercice inoffensif sur les rives de l'Euphrate et du Tigre, où la tolérance moderne les laisse vivre en paix. Ce voisinage est indispensable à leurs pratiques religieuses, dont la plupart des prescriptions se bornent à des ablutions, et à des baignades régulières et fréquentes. Des premiers chrétiens, ou plutôt des leçons de saint Jean-Baptiste, ils ont gardé le baptême et l'aspersion des flots ; aux Juifs ils ont emprunté l'observance du Sabbat. C'est, en effet, le samedi qui est leur jour férié. Ce jour-là, sans distinction de sexe ni d'âge, tous descendent ensemble dans la rivière, et s'y plongent jusqu'au cou pour recevoir l'absolution publique que, du sein des eaux, leurs prêtres dispensent, chaque semaine, à la communauté.

De mœurs douces, d'allures réservées, voilà à peu près l'unique manifestation extérieure par laquelle les Sabéens d'à présent se distinguent des populations chiites au milieu desquelles ils résident. Le type y est remarquable. Les hommes, grands et forts, ont les traits du visage sévères ; à l'encontre des mahométans, ils laissent croître tous leurs cheveux et toute leur barbe, sans y porter un ciseau profane. Les femmes sont d'une beauté altière et d'une tournure élégante. Plus strictes encore que les musulmanes, elles se ramènent, sur la figure, un voile épais dont les plis ne s'écartent jamais ; mais lorsqu'on les voit s'incliner pour remplir leur cruche et se redresser, ensuite, en l'emportant sur la tête, soutenue des deux bras relevés, on ne peut s'empêcher d'admirer la grâce discrète de leur démarche. Ils n'ont, en principe, qu'une femme ; pourtant, lorsque celle-ci ne leur donne pas d'enfants, ils peuvent en prendre une seconde, une troisième, et ainsi de suite.

Bien qu'en principe ils ne se marient qu'entre eux, les filles, néanmoins, se montrent volontiers, sur ce chapitre, d'un éclectisme plus accommodant. Peu d'années auparavant, sept de ces demoiselles s'étaient échappées simultanément du toit paternel, et avaient été prendre place dans les harems d'autant de musulmans. Cette fuite avait produit un scandale énorme. Aux yeux des Sabéens, ce n'était rien moins qu'un rapt, commis avec violence par les Turcs, toujours prêts, suivant eux, à fouler aux pieds l'honneur et la personne des chrétiens. Ces plaintes allèrent jusqu'à Constantinople trouver l'ambassadeur d'Angleterre, qui consentit à se faire, auprès de la Sublime Porte, l'interprète de leurs griefs. Une enquête fut ordonnée; mais il en ressortit que c'était bel et bien de leur plein gré que les jeunes personnes s'étaient enfuies pour prendre des maris de leur choix; qu'il n'y avait eu ni pression ni enlèvement, et qu'au contraire, elles refusaient péremptoirement de retourner chez elles !

Les débats de cette affaire révélèrent même un détail piquant qui, à lui seul, suffirait pour justifier, dans une certaine mesure, la fréquence de ces fugues. L'usage, paraît-il, ne permet point aux filles, parmi eux, d'allumer avant la trentaine les flambeaux de l'hyménée. Dame! on comprendra qu'il en est auxquelles le délai semble long. Et comme, à côté, les musulmans ont la bonne habitude de ne pas laisser l'amour se morfondre si longtemps; qu'ils ne sont, dans la jeunesse, ni moins bien, ni moins tendres que les disciples de saint Jean-Baptiste, il n'y a plus guère à s'étonner que leur oreille, fatiguée d'attendre, se tourne avec complaisance vers des accents dont la chaleur soit faite pour séduire. Le pis, c'est que, ni l'austérité du sanctuaire, ni la majesté du pouvoir, la tentation ne respecte rien. Le grand prêtre lui-même venait d'en faire la pénible expérience. Sur trois, deux de ses filles l'avaient également abandonné, quelques mois plus tôt, pour épouser des musulmans, et se convertir à la religion du Prophète.

Ce personnage appartient à une famille où se concentre héréditairement l'autorité théocratique et administrative. A la mort du titulaire, tous les membres de la communauté s'assemblent pour lui élire un successeur, sans pouvoir le chercher en dehors de cette lignée privilégiée. Le dignitaire actuel, le grand prêtre Jajah, remplissait, au moment de son élection, des fonctions assez humbles à la chancellerie du consulat général d'Angleterre à Bagdad, et y joignait quelques leçons d'arabe qu'il donnait à des enfants ou aux Européens de la ville. Il était âgé de soixante-dix ans environ, et l'exercice de son ministère remontait à une vingtaine d'années. Mais, depuis six ans, une grande affliction faisait saigner son orgueil sacerdotal. Un schisme avait surgi dans l'Église qu'il gouvernait ; une fraction dissidente s'était séparée du tronc principal, et un sien cousin avait, au mépris de ses propres droits, été proclamé grand prêtre, concurremment avec lui. L'intrus avait fixé sa résidence sur le Tigre, à Kuth-el-Amarah, où il trônait avec non moins d'indépendance et de fierté que l'ancien. Toutefois, bien que le triomphe suprême de l'hérésie lui eût été douloureusement sensible, le pauvre grand prêtre Jajah cachait, à cet égard, l'amertume de son chagrin sous les dehors d'un silence affecté.

Le temps s'était levé. Les rayons d'un soleil réjouissant glissaient de la surface miroitante du fleuve, sous la fraîche verdure de ses rives. Je résolus d'aller rendre visite au vieillard. Quelques mots confidentiels de notre guide m'avaient fait comprendre qu'il l'espérait bien, et que j'étais attendu.

Un sentier qui longe des jardins, tout plantés de dattiers, d'orangers, de citronniers et de grenadiers, nous mène en face de sa demeure. L'aspect de ce coin du rivage est délicieux. Les chaumières se cachent sous le feuillage; les oiseaux viennent becqueter les fleurs humides; des mûriers et des saules, dont l'eau clapotante baigne doucement le pied, me parlent de la patrie. C'est à s'y croire transporté.

Des bateliers en quête d'un client ramaient paresseusement à portée du signal; l'un d'eux accoste et nous transporte sur l'autre rive. Au bout d'une série de petits chemins qui serpentent entre des haies et des murs, comme ceux de nos campagnes d'Europe, nous entrons dans le village des Sabéens. Les maisons sont en torchis et en chaume, presque toutes entourées d'un enclos, dont les palissades bordent les ruelles. La population y est en rumeur, et nous n'avons pas besoin de questions pour découvrir la demeure du grand prêtre. Une bande de ciceroni empressés et spontanés nous précède. Nous traversons une grande cour, au fond de laquelle, à gauche, s'élèvent deux ou trois chaumières; ce sont ses appartements privés et ceux de sa famille; à droite, un long bâtiment plus vaste, tout en roseaux et le toit en voussure, qui me rappelle celui de Cheick Hassan. C'est, également, la pièce de réception et des cérémonies officielles. On nous y fait entrer, et nous y trouvons le pontife déjà installé, avec les plus notables d'entre ses adeptes. Derrière nous, la salle est envahie par le peuple.

En face du grand prêtre Jajah, des siéges nous avaient été préparés; lui-même et les siens sont accroupis sur des nattes. Il parle assez correctement l'anglais pour que, cette fois, une conversation courante et familière puisse s'établir directement entre nous, sans l'intervention d'aucun intermédiaire, et pour que nous puissions échanger des aperçus qui échappent à l'entourage. Notre langage mutuel s'en ressent et devient aussitôt presque intime.

C'était un petit vieillard maigre, au visage attristé, bien que le regard mobile de deux yeux noirs l'éclairât volontiers, au besoin, de lueurs vives et curieuses. Sa chevelure disparaissait sous un épais turban; une barbe blanche lui descendait sur la poitrine. Il était drapé, comme tout le monde, de l'inévitable burnous écru que nous connaissons.

Après avoir épuisé la série des formalités et des salutations orientales, il aborde, sans autre transition, le chapitre de ses malheurs. Au cœur du pauvre père, la plaie, on le voit, est toujours vive.

— Ces misérables musulmans, me dit-il, en arrangeant les choses à sa façon, nous font subir tous les outrages; ils nous enlèvent nos filles; ceux des miennes viennent de m'être prises; et personne pour nous protéger, pour nous défendre! Quand donc une nation chrétienne viendra-t-elle faire régner, dans ces contrées, l'ordre et la justice? Ah! pour moi, c'est la France que je désirerais le plus.

Ce n'était là qu'une flatterie intéressée à l'adresse de ma nationalité. Je m'y trompai d'autant moins que, quelques instants après, il me racontait, sans que, dans son récit, j'aie pu, il est vrai, bien démêler comment, qu'un de ses ancêtres avait jadis rendu de grands services à notre pays, et n'en avait jamais été récompensé. Il me demandait, en outre, si je voudrais bien me charger d'une pétition à notre gouvernement, pour lui rappeler ces circonstances et en réclamer quelques secours. La reine d'Angleterre lui avait récemment envoyé cent livres.

J'ajouterai tout de suite qu'il me fit, en effet, parvenir, un peu plus tard, cette pièce curieuse à Bassorah. Mais les termes en étaient si ambigus, le sens si confus, le ton si mystique, qu'on n'y comprenait presque rien, et que je lui retournai sa lettre, pour le prier de l'écrire d'une manière plus intelligible. Je n'en entendis plus parler.

Afin de transporter la conversation sur un autre terrain, je lui demandai brusquement le nombre de ses femmes. On m'avait confié que, par une exception que ne justifiait, pourtant, la stérilité d'aucune d'elles, il en possédait deux. Peut-être bien, même, cette infraction aux coutumes n'avait-elle pas été étrangère à l'origine du schisme qui repoussait son autorité.

— J'en ai deux, me répondit-il à voix basse et d'un air à demi honteux.

— Comment, deux ? Je croyais que vous étiez chrétiens.

— Certainement, nous le sommes.

— Eh bien ! Est-ce que le christianisme autorise la polygamie ?

— Oh ! elles sont toutes les deux vieilles. Et puis, j'ai une raison particulière. Lorsque j'habitais Bagdad, que je donnais des leçons, j'étais obligé de sortir beaucoup ; il me fallait une femme pour garder ma maison et veiller aux nécessités du ménage. Ensuite, quand j'ai été élu chef de notre communauté, j'étais déjà vieux, ma femme également. Elle n'allait donc plus m'être que d'une aide fort restreinte dans les exigences de ma nouvelle situation. Cependant, en raison de bien des devoirs qui pèsent sur cette charge, il m'était indispensable d'avoir auprès de moi une épouse jeune et active, un auxiliaire capable. Pouvais-je chasser la première ? Je la gardai, et en pris une seconde. Depuis, celle-ci a vieilli.

Et il ponctuait, en même temps, cette explication de plus d'un soupir. Puis il m'interroge à son tour.

— La France n'est plus en guerre, n'est-ce pas ?

— Non, heureusement.

— C'est toujours la grande nation que nous aimons de loin...

— Sans doute.

— Oui ; mais a-t-elle repris un roi ?

C'était à peu près la même question que naguère m'adressait l'iman de Mascate[1]. L'intelligence des Orientaux, pour lesquels « gouverner », c'est « commander », perçoit, en général, difficilement les subtilités impersonnelles et abstraites de la forme républicaine.

— Pas encore, répondis-je, sans insister autrement.

— Tant pis ! Une nation sans roi, c'est un mets sans sel.

A mon tour de me taire. Plus délicat que moi, le brave homme n'appuie pas, et changeant encore de sujet, il me propose de me montrer les livres sacrés. Un jeune lévite les apporte avec non moins d'efforts que de componction. Le volume et le poids en sont respectables. Il est à croire que la masse des fidèles n'est pas souvent admise au bonheur de les contempler, car par-dessus la mienne, tous tendent la tête pour les voir, avec une avidité où la curiosité semble tenir plus de place que la foi. Ils sont écrits en syriaque, une langue oubliée, que le grand prêtre est à peu près le seul à lire, et certainement à comprendre.

[1] *Obock, Mascate, Bouchire, Bassorah*, 1 volume in-18, chez E. Plon, Nourrit et Cie, éditeurs.

Il me l'avoue, en se plaignant de l'ignorance et de la pauvreté de son église.

Ce dernier argument est une précaution oratoire pour excuser l'insuffisance des rafraîchissements qu'il va m'offrir. Un enfant me les présente avec précaution sur un plateau : cinq verres de lait de buffle pour moi, mon hôte et mes compagnons. Le reste de l'assistance est libre d'admirer.

C'est la fin de la séance. Je prends congé. Pendant que, dans la cour, il m'adresse les derniers compliments, je jette un coup d'œil aux fenêtres des maisons. Pas l'ombre d'un mouvement, d'une agitation quelconque. Ce n'est plus comme à Mascate; les femmes sabéennes fuient le regard des étrangers à l'égal d'une souillure ineffaçable. En revanche, sur le seuil d'une cabane plus à l'écart, j'aperçois le même garçon de tout à l'heure, penché sur un baquet, se livrant à une rinçade vigoureuse des verres où nous avons bu son lait.

Mon introducteur me l'indique en y ajoutant un signe mystérieux dont le sens m'est fourni, la porte à peine franchie. C'est que les Sabéens professent pour tout contact extérieur une horreur auprès de laquelle celle des Chiites n'est rien. En dehors d'eux et de leurs lois, le monde n'est qu'impureté et pourriture. Ma qualité de chrétien, ou plutôt d'hérétique, est loin de m'affranchir à leurs yeux de cette tache inéluctable. Le plus souvent, lorsque la main d'un gentil a touché à l'un des ustensiles de leur usage journalier, ils ne se contentent pas de le laver à grande eau, mais le brisent sans pitié. C'est déjà bien joli que, pour moi, on n'ait pas eu recours à ce remède extrême.

Cet excès sauvage dans les précautions dont ils hérissent les abords de leur culte ne me surprenait point.

C'est le propre de toutes les minorités religieuses, et surtout des minorités opprimées, de s'attacher avec une exaltation passionnée aux plus légères minuties des prescriptions originelles, pour les transformer même, peu à peu, en autant de dogmes dont la sévérité s'impose, plus tard, impérieusement à leur ferveur. La foi des catholiques les plus convaincus parmi nous est bien pâle auprès des élans que prête, là-bas, notre religion à ceux qui s'abritent sous ce nom.

— Connaissez-vous Jérusalem? me demandait, un jour, un pauvre ouvrier chrétien de Bassorah, auquel j'avais fait exécuter quelques travaux d'orfèvrerie.

— Non, mais je m'y rendrai peut-être en retournant en France.

— Ah! monsieur, si vous vouliez m'y emmener à votre suite, je travaillerais, ensuite, gratis, pour vous, toute ma vie.

Jérusalem! Voilà le mot que tous les chrétiens de l'Orient éprouvent le besoin de jeter en réponse aux musulmans qui leur parlent de la Mecque. Ce n'est guère, pourtant, en général, que la révolte du grain de poussière perdu, contre l'océan des sables. A part les membres de la famille qui nous avait reçus, ou ses agents, toutes ces petites villes indigènes que je venais de visiter, toutes ces solitudes que j'avais parcourues n'en comptent aucun. C'est dans les grandes cités telles que Bagdad, Bassorah, Mossoul, qu'il faut les chercher. La masse y est, du moins, assurée, pour le libre exercice de sa religion ou l'indépendance de son existence matérielle, d'une sécurité dont elle ne serait pas toujours à même de jouir parmi les tribus reculées, dont le fanatisme se confond, trop souvent, avec les instincts cupides, et leur sert de complice ou de prétexte.

Les Juifs eux-mêmes ne risquent pas volontiers, dans ce milieu, une exploitation permanente; ce n'est guère qu'en voyageurs qu'ils y apparaissent çà et là, pour brocanter des *antiques,* ou se livrer à toutes ces opérations multiples dont le génie mercantile de leur race réclame le privilége. A eux aussi, le séjour des grandes villes convient mieux...

Le ciel s'est décidément rasséréné, et s'illumine, au soir, de toutes les constellations éblouissantes de l'Orient. Nous pourrons partir demain. Et en effet, à six heures du matin, notre chaloupe lance fièrement ses flocons d'écume aux bouillonnements de l'onde. Tout marche à souhait. Pourvu que ça dure!... L'atmosphère, purifiée par le précédent orage, est d'une fraîcheur délicieuse. Sur le miroir des eaux, courent des vapeurs indécises, qui s'élèvent à mesure que monte le soleil. Ce bras de l'Euphrate est tout bordé de plantations et de maisons rustiques. Les habitants qui s'éveillent regardent avec étonnement glisser ce petit navire sans voiles et sans rames, dont l'arrière leur montre des couleurs que la plupart n'ont jamais vues. Les silhouettes des femmes, cachées de la tête aux pieds sous leurs longs voiles flottants, se détachent de loin, sur le feuillage vert, comme autant de poétiques fantômes. Quel charme et quelle paix dans tout ce paysage !

Mais nous le quittons bientôt, avec la branche où nous naviguons, et nous ne tardons pas à nous engager de nouveau dans l'étroit chenal, le long duquel nous avions salué, un mois auparavant, tant de villages animés. Aujourd'hui, le dourah a été cueilli, les roseaux sont coupés, les semailles terminées; gourbis, tentes, troupeaux, tout a disparu; plus rien que la nudité du désert. La moisson prochaine y ramènera la vie, dans quatre mois, si la saison continue à tenir ses promesses. Puis ce sera le tour du riz, quatre autres mois après; ensuite, celui du dourah reviendra. Et il en sera ainsi de cette terre féconde tant que les pluies y aideront : trois récoltes par an !

Notre machine, jusqu'à présent, ne se comporte pas trop mal. Cependant, peu à peu, son allure se ralentit; la vase l'envahit progressivement; les échouages sont fréquents. Nous ne sortons des marais qu'à six heures et demie, et au moment où nous retrouvons le grand fleuve, le courant nous pousse sur un bas-fond dont il est impossible de se dégager dans les ténèbres. Force est de rester là en panne. Où sommes-nous, au juste? Quels sont ces feux qui s'allument dans l'ombre, à quelques centaines de mètres? Ces bruits confus, ces cris d'hommes et de bêtes, indiquent une agglomération considérable. Personne en cet endroit lorsque nous y passâmes; une foule maintenant. Quels sont ces gens? Soupçonnent-ils notre présence, et vont-ils profiter de la nuit pour se jeter sur nous? Autant d'interrogations redoutables, dont une température glaciale n'est pas faite pour atténuer les appréhensions.

Après mille difficultés, mille peines, après que nos hommes se sont tous mis à l'eau, pour soulever la chaloupe et nous arracher au sable où, de minute en minute, la rapidité du courant nous enfonce davantage, au point du jour, nous démarrons enfin. Mais notre marche n'en est pas meilleure après ce temps d'arrêt : presque plus de vapeur, ni de mouvement. A chaque instant il faut stopper, pour nettoyer et réparer. Nous n'arriverons certainement pas le soir à Gourneh, comme nous y comptions.

L'après-midi nous amène devant la capitale de Cheick Hassen. Il nous guettait, et se détache dans un machkouff. Ce serait méconnaître toutes les lois de la politesse indigène que de ne pas stationner chez lui, d'autant mieux qu'il a bien certainement quelque requête nouvelle à m'adresser. Ce ne sont que des cartouches, cette fois. Bientôt il n'en aura plus pour le fusil que nous lui avons donné; où s'en procurerait-il? Pas de chicane à soulever; je m'exécute et je repars.

Les rives me semblent plus riantes que la première fois. Je n'ai pas remarqué cette verdure touffue, ces bouquets de dattiers, ces îles boisées et élégantes; les bandes d'oiseaux aquatiques sont plus variées; des poissons de toute taille sautent hors de l'eau. Il en est de très-gros; l'un d'eux va alimenter notre garde-manger. Mon cuisinier était, à l'avant de l'embarcation, accroupi, les mains croisées sur les genoux, et regardant le vague, lorsque, d'un bond prodigieux, celui-là, frôlé sans doute par l'embarcation, s'élance et retombe : où? dans les bras mêmes du Vatel enturbanné. A moins de choir directement dans la poêle, il eût été difficile de mieux faire. C'est sur la plage d'une petite crique dépendant des Beni-Mansour, qu'il a, quelques heures plus tard, l'honneur d'être mangé.

Encore ce bivouac, en effet. Ce sera le dernier, j'espère. Le site est bien choisi, du reste, et pittoresque. La nappe du fleuve s'arrondit à nos pieds, paisible et imposante. Le massif frémissant d'un bois encadre notre installation éphémère. Nous sommes en plein dans ce que la tradition locale appelle le « Paradis terrestre »; et le lendemain, à l'aurore, lorsque j'accroche mon miroir au tronc d'un gros palmier, pour me faire la barbe, je puis me demander si Adam et Ève ne sont point venus se reposer au même endroit, ou si le serpent ne s'y est pas caché. Espérons pour eux que l'abondance y régnait alors plus qu'à présent. Notre souper s'est composé, la veille, du poisson fortuné que nous a envoyé la Providence. Si un important campement, dont nous distinguons les tentes à un kilomètre ou deux, ne vient pas à notre aide, quel sera le déjeuner? Hélas! il est plus sommaire encore. Deux hommes que j'expédie au village n'en rapportent que des refus et de mauvaises paroles. Un indigène les suit de loin : est-ce pour nous surveiller, et d'autres ne vont-ils pas le rejoindre? Il est prudent de déguerpir... Nous dînerons à Gourneh.

Notre visiteur, appuyé sur sa lance, à la mode antique, le pied droit relevé contre la jambe gauche, nous contemple d'un air méditatif. Quelles peuvent bien être les pensées de ce sauvage? Pour lui, que sont ces étrangers, dont les mœurs diffèrent tant des siennes? D'où viennent-ils? où vont-ils? que veulent-ils?... De l'autre côté d'un petit cap, nous découvrons, du large, un second et populeux campement qui s'étend tout le long du rivage. Il n'y avait rien là, non plus, à notre précédent passage. L'agitation nous paraît vive aux alentours. Des machkouffs vont et viennent en grand nombre; d'autres laissent voir leur extrémité pointue à travers les roseaux. Des groupes de gens armés gesticulent. Que se passe-t-il, ou que se prépare-t-il? Filons vite!

Mais voilà que le ciel s'est subitement voilé. D'énormes nuées sombres montent lentement. Des rafales menaçantes soulèvent les flots. C'est l'orage. Il gronde, il éclate. La pluie nous inonde. Ce ne sont pas des gouttes d'eau, ce sont des trombes. Nous sommes submergés. La marche de la chaloupe, si lente déjà, s'alourdit encore. Le vent souffle avec tant de violence que, par deux fois, il nous jette à la côte. Heureusement nous n'avons affaire qu'à la vase des marais. Nous nous en tirons, et mouillés par en haut ou mouillés par en bas, qu'importe? Nous n'y regardons plus, notre seul souci est d'arriver. Y parviendrons-nous au moins?

Il me semble, à la fin, que quelque chose d'indécis tranche devant nous sur l'obscurité terne dont nous sommes enveloppés. Est-ce Gourneh? Oui; les palmiers et les maisons se dessinent. Le confluent du Tigre et de l'Euphrate s'étend sous nos yeux comme une mer; il ne nous reste plus qu'à doubler la pointe qui les divise. Enfin nous touchons donc au port! Hélas! nous y touchons, c'est vrai; mais ballotés, roulés, refoulés par les flots tumultueux, par la tempête qui fait rage, nous luttons trois quarts d'heure, avant de franchir les deux ou trois encablures qui nous en séparent encore. Nous y voilà cependant. Il était temps!

Empressement des plus aimables et des plus sincères du gouverneur à nous abriter, nous sécher, nous réconforter. Du feu, du thé, du café, de chauds tapis! Il n'en faut pas tant. Un copieux repas achève de nous remettre, et, satisfait, je m'approche de la fenêtre qui donne sur le Tigre, pour narguer, maintenant, l'orage, de mes dédains. Le vent est tombé, la pluie seule continue par torrents. Un vapeur anglais descend le fleuve; c'est le *Khalifat*, une vieille connaissance. Le pavillon britannique déploie ses larges plis à l'arrière. On dirait une citadelle flottante, hautaine, inaccessible, au milieu des ondes. Quelle piteuse figure, en regard, que celle de mon humble petite chaloupe toute boueuse, avec son pauvre pavillon décoloré, ruisselant et collé à la hampe! Est-ce là un symbole? Je me le demande tout bas, instinctivement : l'influence de l'Angleterre, quand même, superbe et arrogante : les efforts de la France, en dépit de tous les dévouements, infructueux et humiliés?... Non! non! Je ne sais quoi a frémi sous mon regard attristé. C'est un souffle ami qui jette ses frissons imprévus à nos vaillantes couleurs. Elles se dégagent et s'agitent comme un défi devant le *Khalifat*, au moment où il s'arrête. Un rayon de soleil, aussi fugitif qu'une hirondelle, a passé en même temps sur elles. Oh! merci. Dieu est grand; c'est l'avenir qui répond, et la patrie qui se lève!

Bien que le sens en fût pour moi, il est vrai, enveloppé des plus épaisses ténèbres, quelques instants ensuite, cette réponse future se réitérait sous une autre forme. Une heure après le *Khalifat*, un des bateaux de la ligne turque, le *Meskenet*, accostait à son tour. A son gouvernail, il traînait, attaché, quelque chose d'énorme et de noirâtre, dont il était bien difficile, sans avoir été prévenu, de discerner la nature à première vue. Ce n'était rien moins que la queue d'une baleine échouée, la veille, sur le rivage du Tigre, à quelques kilomètres au-dessus de Gourneh. A l'exemple des requins, la malheureuse bête s'était, en effet, engagée dans le Chatt-el-Arab, et l'avait remonté, tant que l'insuffisance des eaux n'eut pas suspendu sa course. Une fois ensablée, quelques coups de fusil, voire même de javelot, en avaient eu aisément raison, et il était question, en ce moment, de transporter ses dépouilles à Bassorah. Il me fut, en effet, donné de les y voir la semaine suivante. Sauf la queue, portée ainsi que je viens de le dire, et qui mesurait, entre l'écartement des deux extrémités, 4 m. 88, la carcasse fut amarrée à un gros bateau, puis, une fois à destination, hissée sur la grève, et laissée là. Ailleurs, on eût certainement, n'est-ce pas ? tiré profit de l'aubaine, et extrait de cette masse de chair l'huile précieuse qui, de chez nous, va se chercher si loin. A Bassorah, on n'y pensa même point, et toutes les suggestions à cet égard demeurèrent superflues. C'était trop de souci. Le cadavre, abandonné à lui-même, eut tout le loisir de se décomposer et d'infecter les alentours, jusqu'à ce qu'il n'offrit plus qu'un squelette blanchi et desséché. Ce jour-là, un Juif en acheta les os et, soigneusement emballés dans quarante-cinq caisses, les expédia en France. Pourquoi faire ? Je l'ignore ; mais ce fut le premier vapeur inaugurant la ligne française de notre « service de l'Orient » qui, quatorze mois plus tard, sous mes yeux, jetait sur le quai de Marseille cet étrange chargement. Ce poisson colossal, fourvoyé presque miraculeusement dans un fleuve relativement étroit, et capturé à quelques pas de moi, dont les restes devaient être portés au loin par un de ces navires français auxquels je m'efforçais, dans le moment même, de frayer la voie... quelle éloquence merveilleuse, si j'avais pu la deviner, dans cette manifestation de la Providence ! Et comment ne pas s'incliner, ô mon Dieu, devant la toute-puissance de tes desseins impénétrables !

S'il nous avait distraits, le double passage du *Khalifat* et du *Meskenet* ne nous avait pas réchauffés. Un énorme *mengal* fut placé au milieu de notre chambre. C'était le *brasero* espagnol. Je soupçonne même ce dernier de ne pas avoir eu d'autre ancêtre que celui-là, et de provenir directement de la conquête arabe. Vous savez tous ce que c'est, et comment on s'en sert :

un immense bassin en cuivre rempli de braise, et plus ou moins agrémenté, dont les ornements n'ajoutent rien, croyez-le, au confortable. Le nôtre, tout festonné, offrait un travail remarquable. Pour se chauffer, on s'accroupit autour, et l'on étend les mains au dessus. Au bout de cinq minutes, vous avez le nez et les doigts rôtis, et le dos gelé. Tous les vents coulis en profitent pour se donner carrière derrière vous, dans l'appartement, en général mal clos, qui vous sert d'abri nominal. Il est vrai qu'on a la ressource des fourrures. Les Turcs, en hiver, s'en couvrent le corps et ne les quittent jamais. De la sorte, il est permis d'affronter, sans trop de risques, les *pays chauds,* et d'établir, entre le mengal et le calorifère, un parallèle avantageux pour le premier.

Dans la soirée la pluie s'apaise, et le lendemain matin nous nous remettons en route. En six heures, avec la marée favorable que nous avons le soin d'attendre, nous devons être à Bassorah. Mais, dès la première heure, nous voilà contraints de stopper; l'hélice ne va plus. Ah! mon mécanicien n'est ni habile, ni ingénieux. Pendant qu'il va, une fois encore, démonter et remonter sa machine, nous débarquons à l'embouchure d'une rivière, assez large cependant, que l'obscurité, ou la distance, m'avait, à mes précédents passages, tenue cachée. C'est le *Soueb,* qui descend des montagnes de la Perse, et dont le cours, avec ceux du Kharoun, du Tigre et de l'Euphrate, complète le réseau orographique des quatre fleuves que l'Ancien Testament assigne au paradis terrestre. Au confluent se dessine, sous des amas de terre, le tracé d'une double enceinte circulaire. C'était, il n'y a guère à en douter, l'emplacement d'une forteresse. Admirablement située, à cheval sur le Tigre et le Soueb, elle devait, dans l'antiquité, commander toute la partie inférieure de la vallée, et une ville, d'importance plus ou moins considérable, dormait certainement à ses pieds, comme l'indiquent les monticules qui, tout autour, jonchent la plaine. Mais quelle forteresse? quelle ville? à quelle époque? J'ai eu beau me livrer ultérieurement à toute une série d'investigations à cet égard : rien! La légende demeure là-dessus aussi muette que l'histoire.

Pour le quart d'heure, il ne s'y rencontre guère que des bécassines, dont la chasse nous permet d'atteindre, sans trop de mauvaise humeur, l'instant de regagner cette chère chaloupe. Je commence à la prendre en grippe, et à douter qu'elle nous mène jamais jusqu'au terme du voyage. En effet, après quelques élans saccadés, comme ceux d'un mauvais cheval qu'on fouaille, la voilà qui se calme tout à coup, qui se ralentit, puis qui s'arrête tout simplement au milieu du fleuve. Seulement, autre rengaine, à présent : c'est la chaudière qui, à son tour, n'en peut plus. Elle est vieille, en mauvais état, et la vapeur s'échappe par cent fissures. Plus de force, plus d'action, plus de vie, plus rien! Tel que la respiration d'un oiseau blessé qui bat l'air de son aile en mourant, le souffle haletant de la vapeur se précipite, s'épuise, râle et s'éteint... C'est fini. Nous voilà immobiles, et à droite et à gauche, de chaque côté, un kilomètre d'eau pour le moins. Les avirons ont beau jouer; encore trois jours de cette allure, et nous pourrions nous flatter d'arriver...

Vainement j'espère que quelque embarcation indigène nous prendra à la remorque. Dans ces parages

LE CANAL DE BASSORAH.

si fréquentés d'habitude, pas une à l'horizon ! Et pour comble, voilà le jusant, qui vient ajouter à toutes les difficultés contre lesquelles nous luttons déjà. Non ! jamais, ceux qui n'ont pas quitté la vie civilisée et ses aises ne peuvent imaginer ce qu'il faut, dans ces pays à demi sauvages, de volonté, d'efforts et d'énergie, pour vaincre les mille obstacles de toute forme dont, à toute minute, surgissent les entraves implacables sous vos pas !

Il faisait déjà noir, lorsqu'un gros belem, la voile au vent, rase sans bruit notre bordage. Il descend le fleuve également. Nous le hélons. Après bien des pourparlers, et le prix convenu, il nous arrime à sa proue. Mais la marée montante l'oblige à jeter l'ancre. Du moins, nous ne reculerons pas ainsi que nous en étions d'abord menacés ; ce n'est qu'une nuit de plus à la belle étoile, — peu confortablement couchés, il est vrai, sur les bancs et le fond de la chaloupe. Mais qu'importe ? Nous y étions faits. La brise du matin nous remet en marche, et vers les cinq heures, enfin, nous entrons dans le canal de Bassorah.

CHAPITRE XIV

UN PEU DE POLITIQUE ORIENTALE.

C'était ma dernière étape dans le monde arabe. Des frontières du Maroc à celles de la Perse, je le connaissais maintenant. Et partout, soit à l'état de souvenir, comme en Algérie; soit à l'état latent, comme en Égypte; soit à l'état aigu, comme en Arabie et dans la vallée de l'Euphrate; partout, dis-je, j'y avais rencontré l'expression d'un sentiment indélébile et universel, la haine du Turc! Raisonné avec les glorieuses traditions de leur histoire, chez les lettrés et les docteurs des grandes villes, il se reproduit, d'instinct, parmi les nomades du désert, où l'orgueil humilié de la race se trouve d'accord avec ses appétits, toujours inassouvis, qu'a refoulés la domination ottomane.

Que le mobile en varie, les aspirations n'en demeurent pas moins identiques, et le plan d'une entente commune entre les diverses fractions de la grande famille arabe, pour s'affranchir de ce joug détesté, se fait jour et progresse graduellement. Si lent qu'il se manifeste, le travail ne s'en accuse pas moins, aux yeux de l'observateur, avec persistance; et à mon sens, dans les soubresauts qui, depuis plusieurs années, ébranlent si violemment l'Orient, il faut voir autre chose que des incidents tumultueux dont, dans un temps donné, une force disciplinée puisse venir à bout. Ce sont, suivant moi, les essais précurseurs d'une révolution qui prend sa mesure; c'est l'idée arabe qui se réveille et se dessine; c'est la nationalité jadis écrasée qui se met à réclamer son rang dans les destinées de l'Islam, et qui se lève enfin contre ceux dont le parjure brutal l'a trop longtemps usurpé.

En présence de l'état de décrépitude des Osmanlis, il n'est pas hardi de prévoir, plus prochainement peut-être qu'on ne s'en doute, le triomphe final de ces efforts. Seulement, pour être résolus, ils n'en sont pas aveugles, et dans l'état actuel de la politique du monde, ceux qui les dirigent se rendent parfaitement compte que ce but ne saurait être que difficilement atteint sans les encouragements, tout au moins moraux et sympathiques, d'une grande nation européenne. Ils ne sont point les seuls.

En effet, si, depuis les quelques années déjà qu'il se prépare, malgré l'intérêt spécial qu'il devrait nous offrir, ce mouvement de l'opinion arabe reste inaperçu de notre déplorable insouciance, il n'en est point de même pour la clairvoyance vigilante des Anglais. Chez eux, nous le savons, tout homme qui se propose d'aborder la vie publique y prélude par des études sérieuses et préalables ; il va se frotter aux nationalités étrangères pour se pénétrer, au milieu d'elles, de leurs besoins, de leurs entraînements, de leurs évolutions à venir, et des bénéfices que son propre pays peut en retirer. Puis, le jour où il arrive aux affaires, que, du bout du monde, lui parvienne l'écho d'un cri, d'une complication, d'une agitation sur un point reculé, pour son esprit tout préparé, qui a vu et jugé, il n'est point de surprises, et déjà il est à l'œuvre quand, chez nous, hélas! la foule des médiocrités turbulentes, auxquelles sont livrés les destins de la patrie, en est encore à chercher sur une carte les itinéraires dont les intrigues de clocher n'ont pu leur enseigner le secret.

Aussi, du haut de leur rocher d'Aden, en dépit de l'animosité à laquelle, au début, s'étaient heurtés leurs calculs, ils tentèrent de s'approprier ce rôle, et d'en confisquer les profits, en imposant leur patronage, voire même leur impulsion, aux tressaillements de fédération dont frémit la péninsule arabique. Ce ne fut point sans succès. Parfois cette attitude se prononça avec une telle décision que, naguère, les troupes de la Porte, envoyées contre une tribu révoltée de l'Hedjaz, se virent, à l'improviste et sans autre avertissement, barrer le chemin par un corps anglais résolu à couvrir ses prétendus alliés. Inutile d'ajouter qu'un silence de tombe se fit autour de l'incident, que la Porte céda, et que l'Europe fut tenue dans l'ignorance la plus complète.

Ah! il est bien d'autres méfaits, dans ces régions lointaines, à la charge de la libérale Angleterre, et dont le bruit dénaturé arrive à peine jusqu'à nous! Je me souviens de ce cheick des îles Barhein, dans le golfe Persique, que les Anglais, sous je ne sais plus quel prétexte, avaient frappé d'une contribution de 400,000 francs, et dont leurs obus saccagèrent la ville, parce qu'il ne payait pas.

— Je veux aller brûler Bombay, hurlait-il dans ses élans de fureur impuissante.

Il n'alla rien brûler du tout, et dut s'exécuter quand même.

Et cet autre fait, bien que d'un ordre plus intime, dont je fus personnellement témoin :

Je me trouvais à Massaouah. J'y avais fait la connaissance d'un Abyssin nommé Négoussié. Jadis un des fidèles de Théodoros, il s'était pris de querelle avec son maître, et n'avait eu que le temps de s'échapper. Une fois en route, il avait poussé jusqu'à Bourbon, où un séjour de deux ans l'avait mis à même de s'approprier quelques bribes de français. C'était là le trait d'union qui nous avait rapprochés. Assez brave garçon, il vivotait tant bien que mal du produit d'un petit commerce des denrées du pays qu'il exportait dans les ports voisins, notamment à Aden. Son correspondant de cette ville lui expédiait, en retour, différentes marchandises. Il paraît que les comptes entre ces deux messieurs n'allaient pas tout seuls, et que l'ami Négoussié, au dire de l'autre, n'était pas, dans ses payements, d'une régularité irréprochable.

C'était en 1866, à l'époque où le Négus retenait captifs les missionnaires anglais. Fréquemment, des navires venaient d'Aden s'enquérir de leurs nouvelles. Celui qui paraissait le plus souvent dans ce but à Massaouah s'appelait le *Victoria* et était sous les ordres d'un officier de la marine royale britannique, le capitaine C... A deux ou trois reprises, ce commandant s'était déjà fait l'interprète du créancier de Négoussié, et avait vivement réclamé à celui-ci le montant de sa dette. Cette fois, il le mande à son bord ; le pauvre diable s'y rend, et là, sans plus de formalités, on le met aux fers pour l'emmener à Aden.

J'étais moi-même, ce jour-là, en visite chez le capitaine C... avec lequel j'étais lié, et qui, en dehors de ces procédés, était un fort aimable homme. Je vois encore l'infortuné Négoussié, avec sa vieille défroque de cipaye qu'il s'était procurée on ne sait où, et qu'il ne mettait que dans les grandes occasions, ses longues bottes de cavalerie, dont la tige durcie lui écorchait les mollets, et tendant, de lui-même, les poignets aux menottes. Et je vois aussi, hélas! regardant et ne soufflant mot, l'agent consulaire français, dont il était cependant le protégé, conformément à l'usage traditionnel qui reconnaît cette qualité enviée à tous les chrétiens d'Abyssinie en résidence à Massaouah. Il est vrai que cet agent n'était autre que le suisse qui devait s'appeler, quelques années après, Munzinger-Pacha, et mourir massacré du côté d'Aoussa, derrière Obock, à la tête d'une expédition égyptienne. A ce moment-là, il cherchait encore sa voie, et, seul Européen à Massaouah, y représentait au même titre à peu près toutes les nations de l'Europe : la France, la Grande-Bretagne, l'Autriche, l'Espagne, l'Italie, la Grèce, etc., etc.

Lorsque, sur le point de quitter l'Orient, je repassai à Massaouah six mois plus tard, je m'informai de mon ami Négoussié. On ne l'avait pas revu. Il était toujours en prison à Aden.

Voilà un abus de pouvoir autrement arbitraire que l'arrestation du Révérend Shaw, qui, quoi qu'on prétende, était parfaitement de connivence avec nos ennemis, et s'efforçait de nous jouer un de ces mauvais tours auxquels ses confrères nous ont habitués à Madagascar. Et bien sûr, pourtant, le malheureux n'aura pas touché 25,000 francs d'indemnité, — si tant est, même, qu'on l'ait jamais relâché, — ce que j'ignore.

Étonnez-vous donc, ensuite, de la haine qui, en tant d'endroits, s'attache au nom anglais, et que j'ai vue si souvent, parmi les Arabes, — ceux qui n'en sont pas les clients, — se confondre avec celle du Turc.

C'était le cas en Égypte. Sur ce terrain encore, pour

être plus contenues, mêmes tendances secrètes, mêmes revendications muettes, dont soudain Arabi se révéla le porte-voix imprévu. On chercha, il est vrai, aussitôt qu'il s'affirma, à discréditer le « parti national » et à jeter le ridicule sur cette appellation ambitieuse que, dès le principe, il s'était attribuée. Or, d'où vinrent les attaques et les railleries ? De l'Angleterre, qui s'en savait honnie ; de l'Angleterre, qui sentait, de ce côté, ses combinaisons faillir, et dont les visées, mieux percées à jour, n'allaient plus y éveiller que des méfiances justifiées, en attendant une guerre ouverte.

Mais si l'élément arabe lui faisait défaut sur le sol des Pharaons, la tactique du cabinet de Saint-James avait de quoi se dédommager en exécutant une volte-face opportune du côté de ceux qui s'en intitulent les maîtres, — de ces mêmes Turcs, trop heureux d'un si solide appui dans leur propre lutte contre les prétentions indigènes. Les termes de l'entente ne furent pas longs à débattre ; et, dès ce moment, le khédive Tewfick-Pacha n'était plus déjà que l'instrument résigné des vues de la Grande-Bretagne.

— Tout devient anglais ici, maintenant, me disait, en 1881, avec amertume, un ancien officier français qui, depuis quinze ans à Alexandrie, y avait été témoin de plus d'une métamorphose.

Et il me citait, à l'appui, l'entourage du khédive, le personnel de sa maison, ses amitiés, ses complaisances. A Port-Saïd, peu de jours auparavant, les mêmes plaintes m'avaient été formulées. Là, le capitaine du port, bien que fonctionnaire égyptien, était Anglais, et toutes les communications relatives à ce service se transmettaient dans cette langue. Mais il faut avouer que, par leur manière de faire, nos propres compatriotes sont quelquefois, sans y prendre garde, les premiers à se rendre complices des progrès de l'influence britannique, au détriment de la nôtre.

A Port-Saïd, deux maisons françaises se partagent le monopole des fournitures de charbon et d'approvisionnements pour les navires de passage. L'une d'elles m'avait, en partie, renouvelé mon combustible. Lorsque je demandai mon compte, on me le présenta évalué en mesures et en monnaie anglaises.

C'était en pleine rue, je me souviens ; et l'employé qui me le remit était un de ceux qui, la veille, s'affligeaient le plus haut avec moi de l'amoindrissement graduel de la France dans ce pays qu'elle avait créé :

— Ah! c'est trop fort, ne pus-je m'empêcher de m'écrier. Vous vous plaignez de l'effacement où vous rejettent journellement les envahissements anglais, et vous vous empressez d'y prêter la main. Je suis Français ; vous êtes une maison française, et pour régler nos comptes, c'est aux usages anglais que vous ne craignez pas de recourir ! Eh bien ! moi, je suis plus logique, et lorsque vous m'apporterez ma facture établie suivant nos règles et nos habitudes françaises, je vous payerai ; pas avant.

Et là-dessus, après avoir déchiré son papier en deux, je tournai le dos à mon comptable interloqué.

Ici, en France, ces petits détails peuvent paraître sans importance. Mais il n'en est rien à l'étranger ; et c'est par l'ensemble de ces mille choses, en apparence insignifiantes, que s'impose et que s'assoit l'influence d'une nation. C'est en se familiarisant avec l'usage des *francs* et des *napoléons* que le peuple égyptien arriva progressivement à se faire une idée de la richesse de notre pays, et que, dans son esprit, s'ancra peu à peu, également, le prestige de son nom.

Nul n'était plus radieux alors, et même, au delà de l'ombre de nos revers, l'éclat en avait survécu assez persistant pour qu'en face des projets visibles de l'Angleterre et de son alliance avec le parti turc, Arabi n'eût pas à hésiter. Obéissant à l'impulsion de cette affinité presque mystique qui poussait, jadis, Mehemet-Ali dans les bras de la France, et qui attire encore vers elle la race arabe d'une façon inexplicable, lui et les siens vinrent à son représentant, comme au sauveur naturel de leurs espérances en péril, comme au protecteur-né de leurs aspirations légitimes.

La scène n'est pas sans grandeur, et vaut la peine d'être racontée. C'était alors le baron de Ring qui remplissait les fonctions de consul général à Alexandrie. Tout en suivant de près les phases de cette évolution que, dès longtemps, il avait signalée, jamais il n'avait entretenu de rapports personnels avec Arabi, ni avec aucun des chefs militaires. Tout à coup, il les voit entrer chez lui. Point d'incohérence dans leur maintien, ni dans leur langage. Ils s'avancent, et tirant tous leur sabre en même temps, le déposent à ses pieds :

— Tu es le représentant de la France, lui dit alors Arabi. Nous la savons grande et généreuse. Que sa main s'étende sur nous! Nous nous livrons à elle.

Et tous s'inclinèrent, à demi prosternés, à la mode orientale.

Il fallait l'incapacité sénile et l'aveuglement obstiné du personnage qui se qualifiait, à ce moment, chez nous, de ministre des affaires étrangères, pour ne pas comprendre quel parti pouvait tirer d'un tel élan la politique française, et pour ne pas s'emparer au vol de cette merveilleuse occasion. Or, quand notre consul général eut avisé son chef hiérarchique de ce coup de théâtre, alors qu'avec l'autorité de son expérience et l'entraînement de son patriotisme, il se fut mis à lui retracer la situation, à lui exposer la voie à suivre, en face de l'horizon inopinément ouvert devant nous, vous doutez-vous des instructions par lesquelles celui-ci, qui ne savait de l'Orient que ce que lui en avait appris la traduction de l'*Iliade* et de l'*Odyssée,* répondit à son initiative ?... Par sa destitution !

Quant aux conséquences, demandez maintenant aux murs écroulés d'Alexandrie, demandez à nos nationaux humiliés et ruinés, demandez aux garnisons anglaises de l'Égypte !

Ah ! c'est qu'ils commencent à ne plus être malheureusement rares, chez nous, ces ministres, sur l'effarement et l'incapacité desquels nos pires ennemis peuvent faire fond avec assurance, et dont l'infatuation lamentable les leur livre d'avance comme des complices ou des victimes... Est-ce le même qui adressait encore cet étrange reproche à l'un de ses agents ?... Non ! C'en doit être un autre. Le modèle sert à plus d'un :

— Le gouvernement anglais se plaint vivement de vous, lui disait-il. Presque toutes ses démarches, toutes ses négociations, rencontrent en vous une opposition systématique et acharnée.

Et il lui retira son poste... Eh ! monsieur le ministre, ne deviniez-vous donc point, au contraire, que jamais vos jardins du quai d'Orsay n'auraient pu produire assez de lauriers pour tresser des couronnes civiques à cet agent que vous condamniez !...

Et dire qu'il existe des peines contre les faussaires

et contre les assassins, et qu'il n'en est point contre ces grands coupables dont la présomptueuse nullité court après cette tâche redoutable, de manier l'honneur et la fortune de la France!...

Ne serait-il pas à souhaiter que, sous tous les régimes, ceux qui aspirent à ce périlleux honneur allassent, eux aussi, avant de les aborder, étudier à l'étranger les problèmes sociaux et politiques qu'ils auraient à résoudre plus tard? Peut-être en reviendraient-ils plus éclairés sur les véritables intérêts de leur pays, et mieux disposés à les servir. Dans le nombre, comme les Anglais que je cite plus haut, et dans le cas spécial dont nous nous préoccupons, il en pourrait être, du moins, à même de reconnaître, à tant de signes précurseurs, le mouvement arabe qui s'accroit. Et frappés de la portée immense de ses coups, ils se mettraient en posture d'en saisir, dès maintenant, la direction, ainsi que nos possessions d'Algérie nous en font une loi, et j'ajouterai, nous en facilitent le moyen.

N'allons pas croire, en effet, avec certains jugements timorés ou prévenus, qu'il puisse exister là, pour notre action en Orient, une cause de faiblesse ou un danger. Rien de cela n'est vrai aujourd'hui. Le progrès, depuis 1871, a marché en Algérie à pas de géant, et l'Arabe fanatisé d'autrefois, au contact de nos colons, se transforme graduellement, de plus en plus, en un paisible paysan, enchanté d'écouler ses denrées à meilleur prix, et de ne plus dépendre de la rapacité d'un caïd qui l'opprimait ou de l'arbitraire d'un cadi qui le rançonnait.

— Combien vendais-tu ta poule, il y a quinze ans, vingt ans? demandais-je naguère aux uns et aux autres, dans mes tournées.

— Cinq sous.

— Et à présent?

— Vingt sous, vingt-cinq sous.

— Et cet argent, personne ne te le prend? Il est bien à toi?

Et ils souriaient d'un air satisfait à cette leçon d'économie politique. J'ose soutenir que, pour leurs conceptions étroites, il n'en pouvait être de plus éloquente. Car c'est ainsi, en voyant progresser, avec nous, son bien-être matériel, que l'Arabe de l'Algérie en est venu à s'avouer combien l'équité du régime qu'il nous doit est préférable aux coups de bâton de celui qu'il a remplacé. Dans le Tell, il ne se trouverait pas dix indigènes, actuellement, pour répondre aux provocations de la guerre sainte.

Ah! la guerre sainte! Voilà un mot qui a joliment été exploité! Mais allez donc en parler à nos Arabes, dorénavant! Je ne prétends point qu'ils ne soient plus attachés à leur foi; seulement, ils le sont davantage à leurs douros. Or, c'est par une contribution en faveur de la cause que débutent toujours ceux qui la prêchent. La dernière que nous ayons eue, celle de Bou-Amena, si l'on consent à lui décerner ce titre, n'a pu recruter d'adhérents que parmi les douars les plus misérables des hauts plateaux. Celle-là, tous les pays et tous les siècles l'ont subie, la guerre sainte de ceux qui n'ont rien contre ceux qui possèdent; la guerre sainte des meurt-de-faim d'en haut, contre les repus d'en bas; la guerre sainte que venaient nous dénoncer d'avance les caïds même, de peur d'en tomber victimes..... Quel chapitre d'histoire ne l'a connue, celle-là?... Elle s'appelait la Commune, dans les rues de Paris, en 1871. Dieu sait comment elle s'y nommera demain!

Tout cela, c'est pour mieux démontrer, non-seulement que les courants sont changés en Algérie, mais aussi que notre situation, désormais plus sainement appréciée de l'indigène, y va jusqu'à nous assigner, au dehors, dans la pensée des siens, le devoir, pour ainsi dire, de nous associer à l'œuvre de régénération qu'ils méditent. Sans nous arrêter outre mesure aux bienfaits de notre protectorat à Tunis, parce que ce n'est plus à discuter, comparés aux pitoyables résultats de l'intervention anglaise en Égypte, il convient cependant de n'en pas méconnaître, non plus, l'importance à leurs yeux, aujourd'hui. L'Arabe sait voir et réfléchir. Et puis, ceux de nos Algériens en pèlerinage à la Mecque se vantent avec fierté des droits dont ils jouissent à l'ombre de notre drapeau, de l'impartiale justice qui les protège, de la liberté qui les couvre, eux et leurs croyances, du pied d'égalité sur lequel ils vivent avec nous. Et ces discours, dont un accès d'orgueil bien humain souligne l'accent, dans leur bouche, d'une nuance de pitié à l'adresse de ceux de leurs coreligionnaires courbés encore sous la brutalité ottomane, se propagent, se répètent, s'amplifient, et en grandissant la renommée de la France, la signalent de plus en plus à leurs aspirations comme l'allié tout-puissant qui doit, un jour, les aider à s'ouvrir une issue.

Ce jour-là, qu'on le croie bien, plus de distinctions subtiles de sectes, parmi eux; plus de Sunnites, plus de Chiites, plus de Wahabites, plus même de Chrétiens; rien que des Arabes!... Et cette vérité est tellement indiscutable, que peu après mon retour, je voyais accourir à Paris, exprès pour me voir, un ancien émir du Liban, un prince maronite, qui venait s'enquérir si l'heure n'avait pas sonné enfin de cimenter, entre ses branches diverses, la grande ligue de la race arabe contre les Turcs. Jusqu'au cœur de l'Arabie même, chez les tribus les plus fanatiques et les plus farouches, lui catholique, il entretenait, de longue date, des intelligences dans ce but, et s'offrait à s'y rendre pour rallier ces éléments, tout prêts, disait-il, si la France voulait accorder son appui tacite, et s'entendre avec eux.

Voilà l'explication du retentissement des victoires du Mâhdi, dans l'Hedjaz, où le contre-coup en a vite effacé le souvenir des caresses britanniques. Car c'est bien, pour l'universalité de la famille arabe, un mâhdi, un envoyé de Dieu, celui qui, en chassant les Turcs, lui rendra la splendeur des premiers siècles de l'Hégire. Ce serait une erreur grossière de ne voir dans l'apparition de cet homme, qu'il évoque ou non la sanction religieuse, ainsi que l'exigent les préjugés de l'Islam, — qu'un épisode insurrectionnel, provoqué par des compétitions locales. Il n'est rien de local, désormais, dans le monde arabe; tout s'y tient, tout s'y répond. Et que ce soulèvement du Soudan soit momentanément dompté par la supériorité des armes européennes, là n'est point la question. Qu'importent vingt-cinq ou trente années dans la vie des nations? Étouffé aujourd'hui, ici ou ailleurs, il renaîtra demain, et un autre mâhdi se lèvera, au nom des mêmes griefs, des mêmes revendications, pour jeter de nouveau à l'Europe l'idée, qui marche, d'un vaste empire arabe debout sur les ruines de la puissance ottomane.

C'est là la lutte inévitable qui ébranlera fatalement l'Orient, dans un délai plus ou moins rapproché. Les agitations partielles qui le troublent déjà en sont le prélude. Celle du Soudan est un symptôme de plus, avec ceci de particulièrement intéressant pour la France, c'est que, dans ce débat, les Anglais ont été amenés à prendre nettement position, et, volontairement ou non, à s'en déclarer les adversaires irrévocables.

Rien, selon moi, de plus favorable à ce que devrait être la politique française en Orient, comme aux voies qu'elle devrait y poursuivre. Le champ nous reste libre, en face d'eux. Et, bien que nous n'ayons pas voulu aggraver les difficultés qu'ils rencontrent aux bords de la mer Rouge, par des procédés d'une excuse légitime cependant, si l'on s'attache à ceux dont ils usent à notre égard, partout où se manifeste notre initiative, il n'en serait pas moins d'une sage prévoyance d'adopter une ligne de conduite plus résolue, nous aussi, dans ces parages, tant en vue des éventualités de la partie qui va se jouer, que des menaces dont l'avenir nous paraît déjà gros.

Nous sommes au Tonkin, en effet. Nous étions déjà en Cochinchine. Peut-être n'est-ce pas trop que de rêver, dans ces parages, un empire colonial à même de nous dédommager de la perte de celui des Indes. Et même, pourquoi ne pas le proclamer sans détour? Voilà le vrai but où nous devons tendre. C'est l'expansion extérieure, résolûment et habilement conduite, qui garde à notre pays le secret de ses grandeurs futures et de son relèvement définitif, sachons-le. En l'état du continent européen et de son organisation politique, doués comme nous le sommes de cette turbulence d'esprit, féconde lorsqu'elle est sagement dirigée, il n'est plus d'autre horizon où puissent se produire avec autant de fruit les allures de notre tempérament et, quoi qu'on prétende, les qualités de notre race. Les premières et les plus florissantes colonies modernes n'étaient-elles pas des colonies françaises? Feuilletez l'histoire du monde : à chaque page, il en sortira des noms français ; en Asie, en Afrique, en Amérique, partout! C'est le Sénégal avant toute autre ; puis ce qu'on appelait « les Iles », où les déshérités de la métropole allaient se tailler des patrimoines dont la richesse concourait à la sienne; Bourbon, l'île de France, les Antilles, le Canada, Saint-Domingue. Et le cœur y bat-il moins fort que chez nous aux mots de France et de patrie? Interrogez ces volontaires de Bourbon, qui combattent, en ce moment, sous le drapeau national, à Madagascar, en vue de l'île Maurice... Ah! la pauvre île, dont aujourd'hui ce nom barbare a remplacé la douce appellation d'île de France, demandez-lui, à elle aussi, ce qu'elle pense de sa mère perdue. Et tandis que nous allions sottement, naguère, au profit exclusif des Anglais, verser, sans compensation, notre sang et dépenser nos millions, en Crimée et en Chine, que ne réclamions-nous d'eux, en échange, le retour à la mère patrie de ce lambeau de sa chair, où tant d'âmes généreuses lui ont gardé leur foi !

« Nous n'avons qu'à reprendre le sillon tracé par nos pères. Puissance maritime de par sa tradition, ses intérêts et sa position géographique, la France ne peut se passer d'une souveraineté coloniale qui en est la conséquence nécessaire, et sur laquelle s'assoiront, cette fois inébranlables parce qu'elles seront logiques, les bases de sa prospérité. A défaut d'autre exemple, jetons les yeux de l'autre côté de la Manche : d'où vient celle de nos rivaux?... »

« Je comprends très-bien, m'écrivait, il y a peu de temps, un homme d'État, mêlé depuis cinquante ans à tous les événements de l'Europe, et dont je regrette qu'il ne me soit pas permis de citer le nom, — je comprends très-bien la politique d'expansion et d'extension coloniale chez une nation comme la France; c'est même une nécessité pour elle. Lorsqu'un pays possède une flotte comme la France, et peut disposer d'une armée de près de deux millions d'hommes et d'un budget de près de quatre milliards, qu'est-ce, pour lui, d'en distraire une centaine de mille hommes et quelques centaines de millions, pour se créer des débouchés qui décupleront sa richesse, sa force et son influence?... »

Je partage cet avis. Et c'est pour cela que des ménagements vis-à-vis des Hovas, à Madagascar, ou des Chinois dans l'Extrême-Orient, constitueraient, suivant moi, une défaillance sans excuse. Mais ce n'est pas tout. Si, dès à présent, nous ne nous préoccupons pas de regarder quelque peu en arrière, de considérer le chemin qui mène à nos récents comme à nos anciens domaines, nous courons le risque de nous le voir couper à la première alerte, et en un tour de main d'être jetés à la porte même de l'édifice colonial qui nous coûte tant de mal à construire. Nous restons à la merci d'une jalousie ou d'une manœuvre britannique! Et nous en connaissons les scrupules!

« Personne n'en est plus à douter qu'en combattant le mâhdi ou ses lieutenants, les Anglais n'aient d'autre objectif que de consolider leur occupation du canal de Suez, et de s'assurer la paisible possession de l'Égypte et des côtes de la mer Rouge. C'est là ce chemin dont ils se flattent de confisquer la clef. A nous de ne pas le leur livrer bénévolement, et de prendre nos mesures de façon qu'une double clef demeure en notre pouvoir.

Cette double clef, l'Abyssinie peut nous la fournir.

Du haut de son plateau inaccessible, elle domine cette partie de l'Afrique, et voit couler à ses pieds, ou sortir de son sein, les deux rivières dont l'union devient le Nil, à Khartoum, et dont dépend l'existence même de l'Égypte. Elle tient sous son talon aussi bien les effervescences du monde arabe que les visées de la politique européenne. Or, on n'ignore point quelles sympathies, à toute époque, la France y a éveillées. Le titre de protectrice officielle des chrétiens d'Orient qu'elle n'a, jusqu'à présent, cessé d'assumer, lui fait, de ces contrées si fanatiquement chrétiennes elles-mêmes, des clients que ni le temps, ni les obsessions, ni notre propre indifférence n'ont encore désaffectionnés. D'autres influences pourront mettre à profit notre inertie ou notre impuissance, pour essayer de s'en faire adopter passagèrement. Mais il n'en est pas moins vrai que, malgré toutes les maladresses en train de la compromettre, la nôtre, parée de ce prestige séculaire, lorsqu'elle se décidera à s'y manifester effective, saura quand même les écarter et retrouver intact son ascendant traditionnel.

Ce n'est pas le traité récent conclu par les Anglais avec le Négus qui y fera obstacle. Déjà les Bogos catholiques se réclament de la France, et les Cheicks musulmans de Kassalah repoussent la suzeraineté de l'Abyssinie chrétienne. Quant à Massaouah, dont il leur laisse vaguement entrevoir, plus tard, la possession, bien que cette acquisition pût être, je le concède, de nature à flatter l'orgueil national des Abyssins, tout bas la raison le leur dit : de quel prix serait-elle, en réalité, pour eux ? Ce ne sont point des navigateurs; ils n'en ont ni les goûts, ni les aptitudes. Leur organisation sociale même, en proie aux passions locales d'une féodalité irritable et inconstante, s'oppose à l'occupation permanente d'un port où tant d'intérêts étrangers, avec leurs rouages parfois si compliqués, seraient en jeu. Et puis si, retranché derrière ses montagnes, l'empire abyssin demeure invincible aux agressions extérieures, l'inanité de ses institutions militaires lui permettrait-elle d'en sortir suffisamment armé pour tenir tête aux compétitions, aux hostilités qui, tout autour, ne manqueraient plus, dès lors, de se produire?

Je vais même plus loin et je me le demande : où est-il, cet empire abyssin dont l'ignorance européenne discute la coopération éventuelle dans les affaires du Soudan? Où est-il, le faisceau de ces forces dont elle évalue la portée, sans en connaître la nature, et sur lequel elle paraît compter pour peser dans les destinées de ce coin du monde? Pour moi, au cours de mes voyages, je l'ai vainement cherché. Si j'ai vu une nation guerrière, valeureuse, jalouse de son indépendance, de ses priviléges, et toujours prête à les défendre les armes à la main, nulle part je n'ai rencontré d'armée constituée, de soldats enrégimentés, pour servir d'instrument à des desseins suivis, et surtout pour en sauvegarder l'avenir... Le Négus? Souverain vagabond, aujourd'hui, d'une expression géographique plutôt que d'un royaume déterminé, sans autre capitale que le camp où il promène, à la tête de ses bandes sans cohésion, une existence errante et une autorité précaire, où puiserait-il les éléments d'une action sérieuse et durable? L'antique pouvoir du Roi des rois n'est plus, depuis que, de chute en chute, il est tombé aux mains d'aventuriers sans consistance et sans titres. Actuellement, si le sol de l'Abyssinie peut offrir une base utile à des combinaisons et à des diversions politiques, si la diplomatie européenne peut encore trouver sur ses plateaux un point d'appui propre à seconder le jeu de ses évolutions, qu'elle n'aille pas au delà, et n'essaye point d'en entraîner au dehors les peuples étonnés. La charge serait au-dessus de leur génie, et les Abyssins à Massaouah, ce serait, à bref délai, derrière eux, des gens plus avisés et sachant en tirer meilleur parti... N'est-ce pas, messieurs les Anglais?...

Pour l'Abyssin, Massaouah entre les mains d'une puissance chrétienne, dont l'amitié supprime la barrière de douanes qui en éloigne son commerce, dont l'épée écarte les entreprises égyptiennes, et dont le pavillon étende sur lui ses couleurs protectrices, voilà ce qu'au fond il se borne à désirer, et espère de la France, qui ne lui a jamais, chaque fois qu'il s'est tourné vers elle, marchandé son appui. On se rappelle les démarches de Négoussié, roi du Tigré, auprès du gouvernement impérial, vers 1860, et l'offre de nous abandonner l'île de Dessé, la baie d'Adulis, avec toute la côte avoisinante[1]. Prolongerons-nous la funeste négligence qui nous porta, alors, à dédaigner ces avances, aujourd'hui que notre politique en Orient pose la condition vitale d'y préparer, à l'abri des ingérences étrangères, les étapes et les stations indispensables à son présent comme à son avenir?

Il est vrai qu'à l'entrée du détroit de Bab-el-Mandeb, nous avons, sur la même côte africaine, la ressource de ce port d'Obock que j'ai déjà tant de fois décrit, et dont, plus que jamais, je persiste à vanter les avantages maritimes, commerciaux et politiques. C'est plus loin du monde arabe et de ses secousses, sans

---

[1] *Mer Rouge et Abyssinie,* par D. DE RIVOYRE, chez Plon.

doute; mais, enfin, il est à nous, celui-là, et il est encore assez près du milieu où elles se manifestent pour leur servir de point de ralliement et de pivot, le jour où nous croirions utile de lui assigner ce rôle. Tout comme Massaouah, malgré la distance, c'est une porte ouverte sur les mêmes régions, qui peut nous y mener aussi sûrement, et, vienne le moment, ménager à notre action une issue, non moins que des résultats identiques. Ménélick II, roi du Choah et des pays Gallas, l'unique souveraineté vraiment organisée de l'Abyssinie, le successeur désigné du Négus Johannès, son remplaçant au besoin, et le futur maître de toute l'Éthiopie, sur laquelle ont régné ses ancêtres, continue à solliciter notre alliance. Il est jeune, intelligent, énergique, redouté. Ce serait, à ses yeux impatients, le sceau de ses destinées royales, et une réalisation plus immédiate des grandeurs dont son ambition caresse le rêve. Nous trouverions en lui, nous, un auxiliaire précieux, un instrument docile, et dans sa bonne volonté les moyens de tenir en échec, sans immixtion apparente, les vues hostiles du plan auquel la faiblesse du Négus circonvenu pourrait être amenée à se prêter.

Cette chance suprême nous échappera-t-elle, et l'histoire de nos ménagements imbéciles à l'égard des susceptibilités de l'Angleterre se grossira-t-elle d'un chapitre de plus? Elle n'y met pas tant de façons, elle; et c'est la presse qui se charge tout bonnement d'annoncer au public les annexions qu'elle juge bon d'opérer. Obock devient une menace pour Aden. Vite! elle s'empare de la baie de Tadjura, sans autre forme de procès; elle occupe Berberah, Zeilah, elle marche sur Harrar. Ah! quels cris de paon au Parlement et dans le *Times,* si la France eût agi de la sorte! Seize hommes d'infanterie de marine envoyés à Obock ; voilà la cause de cette agitation, et l'indice redoutable d'une intervention imminente en faveur du Màhdi.

Car, il faut le dire, notre gouvernement s'est enfin décidé à cet acte de vigueur inouïe. A l'heure qu'il est, un commandant a été nommé et un poste a été établi sur ce point. Les lecteurs d'*Obock, Mascate, Bouchire, Bassorah,* se souviendront peut-être des résistances obstinées contre lesquelles, jusqu'à ce jour, mes tentatives pour attirer à Obock une occupation ostensible de la part du gouvernement français, s'étaient invinciblement brisées. Eh bien ! à présent, ce qui était vrai l'an passé ne l'est plus.

Avec le titulaire d'antan, les dispositions du ministère de la marine et des colonies se sont modifiées, et la même administration qui nous éconduisait naguère si carrément, le directeur de la Société française des steamers de l'Ouest, M. Mesnier, et moi, a signé avec celui-ci une convention qui assure, désormais, l'existence officielle d'Obock.

Si hardies qu'elles fussent, il ne dépendait pas des initiatives privées qui s'y étaient mises individuellement à l'œuvre, de lui imprimer un caractère plus déterminé ; et tant que les couleurs nationales se bornaient à ne les couvrir que de loin, tout restait à y faire. Dorénavant, elles pourront s'abriter à leur ombre. Voici en quels termes cette importante décision vient d'être solennellement soumise aux Chambres :

« MESSIEURS,

« Le territoire d'Obock, situé dans le golfe d'Aden, sur la côte orientale d'Afrique, a été acquis, en 1862, dans le but d'assurer à nos navires un point de relâche sûr, mais il est resté jusqu'à ces derniers temps à peu près abandonné.

« Aujourd'hui, par suite de l'extension de notre empire colonial dans l'Indo-Chine et des opérations militaires à Madagascar, notre marine a besoin d'avoir, au sortir de la mer Rouge, un centre de ravitaillement, où elle puisse faire du charbon et des vivres en toute sécurité.

« L'attention du gouvernement s'est donc portée sur la situation de ce pays, français depuis plus de vingt ans, et l'étude approfondie qui a été faite des lieux, au commencement de cette année, par M. le capitaine de frégate Conneau et M. Lagarde, commandant de cercle au Sénégal, depuis nommé commandant d'Obock, a montré que ce territoire offre toutes les facilités désirables pour une installation sérieuse.

« Le port naturel d'Obock est excellent; des travaux peu importants le rendront très-commode. L'eau douce est recueillie facilement, et une grande partie du terrain peut être livrée à la culture. En outre, les habitants, dont les sentiments nous sont très-favorables, nous aideront à former un centre colonial, où la sécurité sera assurée par la présence d'un petit détachement.

« Au point de vue économique, Obock peut devenir le débouché des riches provinces du Choah, qui cherchent en ce moment à envoyer leurs produits à la côte, et, de ce côté, nous avons tout lieu de compter pour l'avenir sur une réelle prospérité commerciale... »

Ces paroles ne sont-elles pas le plus bel éloge de

l'œuvre que j'ai poursuivie pendant tant d'années, et la meilleure réplique aux dénigrements systématiques, au mauvais vouloir dédaigneux contre lesquels j'eus à lutter si longtemps?

Il n'y a donc plus à y revenir, Obock est reconnu et proclamé station française. Sur la route de la Cochinchine et du Tonkin, ou de Madagascar, notre marine rencontrera, à la fin, une escale où elle sera chez elle. C'est à la « Société française des Entrepôts d'Obock » que le développement futur en est confié. Soyons sûrs qu'entre ses mains les choses y marcheront vite et bien. Après l'Algérie et le Sénégal, nous voilà au troisième sommet du triangle africain. Décidément, l'inauguration du « service de l'Orient » ne devait pas, on le voit, demeurer stérile; et derrière le sillage tracé par ses paquebots sur les flots du golfe Persique, il restait à Obock un peu de fumée assez féconde pour y engendrer l'avenir.

Mais si mon patriotisme trouve à se réjouir d'un premier succès qu'il a préparé, il faut, maintenant, que cet avenir ne s'attarde pas en chemin. L'heure presse. Malgré la modestie de ses débuts, les conséquences de cette mesure seront grandes et salutaires, si elle rentre dans l'ensemble d'un plan de conduite arrêté, dont le but réponde aux exigences impérieuses que j'évoquais plus haut; si, à cette même jetée où accosteront désormais nos vaisseaux en route pour le Tonkin, débarque également le Résident accrédité auprès de Ménélick et chargé de lui inspirer une politique qui nous assure, à nous, avec le libre passage pour tous du canal de Suez et de la mer Rouge, une suprématie dont les compétitions rivales nous imposent la nécessité. Ne l'oublions point, cette attitude est, pour notre politique coloniale, une question de vie ou de mort. C'est de cette manière seulement qu'il nous sera possible d'envisager avec quelque repos le développement de nos efforts dans l'Extrême-Orient. Le chemin peu à peu s'en rétrécit et se ferme derrière nous. Une seule position nous reste pour en défendre l'accès; et cette position, c'est l'Abyssinie. En dehors d'elle, plus rien.

Et quand je dis « défendre », je ne veux point dire « absorber ». Non! C'est non seulement au nom des droits de la France, c'est aussi au nom de ceux de l'Europe, au nom de l'univers, qu'il faut agir. Le canal de Suez n'est qu'une route, et doit rester une route, mais une route neutre, ouverte à tous, où chacun ait, comme sur toutes les voies publiques, la faculté de passer et de circuler, sans qu'il soit permis à l'arbitraire de personne d'en accaparer le monopole ou le contrôle pour le soumettre au gré de ses calculs. En inscrivant au frontispice de leurs statuts le mot « universelle », ce fut là, dès l'origine, la pensée de la compagnie généreuse et de l'homme illustre qui l'ont conçu. Nous avons le devoir de n'en point laisser altérer le caractère. Toutes les nations y sont intéressées, et l'énergie prévoyante de la France, — les annales de la civilisation sont là pour rappeler avec quelle sécurité elle peut lui confier sa cause, — profitera à tous en profitant à elle. Il n'y a pas à hésiter; arrière les artifices de langage, ou les aveuglements de parti pris! Oui, ce sont bien, pour nous, des ennemis et rien que des ennemis, comme ils l'ont toujours été, comme ils ne cesseront de l'être, ces Anglais qui s'agitent et s'efforcent, en nous jouant une fois de plus, de s'implanter aux bords du canal de Suez et de la mer Rouge, des ennemis avoués ou dissimulés, auxquels nous nous heurtons partout, au Tonkin, au Congo, à Madagascar, au Maroc, etc., etc.

Prenons donc, à notre tour, et sans plus attendre, position contre eux... L'action funeste qu'ils exercent actuellement dans la vallée du Nil ménage, je le crois, à leur insolent égoïsme des effondrements dont ils ne se doutent point. L'Égypte est la terre des tombeaux, et des générations de conquérants y dorment sous la poussière. Le rôle de la France n'y est pas fini. Soyons prêts; ne le désertons point d'avance. Et, pénétrés de cette pensée, tous ceux qui aiment la patrie et veulent sa grandeur, en même temps que la paix du monde; tous ceux qui acclament son drapeau où qu'il flotte, sans souci de la main qui le porte; tous ceux qui lui ont voué leurs forces, leur intelligence et leur sang; tous ceux, enfin, qui ont soif de justice, de progrès et de liberté, et que révolte l'arbitraire; tous ceux-là, en jetant un coup d'œil sur la carte du globe, se diront et répéteront avec moi : L'Abyssinie est là; courons-y!

Car le bras de Dieu n'attend personne pour sonner le glas des nations.

FIN.

TABLE DES MATIÈRES

CHAPITRE PREMIER

La navigation du Tigre. — Le *Bloss Lynch;* son équipage; ses passagers. — Le fleuve et la contrée. — Les Turcs et les riverains. — Amahra. — Les embarcations indigènes....... 1

CHAPITRE II

Les ruines de la Mésopotamie. — Le tueur de lions. — Les représailles ottomanes. — Une chasse dans la forêt de Ctésiphon. — L'arc de César. — Anciens et modernes............. 17

CHAPITRE III

Arrivée à Bagdad. — Les Européens au service du Sultan. — Le Consulat et le consul de France. — La température locale. — Les diverses nationalités et les quartiers de la ville. — L'établissement français des RR. PP. Carmes, et leurs élèves. — Les religieuses en Orient................................... 33

CHAPITRE IV

Les maisons de Bagdad. — Son origine et sa splendeur. — Les chrétiennes chez elles. — L'époque des khalifes. — Ce qu'il en reste. — Leur chute. — Le sultan Mourad IV. — Le quartier juif.. 54

CHAPITRE V

Le bazar. — La rive droite du Tigre. — Les exilés. — Le tramway de Khasmè. — La mosquée de l'Imam Maoussa. — Le campement des Chammars. — La tour d'Aguergouf........ 79

CHAPITRE VI

La garnison de Bagdad. — Les Hamaouanns. — La commission sanitaire. — Le consulat général d'Angleterre. — Départ de Bagdad.. 98

CHAPITRE VII

Départ pour le pays des Monteficks. — Gournch. — Notre escorte indigène. — Les pirates de l'Euphrate. — Les machkouffs. — L'hospitalité de Cheick Hassan........................ 113

CHAPITRE VIII

Les marais de l'Euphrate. — Les pèlerins de Kerbelah.— La fête du Moharrem. — Adieux de Cheick Hassan. — La région des lacs. — Les Beni-Khegan. — La dette du sang. — La grande branche de l'Euphrate............................ 139

CHAPITRE IX

Les tempêtes de l'Euphrate. — Le *Nitocris*. — Nasrich. — Les Monteficks. — Nacer-Pacha. — La rançon d'Abdul-Khérim. — Phalah-Pacha. — Les femmes grasses chez les Turcs.... 162

CHAPITRE X

Rapports avec Phalah-Pacha. — La garnison ottomane. — Le poisson de Tobie. — Les chevaux chammars. — Les voleurs de chevaux. — Hamid et Yemina....................... 189

CHAPITRE XI

Bataille entre deux tribus. — Expédition aux ruines d'Uhr. — Débris fossiles. — Le temple de Baal. — La ville. — Un vase antique.. 214

CHAPITRE XII

Départ pour Chatrah. — Le Chatt-el-Haïk. — Les incidents du bivouac. — Le vieux et le nouveau Chatrah. — L'arbitraire ottoman. — Tello. — Les antiquités chaldéennes. — Les convoitises britanniques.................................. 233

CHAPITRE XIII

Nos adieux à Chatrah. — L'agriculture indigène. — Éclipse de lune. — Navigation de Nasrich à Souk-es-Schiouk. — Les Sabéens. — Le grand prêtre Jajah. — Retour à Bassorah.. 261

CHAPITRE XIV

Un peu de politique orientale...................... 294

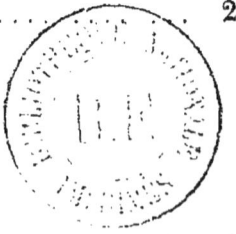

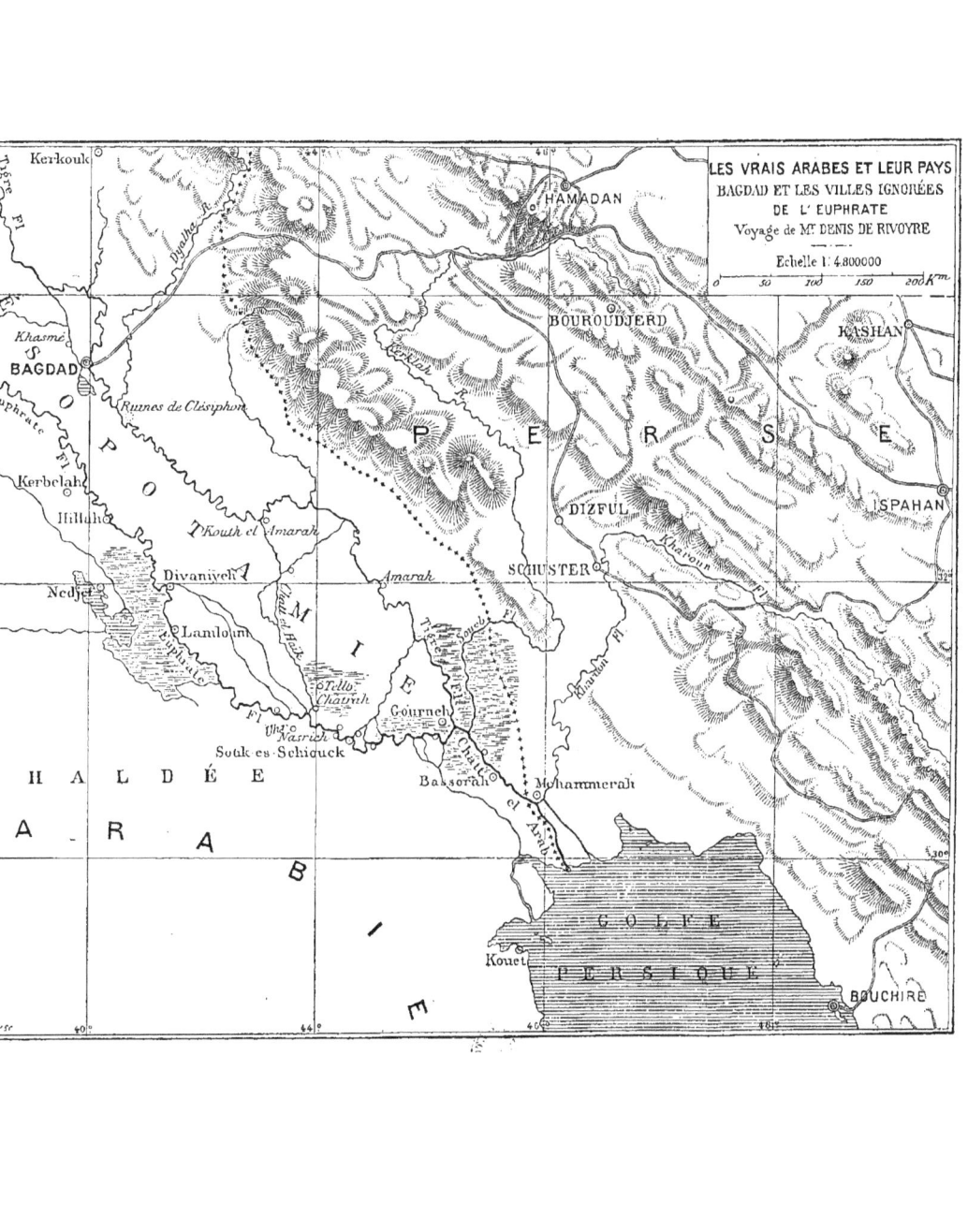

TABLE DES GRAVURES

Aden (*the Camp*)............................... Frontispice.

L'Arc de César, à Ctésiphon........................ 28

Bagdad et le Tigre................................ 56

Tombeau de la sultane Zobéide, à Bagdad............ 98

Gourneh. — Le Paradis terrestre.................... 116

Les bords de l'Euphrate............................ 162

Nasrieh, sur l'Euphrate............................ 190

Ruines d'Uhr (la ville d'Abraham).................. 223

Inscriptions grecque et cunéiforme................. 256

Environs de Souk-es-Schiouk........................ 270

Le canal de Bassorah............................... 292

PARIS

TYPOGRAPHIE DE E. PLON, NOURRIT ET Cie

Rue Garancière, 8.

www.ingramcontent.com/pod-product-compliance
Lightning Source LLC
Chambersburg PA
CBHW050800170426
43202CB00013B/2499